JN409752

100大 한글 문화유산 —80
(재)한국어세계화재단

# 춘향전

정하영 지음

신구문화사

# 발간사

21세기는 흔히 정보화시대, 인터넷시대라고 합니다. 정보와 인터넷은 빨라야 한다는 점에서 공통점이 있습니다. 이러한 시대 상황에 따라 사회가 점점 더 빠르게 변화하고 또 이처럼 빠르게 변화하는 세태를 반영하듯 새로운 신조어들도 예전에 비해 많이 만들어지고 있습니다. 이러한 분위기에서 요즘은 국어의 역사에 대한 관심이 덜해지는 것 같습니다. 그러나 국어는 우리 민족의 근간이고, 한국문화의 기초이며, 역사의 전승 도구라는 점에서 관심을 새롭게 해야 한다고 생각합니다.

문화관광부에서는 2002년에 학계 및 관계 기관으로부터 한글 문화유산 목록을 추천 받아 그 중에서 주요한 한글 문화유산 100종을 '100대 한글 문화유산'으로 선정하였습니다. 한국어세계화재단에서는 2003년부터 문화관광부로부터 국고보조금을 지원 받아 '100대 한글 문화유산'을 일반인들이 이해하기 쉽도록 해설하는 사업을 해왔습니다. 선정된 자료들은 주로 문자·언어, 유학서, 종교서, 역학서, 기술서, 문학서, 생활사 자료 등 영역별로 중요하다고 선정된 서적들입니다. 이 선정된 자료들을 영구히 보존하기 위하여 우선 디지털화하고 해당 분야 전문가들에게 위촉하여 역주와 해설하는 작업을 해왔습니다. 이제 그 사업의 결과가 책자로도 출판되어 나오게 되었습니다. 따라서 독자들은 온라인으로도 원전을 보고, 역주와 해설을 볼 수 있으며, 인쇄된 책으로도 볼 수 있게 된 것입니다.

그동안 다른 기관들에서도 국어 고전 자료에 대한 많은 책자들을 발간한 바 있으나 일반인들이 쉽게 읽기가 어려운 경우가 많았습니다. 이번에

재단에서 출판하는 책자들은 국어 전공자가 아닌 일반인이나 중・고등학생들도 어려움 없이 읽을 수 있도록 쉽게 설명하고 해제하였습니다.

특히 이러한 책자들은 해외에도 적극적으로 보급하여 재외동포나 해외에서 한국어나 한국학에 관심을 가진 외국인들이 한국어를 이해하고 한국어에 더욱 높은 관심과 애정을 가질 수 있게 되기를 기대합니다. 특히 최근 한류로 하여 모처럼 일고 있는 한국에 대한 관심을 확산하고, 지속되도록 하기 위해서는 실제로 한국어를 학습하고, 한국학을 전공하겠다는 재외동포나 외국인이 많이 나와야 할 것입니다. '100대 한글 문화유산 정비사업'의 일환으로 이루어지는 이들 책자들이 안으로는 선조들이 남기신 소중한 문화유산을 후손들이 쉽게 접할 수 있도록 하고, 밖으로는 한국어의 세계화에도 기여하게 될 것이라 확신하며 이러한 사업에 기꺼이 뜻을 같이 하고 땀흘려주신 필자들에게 깊은 감사의 말씀을 드립니다.

재단에서는 앞으로도 국어 고전 자료뿐만 아니라 현대의 주요 국어 자료들도 세계화하기 위한 다양한 사업들을 계획할 것입니다. 아무쪼록 이러한 노력들이 앞으로 국내뿐만 아니라 해외에서도 한국어에 관심을 가질 수 있도록 하는 데 좋은 계기가 되기를 바랍니다. 마지막으로 이러한 사업을 할 수 있도록 지원해주신 문화관광부와 국립국어원에 감사드립니다.

2005년 4월 20일

한국어세계화재단 이사장 박영순

# 머리말

「춘향전」은 한국문화의 자랑스럽고 소중한 유산이다. 「춘향전」은 과거의 문학이면서 현재 '살아 있는 고전'으로서 왕성한 생명력을 발휘하고 있다. 수백 년 전에 근원도 알 수 없는 설화에서 출발한 '춘향 이야기'는 수많은 작가와 독자의 참여로 높은 수준의 예술 작품으로 성장·발전하게 되었다. 「춘향전」은 소설이면서 소설의 영역에만 머물지 않고 판소리, 창극, 연극, 영화, 오페라, 발레, 마당극 등 다양한 예술 양식을 통해 끊임없이 새로운 모습으로 독자와 청중에게 나타나고 있다.

「춘향전」에는 한국인의 삶이 고스란히 녹아 있다. 신분의 벽을 뛰어넘은 남녀간의 사랑, 고단한 삶을 살아가면서도 밝고 희망찬 내일을 기다리는 서민의 꿈, 불의한 관리에 대한 백성의 비판과 항거, 현실의 어려움을 견디는 해학과 풍자 등을 작품 속에서 만날 수 있다. 「춘향전」은 어느 특정 계층만이 향유하는 예술이 아니라 여러 계층의 남녀노소가 함께 즐기는 국민문학적 성격을 가지고 있다. 한국문화에 관심을 가진 외국인들에게 「춘향전」은 아리랑과 함께 한국을 대표하는 문학으로 인정받아 왔다.

한국 사람이면 누구나 「춘향전」에 대해 잘 알고 있다고 생각하지만, 정작 이 작품을 직접 읽고 감상할 기회는 그리 많지 않았을 것이다. 작품의 원전이 상상 외로 어려운데다가 그것을 풀이한 것도 일반 독자들이 읽기에는 쉬운 일이 아니기 때문이다.

「춘향전」에는 한글과 한문으로 된 수십 종의 이본(異本)이 있다. 그 가운데 작품의 예술성을 잘 드러내 주는 것은 한글로 된 이본들이다. 이

책에서는 「춘향전」의 여러 이본들 가운데 가장 특징적이고 문학성이 높은 두 작품을 선정하여 독자들이 친근하고 쉽게 읽을 수 있도록 만들었다. 「경판 16장본」은 문장체 이본을 대표하는 것으로 간결한 내용과 우아한 문체를 보여준다. 「완판 84장본 열녀춘향수절가」는 판소리계 이본을 대표하는 것으로 판소리의 음악성과 전라도 방언의 토속성을 잘 살려 독자의 흥미를 불러일으킨다.

「춘향전」은 과거의 문학이고 현재의 문학일 뿐만 아니라 미래의 문학이기도 하다. 이 작품은 완결된 작품이면서 새로운 모습으로 완성되어 가는 미완의 작품이다. 또한, 한국어의 아름다움과 생동감을 잘 보여주는 자료이기도 하다. 독자들은 이 책을 통해서 친근하면서도 생소한 「춘향전」을 새롭게 만나는 즐거움을 누릴 수 있기를 기대한다.

2006년 7월 일
저자 씀

# 차 례

# 제1장 춘향전 해제

## 1. 「춘향전」의 문학적 성격

한국문학을 조금이라도 이해하는 사람이라면 「춘향전」을 모르는 사람이 없을 것이다. 「아리랑」이 한국 음악을 대표하는 것과 마찬가지로 「춘향전」은 한국문학을 대표하는 작품이다. 이 작품은 지난 300년 가까운 기간 동안 한국인들의 생활 속에서 성장하고 발전해 오면서, 신분과 지역을 뛰어넘어 모든 이들의 관심과 사랑을 받는 문학이 되어 왔다.

「춘향전」은 소설이지만 소설로 고정된 작품이 아니라 판소리, 창극(唱劇), 연극, 영화, 드라마, 오페라, 마당극 등 다양한 양식으로 전환될 수 있는 개방된 작품이다. 다양한 예술 양식을 통해 「춘향전」은 오랜 기간에 걸쳐 여러 계층의 독자와 청중들을 확보하였으며, 그 명성은 한국 안에서만 그치지 않고 중국과 일본을 비롯한 전세계에 전파되어 한국문학의 대명사처럼 일컬어지게 되었다.

「춘향전」이 이런 자리를 차지하기까지에는 많은 요인들이 작용했다. 우선 작품의 소재(素材)가 인간의 삶과 민족 정서에 맞는 절실한 문제들을 다루고 있다는 점을 들 수 있다. 인간의 영원한 관심 대상인 남녀간의 사랑을 작품의 기본 바탕으로 삼고, 그와 관련된 신분(身分)의 문제, 선악(善惡)의 대립, 기성세대와 신진세대 간의 갈등 같은 문제들을 함께 다루어 독자들의 관심을 불러일으키고 있다. 단순한 줄거리 속에 녹아 있는 이런 문제들이 다양한 작가들에 의해 다양한 시각으로 구체화되면서 폭넓은 독자층을 확보할 수 있었다.

다음으로 「춘향전」은 구성, 배경, 등장인물, 서술방식 등에서 민족적 정서와 잘 어우러진다는 점을 들 수 있다. 「춘향전」은 서민사회의 전통적 이야기 방식인 구전설화(口傳說話)를 작품의 소재적 원천으로 삼고 있다. 따라서 작품의 구성은 설화의 단순성을 바탕으로 하면서 다양한 삽화들을 수용하고 있어 독자들에게 쉽게 읽히는 문학이다. 「구운몽」이나 「창선감의록」 같은 작품이 배경을 중국으로 하고 있는 데 반해, 「춘향전」은 한국적 토속성이 짙은 전라도 남원을 배경으로 하고 있다. 등장인물에 있어서도 「춘향전」은 기생인 춘향과 그 주변 인물들을 중심으로 이야기를 전개해 나감으로써 독자들과의 거리감을 좁혀 놓았다.

「춘향전」의 다양한 이본은 이 작품의 독자층을 확산하는 데 결정적인 역할을 하였다. 이 작품은 말과 글을 자유롭게 넘나들면서 청중과 독자를 대하고 있다. 문자를 모르거나 기록된 작품을 대할 기회가 없는 사람이라도 별다른 불편 없이 「춘향전」을 만날 수 있다. 설화 형식의 「춘향 이야기」나 판소리 형식의 「춘향가」라고 해서 소설 「춘향전」과 차이가 나지 않는다. 문자로 기록된 「춘향전」의 경우에도 국문과 한문이 동시에 사용되고 있어 독자들의 선택폭이 넓어진다. 한문을 해독할 수 없는 독자라면 마땅히 국문으로 된 작품을 읽을 것이지만, 국문소설에 대해 부정적이었던 일부 지식인들은 그들이 만든 한문본으로 「춘향전」의 내용을 감상할 수 있었다. 작가는 말과 글, 국문과 한문 등 가능한 방식을 사용하여 독자와 청중에게 선택의 가능성을 열어 놓았다. 뿐만 아니라 「춘향전」은 오랜 전승 기간 동안 그 시대에 맞는 문학 양식으로 재창작되어 독자들에게 새로운 모습으로 나타났다. 「춘향전」에 내용상으로나 형식상으로 다양한 이본이 존재하는 것은 이 작품의 생명력을 확장하고 폭넓은 독자층을 확보하는 중요한 요인이 되었다.

「춘향전」에 원작자가 따로 존재하지 않는다는 사실은 작품으로서의 결함이면서 동시에 이 작품이 대중적 호응을 받는 데 중요한 요인이 되기도 하였다. 「춘향전」은 하나의 완결된 작품이면서 동시에 미완성의 작품이다. 수많은 작가들이 이 작품을 새롭게 고쳐 써 왔고, 이런 작업은 앞으로도 계속될 전망이다. 제목도 다르고 내용에도 차이가 나는 수십 종의 이본들은 각기 다른 작가에 의해 만들어진 독립된 작품이다. 그 중에는 짤

막한 한시 작품이 있는가 하면 상당 분량의 장편소설도 있다.

「춘향전」이 민족의 문학으로 성장하고 정착하는 데 작가의 역할 못지않게 독자와 국문학연구자들의 역할이 크게 작용하였다. 이 작품은 특정 작가의 주도적 활동으로 창작된 것이 아니라 이름을 알 수 없는 청중들의 참여로 만들어졌다. 청중들은 작품의 내용에 대해 적극적이고 능동적인 간여를 통해 작품의 윤곽을 잡고 세부적 내용을 채워 나갔다. 「춘향전」이 문자로 정착된 데는 출판업자들의 노력도 일정 부분 기여한 바 있다. 신식 인쇄술이 도입되기 이전부터 서울과 전주의 방각소(坊刻所)에서는 목판으로 이 작품을 찍어 보급하였고, 인쇄술이 도입된 이후에는 수십 개의 출판사에서 앞다투어 활자본을 만들어 경향 각지에 보급하였다. 개화기 이후의 작가들은 활발한 개작 활동을 통해 「춘향전」의 보급에 지대한 기여를 하였다. 이해조가 「춘향전」의 제목을 「옥중화」로 고쳐 당시의 형편에 맞게 개작한 것을 비롯하여 「옥중가인」, 「도상옥중화」 같은 개작본들이 잇달아 나왔다. 이광수의 「일설춘향전(一說春香傳)」, 최남선의 「고본춘향전(古本春香傳)」 같은 작품도 이 작품의 독자층을 확장하고 작품의 생명력을 연장시키는 데 크게 기여하였다.

「춘향전」이 한국문학의 대표작으로 자리잡게 된 데 중요한 역할을 한 것은 국문학연구자들이었다. 국문학연구의 초창기부터 「춘향전」은 연구자들의 집중적 관심을 받으며 엄청난 연구 성과를 축적해 오고 있다. 초창기 국문학연구자들은 「춘향전」의 문학적 가치에 주목하고 작품의 의미를 파악하는 작업을 벌였다. 그들은 독자들이 작품을 쉽게 접하고 감상할 수 있도록 현대역과 주해작업을 벌였으며, 점차 연구 범위를 확대하고 심화하여 「춘향전」이 한국문학의 걸작임을 다각도로 증명하였다. 또한 개화기부터 시작된 「춘향전」의 외국어 번역작업은 현재 세계 주요 언어로 된 번역본을 산출하였으며, 이를 통해 이 작품이 한국문학의 대표작임을 거듭 확인하게 되었다. 이제 「춘향전」은 단순한 소설이 아니라 한국문화를 대표하는 총체적 문화유산으로 인식된다.

## 2. 「춘향전」의 생성 배경과 과정

### 1) 「춘향전」의 생성 배경

「춘향전」의 생성 배경을 이해하기 위해서는 먼저 이 작품의 문학적 특성에 대한 이해가 있어야 한다. 그것은 크게 세 가지로 규정할 수 있는데, 첫째는 설화를 바탕으로 해서 생성된 '설화소설'이라는 점이고, 둘째는 오랜 기간에 걸쳐 다수의 작자들이 참여하여 점진적으로 만들어진 '적층문학(積層文學)'이라는 점이며, 셋째는 고정된 원본이 존재하지 않고 시대와 장소에 따라 내용과 형식에 변화를 가져오는 '유동문학(流動文學)'이라는 점이다. 이 세 가지 특성은 별개의 것이 아니고 서로 긴밀하게 연결되어 있으며, 작품의 생성 과정과 밀접한 관련을 갖는다.

「춘향전」이 설화를 바탕으로 해서 만들어지고 설화의 형태로 전승되었다는 사실은 그 동안에 이루어진 연구를 통해서 확인되었다. 김태준(金台俊)은 『조선소설사』에서 「춘향전」의 근원이 설화에 있음을 지적하고 그 구체적 사례를 발굴・소개하였다.

> 오늘의 「춘향전」은 어느 한 사람의 손에 된 것이 아니오 여러 사람의 손에 구전(口傳)되어 전사되는 동안에도 적지않은 윤색을 보았을 것이지만…… 문헌을 연구하는 이가 말하기를,
>
> 1. 「춘향전」은 벽오(碧梧) 이시발(李時發)의 실제담이라고,
> 2. 「춘향전」 같은 사실은 박문수집(朴文秀集) 속에 있다고,
> 3. 「춘향전」은 옥계(玉溪) 노진(盧禛)의 사실을 소설화한 것이라는 등이니
>
> (김태준, 『조선소설사』)

이러한 견해는 그 후에 이병기, 김삼불, 김동욱 등에 의해 확인되고 체계적으로 정리되었다. 김동욱은 『춘향전연구』에서 「춘향전」과 설화의 관계를 정밀하게 분석하면서 관련 자료를 보완하였다. 그는 「춘향전」에 수용된 설화를 근원설화와 삽입설화로 구분하였다. 근원설화는 작품의 기본 줄거리를 이루는 것으로 '열녀설화', '암행어사설화', '신원(伸寃)설화(소위 아랑형설화)', '연정(戀情)설화' 등 네 가지가 있다고 보았고, 삽입설화는 작품의 기본 줄거리를 장식하는 설화로서 '신물교환(信物交換)설화', '수기(手記)설화', '몽조(夢兆)설화', '한시(漢詩)설화' 등이 있다고 보았다. 설화는 「춘향전」 생성의 근원이 되었을 뿐만 아니라 전승과 변모 과정에도 깊이 간여하면서 작품의 내용을 풍부하게 살찌우는 역할을 한다고 보았다. 작품에 등장하는 인물이나 사건들은 대부분 특정 설화유형과 관련을 맺고 있어서 「춘향전」은 '설화의 전시장(展示場)'과도 같은 모습을 보인다.

「춘향전」이 적층소설이라는 점은 설화소설이라는 점과 상통하는 말이다. 설화는 오랜 기간에 걸쳐 많은 사람이 말로 전해 온 이야기이기 때문에 그 안에 다양한 시각과 목소리가 차곡차곡 쌓여져 있다. 「춘향전」은 몇 개의 설화들을 결합시켜 작품의 기본 구조를 만들었고, 또다른 설화들을 수용하면서 세부적 내용을 채워 나간 작품이다. 「춘향전」의 전승 과정에서 만들어진 수십 종의 이본은 이 작품의 적층성을 잘 보여준다. 「춘향전」은 단일한 작품이 아니라 이본들의 집합으로 이루어진 '춘향전군(春香傳群)'이다. '춘향전군' 속에는 하층 서민들의 삶과 당대 최고 지식인들의 삶이 어우러져 있으며, 전통적 윤리의식을 옹호하는 목소리와 새로운 윤리관을 지향하는 목소리가 함께 들어 있다.

「춘향전」을 일컬어 '유동문학'이라고 하는 것은 전승의 과정에서 나온 수많은 이본들을 통해서 확인할 수 있다. 같은 줄거리를 가지고 있으면서도 세부적 내용에 있어서는 이본에 따라 상당한 거리를 가지고 있다. 작중인물의 경우 변하지 않는 것은 '춘향'이라는 이름과 그녀가 '기생 월매의 딸'이라는 사실이며, 그 밖의 인물은 이본에 따라 약간씩의 차이를 보인다. 춘향의 신분이 「경판본」에서는 '본읍 기생', 「완판본」에서는 '퇴기 월매의 딸'로 되어 있다. 춘향의 아버지는 「경판본」에서는 '허봉사의 친구'로서 신원이 분명치 않은 인물로 되어 있지만 「완판본」에서는 '성참판'이란 양반으로 되어 있다. 이도령의 이름은 「경판본」에서는 '이령', 「완판본」에서는 '이몽룡', 한문본 「광한루기」에서는 '이도린'으로 되어 있다.

「춘향전」의 유동문학적 성격은 작품의 구성과 문체에서도 드러난다. 경판계 이본들은 간략하게 기본 줄거리를 전달하여 분량이 적은 데 반해, 완판계 이본들은 장황한 서술과 묘사를 곁들여 그 분량이 경판계의 몇 배에 달하기도 한다. 경판계 이본들이 서울 지방의 품격 있는 한문투 문체로 되어 있는 데 반해, 완판계 이본들은 전라도 방언을 사용한 운문체로 되어 있다. 한문본들은 문체는 물론이고 내용과 형식에 있어서 대담한 변개를 시도하였다. 유진한의 「만화본 춘향가」와 윤달선의 「광한루악부」 등은 한시로 된 작품이고, 수산자의 「광한루기」와 여규형의 「춘향전」, 이능화의 「춘몽연」 등은 극본(劇本)으로 된 작품이며, 목태림의 「춘향신설」은 소설의 형식을 취하고 있다. 이러한 현상은 「춘향전」이 오랜 기간에 걸쳐 여러 지역과 계층을 옮겨 다니는 과정에서 이루어진 변모이다.

「춘향전」의 문학적 특징으로 지적된 '설화성', '적층성', '유동성'은 작품의 생성 과정에서 드러나는 현상이다. 이들은 서로 별개의 것이 아니고 서로 밀접한 관계를 가지면서 생성과 전승에 직접·간접의 영향을 끼쳐왔다. 「춘향전」은 설화적 근원에서 출발하여 설화의 전통을 계승한 문학이기 때문에 원본이 따로 존재하지 않고 따라서 특정 작가를 인정할 수도 없다. 따라서 어떤 형태로든지 개작이 용이했으며 이 과정에서 개작자들은 새로운 시대상을 반영하고 독자들의 취향과 요구를 쉽게 수용할 수 있었다. 그 결과 이 작품은 시대와 지역의 벽을 넘는 '살아 있는 문학'으로 존재하게 되었다. 이러한 개방성과 유동성은 이 작품이 이룩한 문학적 성취의 요인이었으며, 앞으로도 끊임없이 새로운 모습으로 재창작될 가능성을 열어 주는 바탕이 된다.

### 2)「춘향전」의 생성 과정

「춘향전」은 작가를 알 수 없을 뿐만 아니라 정확한 창작 연대를 알 수 없기 때문에 그 생성 과정을 밝히기가 쉽지 않다. 초창기 국문학연구자들은 작품에 대한 검토와 주변 자료들을 통해서「춘향전」의 생성 과정에 대해 몇 가지 견해를 제시하였다.

김태준은「춘향전」발생에 관한 민간의 전설을 소개하면서 여기서 발생의 실마리를 찾고자 하였다.

> 전북 지방 전설에는,
> 1. 남원에 얼굴이 매우 추하야 시집갈 수 없어서 자살해서 원혼 된 처녀 춘향이가 있었는데, 그 후 남원부사는 부임 오는 족족 죽는 고로 어느 대작가가 이 소설을 지어 위로한 이후로는 무사하여졌다는 말.
> 2. 남원에 양진사가 있어서 과거에 급제하고 돌아와서 창주(倡侏)를 데리고 유가(遊街)할 제, 집이 적빈(赤貧)해서 그 비용을 보상치 못하고 이에 이 노래를 지어 함께 창(唱)하였으니 이것이「춘향전」의 고본이었다는 말.
>
> (김태준,『조선소설사』)

김태준이 소개한 이 전설에서는「춘향전」의 생성에 관한 두 가지 측면을 볼 수 있다. 하나는 이 작품이 설화를 바탕으로 하고 있다는 '설화발생설'이고, 다른 하나는 이 작품이 특정 작가에 의해 창작되었다는 '개인창작설'이다. 김태준은 이 두 가지 가능성에 대해 분명한 입장을 밝히지 않고 몇 가지 설화를 추가로 밝힘으로써 '설화발생설'에 무게를 두었다. 김태준에 의해 소박하게 제기된 생성 문제는 후대로 오면서 더욱 구체적이고 정밀하게 검토되게 된다.

『조선창극사(朝鮮唱劇史)』를 쓴 정노식(鄭魯湜)은 「판소리 춘향가」의 유래를 밝히는 자리에서 주목할 만한 증언을 하였다.

> 「춘향전」의 유래와 발달한 경로를 들어서 증거하고자 한다. 필자 소년시대에 은사 석정 이정직 선생에게 「춘향전」의 유래와 그 발달한 경로를 단편적으로 들은 기억이 있다. 석정 선생은 한학의 거장으로 당시 거세(擧世)가 추후(推後)할 뿐더러 고금한시문(古今漢詩文) 논평에 있어서는 가위 당대 독보이었고 당시 시인 매천(梅泉) 황현(黃鉉), 영재(甯齋) 이건창(李建昌)과 더불어 상허(相許)하여 교의(交誼)가 깊었다. …… 석정 선생의 담화에 의하면 춘향전의 유래와 그 발달에 관한 전설이 구구불일(區區不一)하나 그 중에 믿을 만할 일설을 취하면 다음과 같다 하였다.
>
> "남원읍에 노기(老妓)의 딸 무남독녀인 처녀(춘향)가 있는데 얼굴은 추박하고 시임부사(時任府使)의 아들(몽룡)과의 정적(情的) 관계가 있었고 이사(李使)는 해임(解任) 상경 후 일가가 영쇠부진(零衰不振)하였다. 춘향이가 미천의 처녀로 양반의 자제에게 허신(許身)한 것이 광영이고 또한 연정이 날로 깊어졌다. 그러므로 수절하면서 이몽룡이 영달하여 다시 자기를 찾기를 고대하였으나 천리원격에 소식이 막연하였다. 필경은 그 무정의 원한을 품고 죽고 말았다. 그 후에 남원 일군(一郡)이 대흉재(大凶災)가 들어서 내리 삼 년 동안을 계속하였다. 전 군민의 기아 상태는 남부여대(男負女戴) 유리개걸(流離丐乞)의 참상을 현출하게 되매 농민과 부녀들은 일제히 흉재의 원인은 원귀 춘향의 소사(所使)라고 미신(迷信)하고 방재책에 대한 의론이 비등하였다. 시임 이방이 치자의 입장에서 인민의 미신의 귀추를 양해하고 「춘향전」을 지어서 이것을 무녀(巫女)의 살풀이굿에 올려서 그 원혼을 위로하였다. 그것이 과연 설원(雪冤)하였던지 흉재는 곧 등풍(登豊)으로 바뀌고, 따라서 인심도 안정되었다. 그 후에 「춘향전」은 여러 문호의 붓으로 첨삭을 가하여 소설이 되고, 남원을 위시하여 그 인근 읍군에서는 무녀의 춘향전 살풀이굿이 성행하였다. 광대들은 그 가치를 인정하고 창극조로 옮겨서 부르기를 시작하여 창극으로 개작할 때에 더 많은 부연과 윤색을 경유하여 금일의 춘향전을 이루었다."

> 이것이 춘향전이 무녀의 굿에서 광대의 창극조로 변천하고, 이것을 어느 문호의 손에 소설화되고, 또 그 후 많은 사람의 손에서 증보(增補)되고 부연(敷衍)되어 금일의 걸작의 춘향전을 완성하게 된 경로이다.
>
> (정노식, 『조선창극사』)

정노식의 증언은 김태준이 소개한 '남원박색녀원혼설화'를 좀더 자세하게 풀이한 것으로서 「춘향전」의 발생 과정을 설득력 있게 설명하고 있다. 「춘향전」에 대한 학문적 연구를 본격적으로 시도한 김동욱은 이 작품이 생성 과정에서 설화와 긴밀한 관련을 가지고 있음을 확인하고, 설화와 소설과의 관계를 체계적으로 정리하였다. 그는 작품의 소재적 근원이 된 설화를 '근원설화'라 부르고 작품의 발생에 관한 설화를 '발생설화'라 하여 양자를 구분하였다.

> 근원설화와 발생설화는 비슷한 말이지만 근원설화는 춘향전 형성의 소재가 되는 설화를 말함이요, 발생설화는 춘향전이 어떻게 해서 성립됐다는 민간설화를 지칭한 말이다.
>
> (김동욱, 『춘향전연구』)

근원설화는 작품에 수용된 설화를 말하는 것으로, 그 역할에 따라 기본 구조를 만드는 데 작용한 설화와 부분적 내용을 꾸미는 데 작용한 설화로 대별된다. 「춘향전」이 어떤 설화를 기본 바탕으로 하고 있는지는 구체적으로 밝히기는 어렵지만, 열녀설화를 모태로 해서 작품의 전반부가 이루어지고, 전반부의 문제를 해결하는 한 방식으로 암행어사설화를 수용하여 작품의 후반부를 이루게 된 것으로 추론된다. 단편적 설화들은 작품의 전승과 변모 과정에서 삽입되어 이야기를 흥미롭게 만들면서 새로운 이본을 만드는 역할을 한 것으로 보인다.

(1) 주요 플롯 형성에 작용한 설화

① 열녀설화: 지리산 주변에 전해지는 열녀에 관한 설화로서 '지리산녀설화'(『동국여지승람』), '도미설화'(『삼국사기』 열전 소재) 등을 들 수 있다.

② 암행어사설화: 암행어사와 지방의 기생 사이에 이루어진 인연을 이야기한 설화로서, 야담집에 전하는 노진설화, 김우항설화, 박문수설화, 성이성설화 등을 들 수 있다.

③ 신원(伸寃)설화: 억울한 한을 품고 죽은 여인이 재앙을 내리자 그 혼을 달래기 위해 굿을 하거나 글을 지어 재앙을 물리쳤다는 설화로서, 남원 지방에서 전하는 '박색녀설화', 밀양 지방의 '아랑설화', 평양 지방의 '심수경설화' 등을 들 수 있다.

④ 염정(艶情)설화: 남녀간의 애정을 다룬 설화로서 전국에 걸쳐 고르게 분포되어 있다. 이 가운데 「춘향전」과 관련이 있는 것으로 성세창과 평양 기생 자란의 애정을 다룬 '성세창설화'와 앞에서 언급한 박문수설화 등을 들 수 있다.

(2) 삽입 플롯 형성에 작용한 설화

① 신물교환(信物交換)설화: 춘향과 이도령이 이별할 때 사랑을 확인하기 위해 신물을 주고받는 내용은 설화와 관련을 가지고 있다. 그것은 중국 소설에서 흔히 등장하는 내용이며 한국의 설화집에서도 자주 볼 수 있는 것으로, 사랑하는 남녀끼리 옥지환이나 면경을 주고받았다는 내용을 담고 있다. 『동야휘집』에 실려 있는 '홍섬의 이야기'나 '조위의 이야기' 등이 이에 속한다.

② 수기(手記)설화: 춘향이 이도령에게 동침을 허락하면서 불망기(不忘記)를 써 주기를 요구한다. 이는 은밀하게 이루어지는 남녀간의 사랑을 공인받기 위해 이루어지는 것으로, 야담집에 실려 있는 설화를 작품 속에 수용한 것으로 보인다.

③ 몽조(夢兆)설화: 춘향이 옥중에서 꾼 꿈을 허봉사가 해몽해 주는 내용은 『태평한화골계전』, 『지봉유설』, 『동각잡기』 등에 전하는 설화를 수용한 것이다.

④ 한시(漢詩)설화: 이도령이 신관사또의 잔치 마당에서 지어 관료사회의 부패를 풍자한 한시는 작자 미상의 작품으로 『국조보감』을 비롯한 여러 문헌과 '성이성설화' 등에도 수록되었다가 「춘향전」에 수용된 것으로 보인다.

‘발생설화’는 「춘향전」의 생성 과정을 이야기해주는 설화를 말한다. 이에 관해서 몇 가지 설화들이 전해지고 있는데 이것을 토대로 할 때 세 가지 발생설이 나올 수 있다. 첫째는 「춘향전」의 모델은 역사적 실존인물이며, 그에 관한 실화(實話)를 특정 작가가 가필 윤색해서 소설로 만들었다는 주장인데, ‘무가(巫歌) 발생설’이나 ‘양진사 창작설’ 같은 것이 이에 속한다. 둘째는 작품의 모델은 따로 없이 특정 작가가 허구적 소설로 창작하여 유포시킨 것이 「춘향전」이라는 주장인데, ‘중국 작품의 번안설’, ‘문장체소설 선행설’, ‘한문소설 선행설’ 등이 이에 속한다. 셋째는 민간에 떠도는 설화를 바탕으로 광대들이 부르던 판소리사설(辭說)을 정착시킨 것이 「춘향전」이라는 ‘판소리 발생설’이 이에 속한다. 이 세 가지 견해 가운데 어느 하나를 단정적으로 주장할 수는 없다. 그러나 이런 견해들은 「춘향전」의 다양한 이본들과 그 생성 배경을 이해하는 데 일정 부분 기여하는 바가 있다.

## 3. 「춘향전」의 이본(異本)

### 1) 이본의 발생 요인

「춘향전」이란 제목을 붙이고 있으면서도 내용상으로는 차이를 보이는 작품을 가리켜 이본이라 한다. 때로는 제목까지도 다르게 붙이면서 기본적으로 같은 줄거리를 가진 작품도 이본에 포함된다. 「춘향전」의 이본은 숫자로 보더라도 수십 종에 달하고 내용상으로도 상당한 차이를 보인다.

「춘향전」은 문자로 기록된 소설이기 이전에 입으로 전해지는 ‘이야기’였으며, 그것이 처음으로 세상에 나온 것은 300년이 넘는다. 「춘향전」의 최초 작품인 유진한의 「만화본(晩華本) 춘향가」가 나온 때가 1740년경인데, 이 작품은 전라도 지방에서 공연되던 판소리를 듣고 기록된 작품이라고 하니, 작품이 만들어진 것은 그 이전의 일일 것이다.

입에서 입으로 전해지던 '춘향 이야기'가 문자로 정착된 뒤에도 수많은 이본들을 산출하였다. 「춘향전」은 소설의 영역 안에만 머물러 있지 않고 판소리, 창극, 연극, 영화, 오페라, 마당극 같은 공연예술과 교섭을 가지면서 내용상의 변이를 겪게 되었고, 그 영향으로 새로운 이본이 만들어지기도 하였다. 「춘향전」은 한문학과의 교섭도 활발하기 이루어졌고, 그 결과 한문소설, 한시, 한문연본(漢文演本) 등의 이본이 나오게 되었다. 또한 「춘향전」은 현대문학에 수용되면서 현대소설, 현대시, 현대희곡 등의 형식으로 재창작되기도 하였는데, 이 모든 작품을 이본에 포함시킨다면 이본의 숫자는 실로 헤아릴 수 없을 만큼 많이 늘어난다. 「춘향전」에 이처럼 다양하고 많은 이본이 나오게 된 데는 다음과 같은 몇 가지 요인이 작용하였다.

첫째, 「춘향전」에는 원작자와 원본이 따로 존재하지 않기 때문에 누구에게나 개작의 가능성이 열려 있었다. 김만중의 「구운몽」이나 박지원의 「호질」 같은 작품은 원작자가 밝혀져 있고 문자로 기록된 정본이 있었기 때문에 개작의 자유와 가능성이 열려 있지 않는다. 설령 작품에 손을 대는 경우가 있다 하더라도 변이의 폭은 그리 넓지 않다. 이런 작품들과는 달리 「춘향전」은 작자가 누구인지도 모르고, 정해진 원본이 따로 없기 때문에 누구에게나 개작(改作)의 가능성이 열려 있다. 그리하여 일부 개작자는 이야기의 기본 줄거리까지 바꾸는 과감한 개작까지 시도한 경우도 있다.

둘째, 「춘향전」의 구성이 긴밀하지 못하여 새로운 형태로의 변이가 용이하다. 「춘향전」은 애초에 단단한 짜임새를 가진 작품이 아니고 몇 가지 설화들이 엉성하게 결합되어 만들어진 이야기이다. 따라서 기존 내용의 일부를 삭제하거나 새로운 요소의 삽입이 비교적 용이하였다.

셋째, 「춘향전」은 독자의 수준과 취향을 중시하는 통속문학이기 때문에 독자의 지역성과 계층성을 수용하는 새로운 작품의 출현이 필요했다. 19세기 이후 「춘향전」의 보급이 폭넓게 이루어지고 세책과 방각본 같은 상업적 행위가 이루어지면서 역량 있는 작가들은 지역적으로나 계층적으로 다양한 독자층의 요구를 반영한 이본들을 만드는 개작을 시도하였다. 신재효가 판소리 「춘향가」의 사설을 정리하면서 「남창본(男唱本)」, 「여창본(女唱本)」, 「동창본(童唱本)」을 분리한 것은 독자나 청중을 의식한 것이었다. 방각본 가운데 경판과 완판이 만들어진 것도 이런 이유에서였다. 국문소설에 대해 극히 부정적이었던 당대의 지식인 독자들을 위해서 한문본이 만들어졌고, 개화기 독자들을 위해서 이해조의 개작본 「옥중화(獄中花)」가 활자본으로 출간되었다.

## 2) 이본의 종류와 형태

현재까지 전해지는 「춘향전」 이본의 숫자는 정확히 알 수가 없다. 「춘향전」에는 소설 이외에도 판소리, 창극, 희곡, 시나리오 등의 대본이 다수 포함되어 있고, 현재도 새로운 이본이 계속 만들어지고 있다. 이런 작품들까지 포함시킨다면 이본의 수는 엄청나게 늘어나게 된다.

김동욱 교수는 현존하는 수십 종의 이본들을 정밀하게 분석하여 이본들의 상관관계를 밝히고 이본의 계통에 대한 정리를 시도하였는데, 그 내용을 간략하게 정리하면 다음과 같다.

1. 국문본
 1) 목판(木板) 방각본(坊刻本)
  ① 경판(京板): 춘향전(16장본, 17장본, 23장본, 30장본)
  ② 완판(完板): 별춘향전(31장본), 춘향가(33장본), 열녀춘향수절가(84장본)
  ③ 안성판(安城板): 춘향전(30장본)
 2) 필사본(筆寫本)

① 신재효본 춘향가: 남창본(男唱本), 여창본(女唱本), 동창본(童唱本)
② 춘향전: 이명선 소장본, 高大도서관 소장본, 방종현 소장본 등
③ 별춘향전: 조윤제 소장본, 정병욱 소장본, 신학균 소장본, 김동욱 소장본
④ 남원고사(南原古詞): 파리 동양어학교 소장본
⑤ 정절기(貞烈記) 8책

3) 활자본(活字本)

① 이해조(李海朝) 옥중화(獄中花)(1912, 보급서관)
② 최남선(崔南善) 고본(古本) 춘향전(1913, 신문관)
③ ? 유전소설 춘향전(1914, 신문관)
④ ? 증수(增修) 춘향전(1914, 영풍서관)
⑤ 박건회(朴建會) 특별무쌍(特別無雙) 춘향전(1915, 유일서관)
⑥ 김용제(金用濟) 윤리소설(倫理小說) 광한루(廣寒樓)(1917, 박문서관)
⑦ 고 한(高 漢) 증수(增修) 춘향전(1913, 東美書市)
⑧ 심송욱(沈松旭) 증상(增像) 연예옥중가인(演藝獄中佳人)(1914, 신구서림)
⑨ 강의영(姜義永) 만고열녀 춘향전(1925, 영창서관)
⑩ 현공렴(玄公廉) 언문 옥중절대가인(諺文獄中絶代佳人)(1925, 대창서림)
⑪ 이종정(李種禎) 만고열녀 옥중화(獄中花)(1925, 광동서국)
⑫ 고유상(高裕相) 기연소설(奇緣小說) 오작교(烏鵲橋)(1927, 회동서관)
⑬ 이광수(李光洙) 일설춘향전(一說春香傳)(1927, 한성도서주식회사)

2. 한문본

1) 필사본(筆寫本)

① 유진한(柳振漢) 춘향가, 한시, 1745(?)
② 목태림(睦台林) 춘향신설(春香新說), 소설, 1804(?)
③ 수산자(水山子) 광한루기(廣寒樓記), 희곡, 1874(?)
④ 윤달선(尹達善) 광한루악부(廣寒樓樂府), 한시, 1852(?)
⑤ 여규형(呂圭亨) 한문연본춘향전(漢文演本春香傳), 희곡, 1915

2) 활자본(活字本)

① 유철진(兪喆鎭) 현토(懸吐) 한문춘향전, 1917
② 이능화(李能和) 춘몽연(春夢緣), 1919
③ ? 대방화사(帶方花史) 춘향전, 1900(?)

「춘향전」에는 외국어 번역본과 현대역 및 주해본들도 상당수가 있다. 이것들을 이본에 포함시키기는 어렵지만 이본을 이해하는 데 참고가 된다. 지금까지 나와 있는 번역본과 현대역 및 주해본들 가운데 중요한 것들을 소개하면 다음과 같다.

1. 외국어 번역본

1) 일본어 번역본

① 高橋 亨, 春香傳, 1910, 일본어 초역본, 日韓書房.

② 細井 肇, 春香傳, 1916, 自由討究社.

③ 南宮楔, 日鮮文 春香傳, 1917, 漢城唯一.

④ 張赫宙, 희곡 春香傳, 1938, 新潮社.

⑤ 許南騏, 春香傳, 1956, 岩波文庫.

2) 중국어 번역본

① 許世旭, 春香傳, 1967, 대만 商務印書館.

3) 서구어 번역본

① Par M. J. H. Rosny: *Printemps parfume*, Paris. Danton, 1892. 불어.

② Dr. H. N. Allen: *Chun Yang*. Korean. Tales. 1889, 영어.

③ Chai Hong Shin: *Fragnance of Spring*, 1962, 영어.

④ *Chun Yang*, Korea. von H.G. Arnous, 1893, 독일어.

⑤ Chun-mook Chung: *Der Kristallring*, 1962, 독일어.

2. 주해본(註解本)

① 조윤제, 춘향전(완판 84장본), 1939, 박문문고.

② 김사엽, 춘향전(완판 84장본), 1953, 대양출판사.

③ 이가원, 춘향전(완판 84장본), 1956, 정음사.

④ 구자균, 춘향전(완판 84장본), 1970, 민중서관.

⑤ 김동욱·김태준·설성경, 춘향전 비교 연구, 1979, 삼영사.

⑥ 설성경, 역주 춘향전, 1992, 고려대 민족문화연구소.

⑥ 허호구·강재철, 역주 춘향신설·현토한문춘향전, 1998, 이회문화사.

⑦ 성현경·조융희·허용호, 광한루기 역주, 1997, 박이정.

### 3) 이본의 내용과 계통

「춘향전」의 전승 과정을 고려하여 이본의 내용을 살펴보면 이본에 대한 대체적 분류가 가능하게 된다. 이본의 발생 시기는 대체로 세 단계로 나누어지는데, 제1기는 최초의 이본 「만화본」이 나온 1745년경부터 목판 방각본이 나오기 시작하는 1850년 전후까지이고, 제2기는 목판본이 나온 이후부터 이해조의 개작 활자본 「옥중화」가 나오는 1910년 전후까지이며, 제3기는 1910년대 이후 현재까지가 될 것이다. 이들 각 시기는 작품의 간행 방식에 있어서뿐만 아니라 작품의 내용에 있어서도 상당한 차이를 보인다. 제1기의 이본에 해당하는 것으로는 2종의 한문 필사본이 있고, 제2기의 이본에는 목판본과 필사본이 포함되며, 제3기의 이본은 다양한 활자본과 소수의 필사본이 남아 있다.

#### ① 제1기 이본: 한문 필사본

제1기의 이본은 설화가 판소리와의 상호 교섭을 거쳐 소설로 생성되는 초기 「춘향전」의 모습을 보여준다. 이 시기의 이본으로는 유진한의 「만화본 춘향가」와 목태림의 「춘향신설」이 남아 있는데, 이들은 모두 한문 필사본 형태로 전한다.

「만화본 춘향가」는 작자인 만화(晩華) 유진한(柳振漢)이 지은 한시(漢詩) 작품이다. 그는 충청도 목천(木川)에 살았던 문인으로 전라도 지방을 여행하면서 들었던 '판소리 타령'을 바탕으로 이 작품을 지었다. 이 작품은 영조 30년(1754)에 지어진 것으로, 현재 전해지고 있는 「춘향전」 이본 가운데 최초의 것이다.

「만화본 춘향가」는 한시로 되어 있어 후대 소설 형식의 이본들과 직접적으로 대비하기는 어렵지만, 줄거리를 놓고 볼 때 그 내용은 후대의 국문 이본과 대체로 일치한다. 기생 월매의 딸 춘향이 삼월삼짓날 광한루에서 그네를 뛰다가 이도령을 처음 만나고, 그날로 이도령을 자기 집으로 데리고 가서 인연을 맺는다. 이도령이 부친을 따라 서울로 가게 되어 이별하게 되고, 신관의 수청을 거부하다가 고난을 당하지만 암행어사가 되어 내려온 이도령에 의해 구출되고 두 사람은 함께 서울로 올라간다. 이도령이 걸인 복색을 하고 내려오다가 농부들에게 수모를 당하는 장면, 춘향이 옥중에서 꿈을 꾸고 맹인을 불러 해몽하는 장면, 신관사또 생일잔치에서 이도령이 지은 한시 등이 그대로 들어 있어 「춘향전」의 기본 골격이 이미 갖추어진 것을 볼 수 있다.

목태림의 「춘향신설」은 「만화본 춘향가」가 나온 지 50여 년 뒤인 1804년경에 만들어진 한문소설로서 「향낭신설(香娘新說)」이라고도 불린다. 작가는 경남 사천에서 생장하여 향리에서 일생을 마친 선비로서, 이 작품 외에도 「종옥전(鐘玉傳)」이란 한문소설을 지은 바 있다. 「춘향신설」은 한문소설 형식의 이본으로서는 최초의 것이며 유일한 것으로서, 개화기에 나온 유철진의 「현토한문춘향전(懸吐漢文春香傳)」의 원본이기도 하다.

목태림은 작품 서두에 붙인 서문을 통해 자신의 저작 배경과 작품의 소재 원천을 밝히고 있다. 그는 작품의 소재를 역사적 실존인물의 사적에서 취한다고 하면서 이도령과 춘향을 역사적 실존인물로 설정하였다. 작가는 이도령의 가계(家系)를 소개하고 선조의 이름을 구체적으로 밝혀 놓았으며 작품의 말미에는 그의 후손까지 언급하고 있다.

이 어사의 본부인 김씨는 삼청동 김낙구의 셋째 딸인데, 요조한 덕과 정숙한 품행이 진실로 군자의 좋은 짝이었다. …… 이 어사는 동부승지로 여러 고을에 원으로 나가고, 그 뒤 육 년 만에 이조판서로 벼슬이 오르니 명망이 내외에 진동하였다. 부귀와 영록을 누린 지 이십여 년이 되어 늘그막에 양주로 물러나서 집안을 잘 다스리고 자제를 가르쳤다. 아들 다섯을 두었는데 둘은 춘향의 소생이었다. 각기 한 가지 재주를 지녀 모두 당시에 드날렸고, 그 뒤에도

자손이 끊임없이 이어져 지금까지 세상에서 칭송한다.(춘향신설)

춘향은 남원부의 기생으로서 송백 같은 절개를 지켜 후세의 모범이 되었다고 칭송한다. 작가는 그 아름다운 사적이 사라져 후세에 전해지지 않을까 걱정되어 이 작품을 짓게 되었다고 한다.

아, 춘향의 절개가 만세에 뻗쳐 있고 천추에 빛나니 대대로 민간에서 재미있는 이야기책이 되었다. 그것은 사라지지 않고 더욱 널리, 더욱 오래도록 남아 있어야 할 것이다. 그러나 여러 세대가 지나다 보니 이야기를 전하는 사람이 자세하게 알지 못하고 노래하는 사람이 정통하지 못하였다. 재미있지만 간혹 음란한 데로 흐르고 슬프지만 상심하는 데에 빠지며, 난잡하여 문장이라 할 만한 것이 없고 훼손되어 기록하기가 어렵게 되었다. 아, 후세 사람들이 그 이야기를 듣고 싶다 해도 어디서 구하겠는가? 내가 어리석고 못난 것을 잊고, 전해오는 이야기를 고쳐 쓰고 고서에서 따 와서 몇 달 동안 구상한 끝에 한 편을 엉성하게 지어 그 이름을 「신설」이라 한다.(춘향신설 서)

목태림의 서문을 보면 「춘향신설」이 나오기 이전에 이미 '전해오는 춘향의 이야기'가 있었음을 알 수 있다. 자신의 안목에서 볼 때 기존의 작품은 구성에 있어서나 문체에 있어서 인정할 만한 것이 못 되었기 때문에 새로운 개작본을 만들게 되었던 것이다.

「춘향신설」의 줄거리는 「만화본」과 크게 다르지 않지만, 남성중심적 시각이 강화되어 있다. 춘향의 신분은 기생이었고, 천한 창기의 몸으로 절개를 지킨 것을 유교적 덕목의 실천으로 보고 칭송하였다. 작가는 사건의 서술에 있어 사실성과 함께 합리성을 살리려고 노력하고 있다. 신관이 춘향을 수청들이려 할 때 우격다짐으로 하지 않고 정연한 논리로써 설득하고 춘향 역시 자신의 논리로써 신관의 요구를 거절한다. 이도령이 과거에 합격하고 1년도 못 되어 어사가 되어 내려오는 것을 불합리한 일이라고 보아 10년 뒤의 일로 설정하였다. 이 작품은 소설 형식을 취하지만 그

안에는 이백(李白)의 「장진주사(將進酒辭)」를 비롯한 20여 편의 한시(漢詩)와 제문(祭文), 축문(祝文), 서간문 같은 다양한 한문문체들이 삽입되어 있다.

제1기의 이본들은 이 밖에도 몇 가지가 더 있었을 것으로 보이지만 현재 전하는 것은 이 두 작품뿐이다. 초기의 「춘향전」은 설화나 판소리를 통해 전승되었기 때문에 문자로 기록된 것은 예외적인 현상에 속한다. 제1기 이본에 나타난 내용상의 특징은 춘향을 중심인물로 하면서도 이도령을 기준으로 이야기를 전개한다는 점이다. 춘향은 남원의 기생이었으며 이도령에 대한 절개를 지키기 위해 신관사또의 수청을 거절하고 고난을 당한다. 그 결과 이도령을 다시 만나 서울로 올라가지만 정실(正室)이 되지 못하고 부실(副室)이 된다. 이런 내용을 통해서 볼 때 「춘향전」의 초기 모습은 기생과 양반 자제 사이의 연애담을 남성중심적 시각에서 서술한 이야기였음을 알 수 있다.

### ② 제2기 이본: 목판본과 필사본

- 목판본계 이본

제2기의 이본 가운데 중심을 이루는 것은 방각본과 필사본이다. 방각본은 상업적 목적으로 출간된 국문본으로서 고전소설의 대중적 보급에 크게 기여하였다. 필사본은 방각본으로 간행되지 않은 이본들로서 국문본과 한문본이 있다. 이 시기의 이본은 「춘향전」이 기록문학으로 정착되어 대중적으로 보급되는 과정에서 만들어진 것으로 고전소설 발달사에서 중요한 위치를 갖는다. 이 시기에는 판소리와 소설, 국문본과 한문본의 교섭이 활발하게 이루어지면서 작품의 양적 팽창과 질적 성장이 이루어진다.

방각본은 방각된 지역에 따라 경판본, 안성본, 완판본 등 3종으로 대별된다. 경판본은 1850년을 전후하여 서울 지역에서 간행된 목판본으로, 16

장본, 17장본, 23장본, 30장본 등 4종의 이본이 있으나 그 내용은 대동소이하다. 경판본은 판소리적 성격을 바탕에 깔고 있으면서도 문장체 소설의 성격이 강하게 드러나는 작품이다. 판소리계 이본에서 흔히 볼 수 있는 삽입가요가 별로 보이지 않고 기본 줄거리만 간결하게 서술하고 있다. 문체는 당시 서울 지방의 지식인 계층에서 사용했을 문어체가 사용되어 있다. 작품 내용은 이도령을 서두에 내세우면서 춘향의 신분을 기생으로 설정하여 남성중심적 시각을 드러낸다. 춘향은 이도령과 인연을 맺기 전에 '불망기(不忘記)'를 써 줄 것을 요구하여 기생의 속성을 드러내 보인다.

완판본은 전주 지방에서 간행된 목판본으로 판소리사설의 정착본을 바탕으로 하며, 「별춘향전(別春香傳)」, 「완판 33장본」, 「열녀춘향수절가」 등이 있다. 「별춘향전」은 완판계 이본 가운데 가장 오래된 것으로, 그 내용은 경판계 이본과 가깝다. 「별춘향전」은 「완판 33장본」과 「열녀춘향수절가」의 선행본이라 할 수 있다.

「열녀춘향수절가」는 목판본 가운데 후대의 것으로 문학적 완성도와 대중적 선호도가 높아 '춘향전문학을 집대성한 작품'으로 평가받는다. 개화기에 나온 활자본들은 대부분 이 작품을 저본(底本)으로 하고 있으며, 후대의 '춘향전연구'도 대부분 이 작품을 대상으로 하였다.

「열녀춘향수절가」는 선행하는 완판계 이본들의 전통을 계승하면서 「신재효본 춘향가」의 영향을 크게 받은 작품이다. 「신재효본」은 신재효가 개작한 판소리 사설로서 기존 춘향전의 내용을 크게 변개한 작품이다. 기존의 이본들이 이도령을 서두에 내세우는 데 반해 「신재효본」은 춘향의 출생담을 서두에 내세워 이야기를 전개한다. 춘향의 부친을 성천총이라는 양반으로 설정하여 춘향에게 성가라는 성을 붙여 주고 그 신분을 양반의 서녀로 상승시켰다. 춘향은 신분상으로 기생이었지만 다른 사람을 대신 사서 넣고 대비속신(代婢屬身)하여 기생의 신분에서 벗어나게 되었다. 춘향은 이도령과 인연을 맺을 때도 월매의 허락을 받는 등 양반가의 규수처럼 행동한다. 「신재효본」은 판소리사설의 비속함을 털어내고 한문투의 문체를 사용하고 풍부한 중국 고사들을 활용하고 있어 상층 독자들의 취향에 영합하는 모습을 보인다.

「열녀춘향수절가」는 「신재효본」에서 시도한 내용상의 변이를 그대로 수용하면서 과다한 중국고사와 한문투의 표현을 줄이고 전라도 지방에서 일상적으로 사용하는 방언을 사용하여 독자들의 이해를 쉽게 하였다. 춘향과 이도령 사이의 순수한 사랑을 강조하면서 두 사람이 벌이는 사랑의 행위를 확장하여 「춘향전」을 애정문학으로 자리잡게 하였다. 춘향의 신분은 「신재효본」에서와 마찬가지로 '양반의 서녀'였으나 그 위상은 더욱 격상되었다. 춘향의 어머니 월매는 퇴기하여 성참판의 후실이 되어 살면서 춘향을 낳았다. 그리하여 춘향은 신분상으로 기생이 아니었고 명실상부한 양반의 서녀였기 때문에 대비속신할 필요도 없었다. 작품의 서두에 나오는 춘향의 출생담은 그녀의 신분적 위상을 확인하는 장치로 이해된다. 월매가 늦도록 자식이 없어 성참판과 함께 반야봉에 기원하였더니 두류산 신령이 낙포선녀(洛浦仙女)를 내려보냈는데 그가 바로 춘향이라는 것이다.

「열녀춘향수절가」에는 음악적으로 세련된 '사랑가', '자탄가', '십장가(十杖歌)' 같은 삽입가요들을 수용하고 있고, 월매, 향단, 방자 같은 주변 인물들의 개성과 역할이 강화되어 이야기의 활력이 넘치게 한다. 현실감 있는 삽화, 감칠맛나는 전라도 방언, 적절하게 사용된 한문 어투와 한시 등은 이 작품의 매력이라 할 수 있다.

「열녀춘향수절가」는 유교적 전통 사회에서 생성된 「춘향전」이 변혁기를 거쳐 근대로 넘어오는 과정에서 만들어진 작품이다. 이 작품은 기존의 이본들이 가진 여러 장점을 모두 수용하면서 그것들을 시대에 맞게 손질하여 '상품적 가치'를 높이고 「춘향전」을 '박제된 고전'에 머물지 않고 당대의 독자들에게 널리 읽히는 '살아 있는 고전'으로 거듭나게 하였다. 이 작품은 문장체 소설인 경판계 이본과 판소리 사설의 장점을 조화롭게 접목시켜 두 계층의 독자를 하나로 통합시킨 「춘향전」의 집대성이며 명실공히 「춘향전」을 대표하는 이본이다.

- 국문 필사본

「춘향전」의 이본 가운데 가장 많은 숫자를 차지하는 것은 국문 필사본이며, 이것들은 「춘향전」의 생성과 전승에 있어서 중요한 역할을 담당하였다. 문자로 기록된 「춘향전」의 초기 형태는 필사본이었으며, 이것을 바탕으로 해서 목판본이 만들어졌고 활자본도 만들어졌다. 국문 필사본은 그 숫자가 많은 만큼 그 성격도 다양하다. 난삽한 필체의 등사본이 있는가 하면 유려한 필치의 세책본(貰冊本)도 있다. 내용으로 볼 때 작자의 독창적 작품도 있지만 단순히 다른 작품을 그대로 베낀 복사본이 대부분을 차지한다. 수백 종의 국문 필사본 가운데 개성적이고 주목할 만한 이본은 파리동양어학교에 소장되어 있는 「남원고사(南原古詞)」를 비롯하여 「고대본 춘향전」, 「도남본 별춘향전」, 「백영본 춘향전」, 「신학균본 별춘향가」, 「나손본 춘향가」 등을 꼽을 수 있다.

「남원고사」는 원본이 파리에 소장되어 있었던 관계로 프랑스 서지학자인 모리스 쿠랑(M. Courant)의 『한국서지』(*Bibliographie Coréenne*)에 책이름만 소개되어 있었으나, 1970년대에 원본이 국내에 소개되어 그 내용을 확인할 수 있었다. 「남원고사」의 필사 연대는 1860년대 중반기로 추정되며, 이는 현존하는 국문 필사본 가운데 가장 오래된 작품에 해당한다. 작품의 체제는 5권으로 되어 있고 전체 분량은 약 10만 자 정도로서 「춘향전」의 이본 가운데 가장 방대한 작품이다. 작품의 기본 구조는 경판계를 따르고 있으면서 구체적 서술에서는 판소리창의 영향을 강하게 반영하고 있다. 경판계 이본에서 간결하게 처리된 장면이나 사건들이 여기서는 장황할 정도로 확장되어 있어 작품의 분량이 늘어나게 되었다. 작품의 필사 지역은 서울 누동(樓洞)으로 되어 있고, 작자는 서울에 거주하는 지식인 계층으로 추정된다. 따라서 작품의 내용에도 서울 지역 지식인 계층의 체험이 작품 전반에 나타난다. 이 작품의 세부 장면은 장황하고 복잡하지만, 전체 줄거리는 경판계 이본에서 보이는 일관성과 합리성을 보인다. 작가는 한문학적 지식이 풍부하여 고사성어나 역사적 사실들을 자연스럽게 삽입하면서 통속문학에서 흔히 사용되는 갖가지 어휘나 일화들도 적절하게 활용하고 있다. 후대에 나온 경판계 방각본들은 「남원고사」를 축약하여 만든 것이 아닌가 생각되며, 개화기에 나온 최남선의 「고본춘향전」도 이 작품을 적절하게 활용하여 만든 것이다.

「남원고사」 이외의 필사본들은 대부분 필사연대와 필사자가 분명히 밝혀져 있지 않고 내용상의 특징도 그다지 두드러지지 않다. 다만 세부적 장면에서 차이가 보여 「춘향전」 변천사를 추적하는 데 유용한 자료로 활용될 수 있다. 「춘향전」에 많은 필사본이 존재한다는 것은 작품의 강한 생명력과 활발한 대중성을 보여주는 증거이다. 문학적 역량을 가진 필사본 작가의 참여로 작품에 새로운 활력을 불어넣고 발전하는 계기를 제공할 수도 있다. 오랜 기간에 걸쳐 다양하게 축적된 필사본들은 「춘향전」이 가진 성장문예(成長文藝), 적층문학으로서의 본질을 확인해주는 자료이다.

- 한문 필사본

이 시기에 나온 한문 필사본들은 「춘향전」에 대한 당대 한문 사용 지식인들의 관심과 참여의 결과로 만들어진 개작본이다. 「춘향전」은 서민사회에서 생성되고 향유된 전형적 서민문학이기 때문에 국문본이 주류를 이루고 있다. 한문본은 국문본에 비해 숫자도 적고 대중적 호응도 높지 않았지만, 서지적 측면이나 문학적 측면에서는 결코 무시할 수 없는 가치를 지닌다. 대부분의 국문본들이 작자와 창작 연대를 알 수 없는 데 반해,

한문본들은 작자와 창작 연대가 대체로 밝혀져 있다. 국문본이 주로 소설 형식을 취하고 있는 데 반해, 한문 필사본들은 소설, 한시, 희곡 등의 다양한 형식을 취하고 있다. 이 시기에 나온 한문본으로 「광한루기」, 「광한루악부」, 「한문 연본 춘향전」, 「춘몽연」 등이 있으며, 이 가운데 「광한루악부」는 한시 형식을 취하고 있고 나머지는 희곡 형식으로 되어 있다.

「광한루기」는 한문 희곡 형식의 작품인데 작자는 수산(水山)이다. 작자는 자신의 이름을 밝히지 않아서 그의 신원을 정확히 알 수는 없지만, 조선 후기의 몰락한 양반 계층의 인물로 보이며, 이 작품을 지은 시기는 1874년경으로 추정된다. 「광한루기」는 국문본 「춘향전」을 중국의 대표적 희곡인 김성탄의 「서상기(西廂記)」 형식으로 개작한 것이다. 이것은 희곡 형식을 띠고 있지만 무대에서 공연할 수 있는 대본이 아니고, 극적 형식을 취한 '독서용 희곡'이다.

「광한루기」에는 작자의 소설론을 피력한 서문과 해설 및 평비문(評批文) 등이 들어 있어 조선 후기 소설론의 일단을 살펴보는 귀중한 자료가 된다. 「광한루기」는 「춘향전」의 내용을 여덟 장면(八回)으로 나누고 각 회(回)의 첫머리에는 그 장면의 주제를 표시하는 두 글자의 제목과 그 장면의 줄거리를 요약하는 칠언이구(七言二句)의 한시(漢詩)가 붙어 있다. 각 회의 내용 앞뒤에는 각각 해설을 붙여 해당 장면에 대한 논평과 해설을 겸하고 있다. 「광한루기」의 내용은 「춘향전」의 전체 줄거리를 유지하면서 구체적 서술 과정에서는 과감한 수정을 감행하였다. 작가는 국문본을 '속본(俗本)'이라 규정하고 사리에 맞지 않는 내용이나 저속한 표현들을 과감하게 수정하거나 삭제하였다. 작품의 시대적 배경을 조선 인조조 또는 숙종조에서 고려 공민왕 시절로 바꾸고, 작중인물의 이름과 성격 등도 대폭 변개시켰다. 이도령은 이름을 '몽룡'에서 '도린(桃隣)'으로, 신관사또는 '변학도'에서 '원숭(元崇)'으로 바꾸었으며, 원래는 이름이 없었던 '방자'는 '김한', 행수기생은 '부용' 등으로 새로운 이름을 부여하였다. 작가는 이야기의 논리성과 합리성을 강조하면서 이런 원칙에 어긋나는 부분은 과감하게 삭제하거나 변개시켰다. 「광한루기」는 기존 국문본의 구조와 작중인물의 성격까지 크게 바꾸었기 때문에 「춘향전」 전통의 맥락에서 벗어난 이단적 존재라 할 수 있다.

「광한루악부」는 한시로 된 필사본으로 '호남악부(湖南樂府)'라 불리기도 한다. 작가는 윤달선(尹達善)이며, 저작 연대는 1852년경으로 추정된다. 작품의 분량은 한시 칠언절구 108첩, 전체 분량은 3,024자이다. 이 작품의 첫머리에는 작자 자신을 비롯하여 이계오(李啓五), 윤경순(尹瓊純) 등의 서(序)가 들어 있다. 여기에는 판소리 창에 관련된 중요한 증언이 들어 있어 판소리의 본질을 이해하고 「춘향전」과 판소리의 관계를 살피는데 중요한 단서를 제공한다. 이 작품도 「만화본」과 마찬가지로 한시로 되어 있어 「춘향전」의 서사적 내용을 그대로 전해주지는 못하지만 작품의 줄거리를 빠짐없이 담아내고 있다. 내용상으로 볼 때 이도령을 중심인물로 하고 춘향을 기생으로 한 점에서는 경판계의 성격을 따르고 있다. 그러나 월매가 이도령과 춘향의 결연 과정에서부터 적극적으로 개입하는 등 그 역할이 강화되고, 춘향이 이도령에게 '불망기'를 받는 장면이 삭제되는 등의 내용은 완판계의 성격을 따르고 있어 경판계와 완판계의 절충적 성격을 보여준다.

「한문 연본 춘향전」과 「춘몽연」은 이 시기보다 뒤에 나온 것이지만 여기서 함께 살펴보기로 한다. 「한문 연본 춘향전」은 여규형(呂圭亨, 1848~1921)이 1915년경에 지은 희곡 형식의 작품이다. 작자는 조선말 개화기의 대표적 한문학자로서 「심청전」을 희곡 형식으로 개작한 「잡극심청왕후전(雜劇沈靑王后傳)」을 남기기도 하였다. 작가는 「한문 연본 춘향전」을 원각사(圓覺社)에서 공연하기 위한 대본으로 지었다고 하지만, 이것이 실제로 공연된 일은 없었고 단지 읽는 희곡에 불과했던 것 같다. 이 작품은 「춘향전」의 줄거리를 열두 장면으로 나누어 12회의 회장체 극본으로 만들었다. 작품의 내용은 경판계를 따르면서 부분적으로는 완판계의 내용과 일치하여 후대 이본에서 흔히 볼 수 있는 절충적 성격을 보여준다. 작품 속에서 사건의 진행은 산문으로 처리하고 인물의 감정이나 정서는 한시로 처리하여 판소리의 성격을 살리고 있다. 이 작품에는 한시 이외에도 민요, 제문, 기원문, 서간문 같은 한문 문체들이 다양하게 사용되어 있는데, 이는 작가의 문학적 재능을 과시하기 위한 것으로 보인다.

「춘몽연」은 이능화(李能和, 1869~1943)가 1919년에 지은 희곡 형식의 한문이본인데, 그 내용과 형식은 여규형의 「한문 연본 춘향전」을 모방하였으며, 일부 내용은 여규형본에서 그대로 옮겨오기도 하여 독창성은 그리 높지 않다. 작자는 개화기에서 일제 강점기에 걸쳐 활동한 교육자, 저술가로서 『조선도교사(朝鮮道敎史)』, 『조선불교통사』, 『조선무속고(朝鮮巫俗考)』, 『조선여속고(朝鮮女俗考)』, 『조선해어화사(朝鮮解語花史)』 같은 저술을 남겼다. 「춘몽연」의 본문은 모두 7회로 분장되어 있는데, 각 회의 첫머리에는 여덟 자 두 구절로 된 제목이 붙어 있어 해당 회의 내용을 요약하고 있다.

「춘향전」의 한문 이본들은 작품으로서 예술성이 그리 높은 편은 아니다. 또한 극히 제한된 독자만이 이 작품을 읽을 수 있었기 때문에 독자층도 그리 많지 않다. 한문본은 중국 고사를 과도하게 인용하고, 중국작품을 의식하면서 그것을 모방하려 하여 「춘향전」의 서민문학적 특성을 제대로 살려내지 못한 면도 있다. 그럼에도 불구하고 한문본이 「춘향전」 전승사에서 갖는 의의는 결코 가볍지 않다. 한문본은 대부분 작자의 신원이 밝혀져 있어 작품의 생성과 변모의 과정을 살피고 「춘향전」에 대한 지식인 계층의 태도를 살피는 데 중요한 자료가 된다. 한문본의 작가는 대체로 당대의 상층 지식인 계층에 속하는 인물이었으며 그들의 관심과 참여가 「춘향전」의 생성과 변모에 적지않은 영향을 끼쳤을 것임을 짐작할 수 있다. 서민문학적 성격을 가진 「춘향전」에 대해 한문본이 다수 존재하고 있다는 것은 이 작품이 단순한 서민문학에 머물지 않고 모든 계층이 함께 향유한 '국민문학'이었음을 말해준다. 한문본은 국문본과 함께 「춘향전」 전승의 한 축을 이루고 있으며 양자는 상호 대립적이면서 상호 보완적 관계에 있는 것으로 이해된다.

③ 제3기 이본: 활자본

개화기에 이르러 외국의 인쇄 기술이 도입되면서 「춘향전」을 비롯한 문학작품들이 활자로 인쇄되어 보급되기 시작했다. 이 때 가장 활발하게 출판된 작품이 「춘향전」이었는데, 짧은 기간 동안에 60여 종의 활자본들이 쏟아져 나왔다. 이해조의 「옥중화」와 최남선의 「고본춘향전」, 이광수의 「일설춘향전」 등이 이 시기에 나온 대표적 이본이다. 이 시기에 나온 활자본들은 내용상으로 별다른 특징을 갖지 못하고 이전에 있었던 방각본이나 필사본 또는 한문본을 조합하여 내용을 구성하고 작품의 체재와 형태를 달리해서 출판한 경우가 대부분이다. 이 시기의 작자들은 신문학에 관심을 두었고 굳이 지난 시기의 소설을 새롭게 개작할 필요를 느끼지 않았다. 독자들 역시 익숙한 옛날이야기에 호감을 가졌고 그것을 새롭게 고쳐 낯설게 만들기를 바라지 않았다. 활자본 가운데는 「도상(圖像) 옥중화」처럼 시각적 효과를 높이기 위해 삽화를 넣거나 대화 부분을 따로 표시하여 신파극의 대본으로 사용할 수 있게 만든 경우도 있었다.

광복 이후 「춘향전」은 소설로서보다는 연극, 영화, 드라마 등으로 영역을 확산하면서 장르적 변이를 시도하였다. 그러나 대부분 고전소설의 내용을 그대로 답습 반복하였고 새롭게 쓰인 경우는 그리 많지 않다. 1970년대를 전후하여 몇몇 작가들이 새로운 개작을 시도하여 주목할 만한 작품을 발표하였으나 괄목할 만한 성과는 거두지 못한 것으로 보인다. 「춘향전」의 틀이 워낙 확고하게 굳어 있어 그 틀을 허물고 새로운 모습으로 개작한다는 것이 어려웠던 것 같다.

개화기 이후에 「춘향전」은 읽혀지는 문학작품이라는 기능과 함께 국학연구의 대상이라는 자료적 기능을 가지고 있었다. 일제강점기하에서 국문학연구자들은 「춘향전」의 민족문학적 성격을 부각시키면서 민중의 각성과 저항에 초점을 맞추어 작품을 해석하고 평가하였다. 연구자들의 관심은 작품이 가진 교훈성과 사상성을 밝혀내는 데 집중되었기 때문에 작품의 문학성 또는 예술성을 제대로 부각시키지는 못하였다. 이러한 연구 경향은 그 뒤로도 크게 변하지 않았고 현재까지도 그대로 이어지고 있다. 그러나 연구자들의 관심에 힘입어 작품의 현대역과 주해가 이루어져 「춘향전」의 대중적 보급에 기여한 면이 있다. 그 동안에 나온 현대역과 주해본은 수십 종에 달하지만 대부분 「열녀춘향수절가」를 대상으로 하고 있고, 근래에는 경판의 주석본과 현대역본도 상당수 나오고 있다. 또한 한문본에 대한 연구가 활발하게 이루어지면서 한문본의 번역과 주해 작업이 병행되고 있다. 고전 연구자들에 의한 현대역이나 번역은 학문적 정확도는 있으나 문학성을 제대로 살려내지 못하고 있다는 평가를 받고 있어 아쉽게 생각된다.

「춘향전」은 지난 수십 년 동안 한국문화에 관심 있는 외국인들에게 한국문학을 대표하는 작품으로 제시되어 왔다. 그리하여 개화기로부터 시작된 외국어 번역 작업은 근래에 이르기까지 지속적으로 이루어져 여러 나라 말로 된 번역본이 나와 있다. 초기에는 일본어 번역본이 다수 출간되었고 이어서 영어, 불어, 독일어 번역본이 나왔으며 현재 러시아어, 체코어 등의 번역 작업이 이루어지고 있다. 지금까지 나온 번역본들은 대부분이 「춘향전」 이본 가운데 가장 널리 읽혀지고 있는 「열녀춘향수절가」를 그 대상으로 하고 있다.

## 4. 「춘향전」의 인물

「춘향전」은 인물 중심의 이야기이다. 따라서 작품에 대한 이해를 위해서는 작중인물에 대한 이해가 중요하다. 「춘향전」의 인물 구성은 단순한 것 같으면서도 복합적인 모습을 보인다. 작품에 등장하는 인물들은 여러 기준에서 분류해 볼 수 있다. 먼저, 작품에서 차지하는 역할을 기준으로 할 때 중심인물과 주변인물로 나눌 수 있다. 춘향과 이도령은 중심인물이고, 그 외에 월매, 방자, 변학도 등은 주변인물이다. 보기에 따라서는 춘향 한 사람만이 중심인물이고, 이도령을 포함한 나머지 인물을 모두 주변인물로 볼 수도 있다. 인물의 신분을 기준으로 할 때는 양반과 서민으로 구분할 수 있는데, 이도령과 그의 부모 그리고 변학도 등은 양반계층에 속하는 인물이고, 춘향과 월매, 방자, 향단, 농부 등은 서민계층에 속하는 인물이다. 작중인물이 가진 의식지향(意識指向)을 기준으로 할 때, 기존 질서에 순응하는 수구적 인물과 새로운 세상을 갈망하는 개혁적 인물로 구분해 볼 수 있다. 보는 입장에 따라 차이가 있겠지만 「춘향전」에서 개혁적 인물은 춘향 한 사람이며, 나머지 인물은 수구적 인물로 볼 수 있다. 이도령의 부모와 변학도는 말할 것도 없고, 춘향의 수절을 쓸데없는 짓이라고 나무라는 월매나, 앞날의 출셋길이 막힐까 두려워 춘향을 버리고 떠나는 이도령도 수구적 인물의 범주에서 벗어나지 않는다.

「춘향전」의 중심인물들은 양면성을 가지며 자신 안에서 내적 갈등을 겪고 있다. 그 대표적 예가 춘향이다. 춘향은 정숙하고 고결하며 유교적 규범에 충실한 양반댁 규수의 모습을 보이기도 하고, 이와 대조적으로 저항적이고 일탈적이며 때로는 유교적 규범에 도전하는 기생의 모습을 보이기도 한다. 이러한 현상은 그녀 안에 내재하는 양면성과 내적 갈등에서 비롯된다. 그녀는 기생의 신분으로 태어났으면서도 기생이 되기를 거부하는 데서 심한 심적 갈등을 겪는다. 춘향의 양면성은 그녀의 출생과정에서 배태되었다. 그녀의 아버지는 성참판이라는 양반이고 그녀의 어머니는 기생 월매이다. 천한 어미의 소생은 천민이 될 수밖에 없었던 수모법(隨母法)에 따라 춘향의 신분은 천민이 될 수밖에 없었지만, 그녀의 생장과정과 생활 환경은 결코 천민의 모습이 아니었다. 작품 속에 나오는 춘향의 집치레는 화려했으며, 변학도의 명으로 자신을 잡으러 온 하인들에게 상당액의 돈을 뇌물로 줄 만큼 부유하게 살았다. 향단이라는 몸종을 데리고 살면서 글공부와 풍류를 익히는 등 상류사회의 규수에 못지않은 여유를 누렸다. 다만 자신이 천한 어미의 딸이라는 것 때문에 꿈을 이룰 수 없게 되자 심각한 내적 갈등을 겪게 된다. 광한루에서 이도령을 만났을 때 춘향이는 자신을 천한 신분의 여자로 대하는 이도령에게 강하게 저항한다. 현실적으로는 받아들이기 힘든 '충신불사이군 열녀불경이부'의 논리를 내세우면서 자신의 꿈이 어디에 있는지를 보여준다. 그런데 춘향의 성격이나 행위가 양반가 규수처럼 고귀함으로 일관했다면 소설적 흥미는 불러일으키기 어려웠을 것이다. 춘향의 고귀함을 강조하는 작가의 소개나 설명과는 달리, 작품의 내용 중에는 '천민 춘향'의 모습이 끊임없이 나타난다. 이도령의 명으로 자신을 부르러 온 방자와 주고받는 상스러운 대화, 첫날밤을 치르는 과정에서 보이는 적극적이고 능동적인 자세, 자신을 버리고 상경하려 하는 이도령에 대한 저항, 해몽하러 온 허봉사와 벌이는 수작 등이 그 예이다.

「춘향전」에서 춘향에 버금가는 중심인물인 이도령 역시 성격적으로 양면성을 가지며 내적 갈등을 겪는다. 그의 입장은 춘향과 정반대이다. 그는 양반으로 태어나 양반의 삶을 추구하면서도 한편으로는 서민의 삶을 살고자 했다. 그리하여 그는 자신 안에서 갈등을 겪기도 하고 자기 부친이나 춘향과의 관계에 있어서도 일정 부분 갈등을 겪는다. 이도령의 성격이나 역할은 그 자체로서 독자성을 가지기보다는 춘향과의 관계 속에서 의미를 가진다. 그는 춘향의 상대역으로서 그녀의 성격을 표출하게 하고 꿈을 이루게 하는 역할을 한다. 그가 광한루에 구경하러 나간 것은 춘향에게 인연을 맺을 기회가 되었고, 부친을 따라 서울로 떠남으로써 춘향에게 수절의 덕목을 실현하는 계기를 만들었으며, 암행어사가 되어 내려온 것은 결국 춘향에게 사랑의 실현과 신분상승의 꿈을 실현하는 계기가 되었다.

「춘향전」에 등장하는 다수의 주변인물들은 중심인물과 밀접한 관계를 가지고 인물들 사이의 중재자 역할을 하면서 자신의 개성을 드러내 보인다. 이러한 주변인물들의 활동을 통해서 중심인물의 성격이 분명하게 드러나고, 이야기가 흥미롭게 전개되기도 한다. 또한 주변인물 각자는 하나의 독자적 인물 유형을 대표하면서 작품 안에서 고유한 기능을 수행한다. 주변인물의 다양한 활동은 소설 작품의 전체적 기능과 의미를 구현하는 데 있어서 중요한 역할을 한다.

「춘향전」의 주변인물은 월매, 방자, 변학도 등이다. 그들은 춘향의 성격을 부각시키기 위해 설정된 인물이라는 점에서 이도령과 다를 바 없지만, 그들 각자는 개성을 가지고 작품 속에서 주어진 역할을 수행한다. 월매는 주변인물 가운데 가장 중요한 위치를 차지한다. 그녀는 춘향의 어머니이자 후견인으로서 춘향의 뒤를 돌보면서 춘향의 행동에 관여한다. 월매는 춘향의 신분을 결정하는 존재로서 춘향의 성격과 인품을 형성하는 데 중요한 역할을 하였다. 이도령과의 관계에 깊숙이 간여하면서 갈등을 부추기기도 하고 화해를 시도하기도 한다. 그러면서 월매는 하나의 개성 있는 인물로서 작품 안에서 독특한 기능을 수행한다.

춘향에게 수청을 강요한 변학도는 「춘향전」에 등장하는 유일한 악인형 인물이다. 그는 수청을 강요했다는 죄목으로 탐관오리의 전형이 되었고 온갖 악행을 자행하는 인물로 전락하였다. 그의 잔혹한 성격은 춘향의 정절을 확인하는 장치로 설정되었다. 이도령과 춘향의 사랑에 방해자로 설정된 변학도는 문학적 문맥에서는 자신의 역할에 충실한 긍정적 인물이다. 이 밖에 이도령과 춘향 사이를 오가며 중개자 역할을 하는 방자와 향단, 남원 관아의 군노 사령, 남원 주변의 농부들 등도 주변인물로서 주어진 기능을 수행한다.

「춘향전」은 춘향과 그 주변인물들 사이에 일어나는 이야기이다. 춘향은 작품의 중심인물로서 모든 등장인물들을 하나로 묶는 구심점 역할을 하며, 사건 전개의 방향을 결정할 뿐 아니라 작품의 주제를 구현하는 역할을 한다. 춘향은 현실적으로 실현 불가능한 목표를 세워 놓고 역경 끝에 그것을 실현하는 영웅적 행동을 함으로써 독자들에게 바람직한 인간상을 제시한다. 이와 반면에 주변인물들은 춘향의 주변에서 존재하며, 춘향과의 관계 속에서 존재의의를 가진다. 그들은 대부분 평범한 생활인으로서 현실의 삶을 반영하고 춘향의 남다른 생각과 행동을 부각시키는 배경 역할을 한다. 독자들은 그들의 생각과 행동에서 신선함이나 감동을 느끼기는 힘들지만, 주변인물을 통해 작품에 관심이 생기게 되고 친근감을 느끼게 된다.

「춘향전」은 유동의 문학이라서 이야기의 내용이 이본에 따라 변모되고, 그에 따라 작중인물의 성격과 역할도 다르게 나타난다. 이본에 따라 새로운 인물이 추가되기도 하고 인물의 성격이나 역할이 달라지는 현상도 나타난다. 인물의 성격과 역할 변화를 단적으로 보여주는 것은 춘향이다. 초기 이본에 나오는 춘향의 신분은 현역 기생이었으나, 후대의 이본으로 오면서 그녀의 신분이 기생에서 벗어나 대비정속한 자유인의 신분으로 바뀌고, 마지막에는 양반의 서녀로 이동한다. 춘향의 신분 이동을 실현하기 위해 그녀의 신분적 위치를 결정해 주는 부모의 신분적 위상과 성격도 변이된다. 춘향의 신분이 기생이었을 때 그녀의 어머니 월매는 현역 기생의 신분으로서 기생의 성격을 그대로 보여준다. 춘향이 기생의 신분에서 벗어나게 되면서 월매의 신분은 퇴기로 바뀌고 마침내 기생의 신분과 기생 행실을 다 버리고 양반의 후실이 된다. 초기의 이본에서 춘향의 아버지는 이름을 알 수 없는 서민으로 나타나다가 춘향의 신분이 상승됨에 따라 성천총 또는 성참판이라는 양반으로 바뀐다. 인물의 변모는 중심인물에 국한하지 않고 주변인물의 경우에서도 나타난다. 초기의 이본에서 별다른 역할을 하지 않던 방자와 향단의 역할이 후대 이본에서는 상당한 비중을 차지하게 되는 것을 볼 수 있다.

「춘향전」은 사건 중심의 이야기지만 사건 자체의 의미보다는 그것을 만들어가는 인물에 더 큰 비중을 두는 이야기이다. 작가가 의도하는 인물의 성격과 역할을 실현하기 위해서 때로는 무리하게 사건을 전개하기도 하고, 사리에 맞지 않는 상황을 설정하기도 한다. 옥에 갇힌 춘향을 구하는 것이 급한 나머지 과거에 합격한 지 1년도 되지 않은 이도령에게 암행어사를 제수하게 하거나, 춘향의 절개를 부각시키기 위해 별다른 근거도 없이 변학도를 탐관오리로 몰아간다. 「춘향전」에서 자주 나타나는 무리한 사건 전개는 인물과 관련하여 해석할 때는 무리하지 않게 이해된다.

## 5. 「춘향전」의 주제

춘향전의 주제에 대해서는 그 동안 많은 논란이 있어왔으며, 그 논란은 앞으로도 그치지 않고 계속될 것이다. 이 작품의 성격이 적층적이며 유동적이어서 주제를 파악하기가 힘들고, 따라서 주제에 대한 견해도 다양하게 나타나 있다.

김우종, 윤오영, 한승헌 등은 「춘향전」이 가진 문학적 결함을 지적하면서 주제를 파악한다는 것이 무의미하다는 견해를 밝혔다. 윤오영은 「춘향전」이 일관된 줄거리나 논리를 갖지 못한 저급한 이야기일 뿐이며, 따라서 문학으로서 논할 가치도 없고 고전(古典)으로 평가할 수는 없다고 주장하였다. 김우종은 「춘향전」의 비논리적이고 비합리적인 측면을 지적하면서 「춘향전」은 주제라고 할 것도 가지고 있지 않으며, 일부에서 주장하는 것처럼 '춘향의 서민적 항거'를 주제로 인정할 수 없다고 하였다. 춘향이 이도령에게 순종한 것은 자유스러운 분위기에서 선택한 것이 아니며 상전에 대한 복종이나 굴종 의식에서 나온 것이므로 그것을 애정(愛情)이라고 보기 어렵다고 비판한다. 또 춘향이 변학도에게 항거한 것은 그녀가 이도령과 맺은 주종 관계를 지키기 위한 것이지, 자주적 의식으로 한 것이 아니다. 그러므로 「춘향전」의 주제를 춘향의 정절이나 항거로 보기 어렵다는 것이다. 법률학자로서 「춘향전」의 성격을 검토한 한승헌은 이 작품이 '저항'과 '적응'의 양면성을 가진 작품이며, 춘향의 행위는 저항보다는 적응에 초점이 맞추어져 있다고 보았다. 춘향은 이도령에게 대등한 혼인 관계를 요구한 것이 아니라, '소실이라도 좋으니 버리지만 말아달라.'고 요구하였다. 춘향의 저항과 시련은 적응을 위한 과정이며 수단에 지나지 않기 때문에 그것을 주제로 보는 데는 무리가 있다는 것이다. 주제에 대한 부정적 견해는 작품에 대한 이해가 깊지 않은 비전문가들의 견해이기는 하지만, 「춘향전」의 문학적 결함을 객관적 입장에서 지적하고 있는 것이어서 한번쯤 고려해 볼 가치가 있다.

「춘향전」의 주제를 긍정적으로 이해하려는 시도는 여러 형태로 이루어졌다. 하나의 주제를 추출해 내려는 입장이 있고, 주제를 다원적으로 이해하려는 입장도 있다. 「춘향전」의 주제는 하나로 보는 입장을 견지하면서도 그것이 무엇인지에 대해서는 서로 의견을 달리하고 있다. 어떤 이는 이도령에 대한 춘향의 '정절'을 주제로 보았고, 다른 이는 이도령과 춘향사이의 '애정'을 주제로 보았으며, 또 다른 이는 불의한 관리에 대한 '저항'을 주제로 파악하였다. 이들 세 가지 견해는 각기 근거가 있고 일면의 타당성을 가지고 있다. 연구자가 어떤 계통의 이본을 검토 대상으로 하였으며 또 작품의 중심인물인 춘향의 행위를 어떻게 이해하고 평가하느냐에 따라 다른 견해가 나올 수 있는 것이다.

'정절'을 주제로 본 것은 「춘향전」의 근원설화와 초기 이본을 바탕으로 해서 파악된 견해이다. 춘향이 이도령을 위해 수절하고 신관사또에게 저항한 것을 '정절'의 표상으로 보았으며, 작품의 표제를 '열녀춘향수절가'라고 한 것은 그 증거라고 보았다. '애정'을 주제로 본 것은 신분이 다른 두 남녀간의 사랑을 이야기의 중심으로 파악한 견해로서, 많은 독자와 연구자들에게 공감을 받아왔다. 춘향과 이도령 사이의 사랑이 춘향의 일방적 순종으로 이루어진 것이 아니라, 두 사람 사이의 대등한 관계에서 이루어진 것이라고 이해하는 데서 이러한 견해가 나오게 된다. 「춘향전」은 춘향과 이도령이 만들어 내는 사랑의 이야기이다. 이도령에 대한 춘향의 순종만을 강조할 때 춘향을 위한 이도령의 헌신은 무시된다. 사랑을 성취하기 위한 이들 두 사람의 노력을 대등하게 다룰 때 「춘향전」의 주제는 춘향의 일방적 '정절'이 아니고 양자 간의 사랑으로 귀결된다. '애정'을 주제로 볼 때 '신분 상승 욕구'나 '서민적 저항' 같은 문제는 부수적인 것이 된다. 신분 상승이나 저항은 그것 자체가 목적이 아니라 두 사람이 사랑을 성취하기 위한 수단이며, 그 사랑을 실현하는 과정에서 거치게 되는 하나의 시련이기 때문이다. '저항'을 주제로 본 견해는 초창기 「춘향전」 연구자들에 의해 제시된 이래 한동안 열띤 호응을 받아 왔다. 수청을 강요하는 변학도와 목숨을 걸고 이에 저항하는 춘향은 각각 지배자와 피지배자를 상징하는 인물이며, 양자의 대결에 작품의 중심 의미가 있다고 본 것이다. 「춘향전」의 시대적 배경을 중시하고 춘향의 저항에 사회적 의미를 부여한 점에서 의미 있는 해석이기는 하지만, 작품의 실상과는 다소 어긋나는 무리한 주장으로 보인다. 이도령과 변학도는 다 같은 양반으로서 춘향에게 권력을 앞세워 부당한 요구를 한다. 춘향은 이도령의 요구에 대해서는 순종한 반면, 변학도의 요구에 대해서는 목숨을 걸고 저항한다. 이도령의 요구는 정당한 것이며 변학도의 요구는 부당한 것으로 보는 해석은 논리적 설득력이 없다. 이러한 모순을 합리화하기 위해서 연구자는 이도령은 선한 양반이고 변학도는 악한 양반이라는 구차한 변명을 하고 있다. 「춘향전」의 주제를 '서민의 자각과 저항'이라고 본 것은 특수한 시대 상황에서 제시된 견해로서 작품의 한 측면을 부각시킨 것은 사실이다. 그러나 이것은 작품의 실상과는 상당한 거리가 있고 연구자의 선입관이 작용한 것이어서 그대로 받아들이기는 어렵다.

「춘향전」의 주제를 하나로 보아야 한다는 입장에 서면 주제에 대한 위의 세 가지 견해들이 서로 용납할 수 없는 충돌을 일으킨다. 그리하여 모색된 것이 '다원적 주제론'이다. 작품의 주제를 굳이 하나로 고집할 것이 아니라, 가능한 몇 가지 요소를 주제로 인정할 수 있다는 것이다. 「춘향전」의 의미를 당대의 사회 이념 속에서 파악할 때 주제는 '정절'이 되고, 작품 속의 이야기에 의미를 둘 때 '애정'이 되며, 변화하는 시대정신과 연관지어 볼 때 '저항'이 된다. 이러한 견해는 각기 「춘향전」의 한 단면을 드러내면서 작품의 성격을 대변해 주기도 한다. 「춘향전」을 '신분이 다른 남녀간에 이루어지는 사랑의 이야기'로 규정할 때, 이들 세 가지 다른 견해는 별 무리 없이 작품의 의미와 연계될 수 있다. 춘향과 이도령이 궁극적으로 성취한 결과를 놓고 볼 때 주제는 '사랑'이 될 것이고, 사랑을 성취하는 과정에 비중을 두고 볼 때 '정절'과 '저항'도 주제의 일부로 받아들여질 수 있다. 즉, 두 사람 사이의 사랑이 이도령에 대한 춘향의 순종을 통해서 이루어졌다고 볼 경우에는 '정절'을 주제로 볼 수 있고, 그 사랑이 변학도에 대한 춘향의 항거를 통해서 성취되었다고 볼 경우에는 '저항'을 주제로 볼 수 있다.

「춘향전」의 주제를 다원적으로 보려는 견해 가운데는 조동일, 황패강, 설성경 등의 주장이 있다. 조동일은 주제를 '표면적 주제'와 '이면적 주제'로 구분하고, 춘향이 내세우는 유교적 정절은 표면적 주제를 이루며 신분 상승을 통해 인간 해방을 실현하고자 하는 욕구는 이면적 주제를 이룬다고 설명하였다. 황패강은 「춘향전」의 의미를 '표층적 의미'와 '심층적 의미'로 구분하고, '사랑'이 표층적 의미를 이루고 '항거', '현실 비판' 같은 요소들은 심층적 의미를 이루어 주제를 구현한다고 보았다. 설성경은 주제의 개념을 '보편적 주제'와 '개별적 주제'로 구분하고, 「춘향전」의 모든 이본에 공통적으로 나타나는 '사랑', '신분상승 욕구' 등을 보편적 주제로 보고, 그와 반면에 각각의 이본들이 구체적으로 실현하고 있는 주제를 개별적 주제라고 보았다. 보편적 주제는 모든 이본에 공통되며 「춘향전」의 전승 과정에서도 변하지 않는 것이지만, 개별적 주제는 이본의 성격에 따라 다르게 파악될 수 있다는 것이다.

'다원적 주제론'은 「춘향전」이 가진 여러 측면을 수용하면서 조화를 모색하는 과정에서 제시된 절충적 이론이다. 이러한 주장은 「춘향전」의 다양한 이본 체계와 전승 과정을 고려하면서 그것을 합리적으로 설명할 방안이 된다는 점에서 설득력이 있다. 다만 이런 방식으로 주제를 이해할 때 주제를 단순히 작품에 함축된 여러 가지 의미들을 병렬식으로 나열함으로써 주제의 개념이 모호해지고 궁극적으로는 작품의 의미를 파악하는데 혼란을 가져오지 않을까 하는 우려가 있다.

「춘향전」의 주제가 무엇인지는 아직도 분명히 말할 수 없다. 이것을 「춘향전」의 문제점이며 문학적 결함이라고 평가하는 견해도 있으나 한편으로 생각해 보면 이러한 모호함 때문에 시대의 변화에 적응하면서 끊임없이 새로운 독자들을 끌어들일 수 있지 않았는가 생각되기도 한다. 유교적 이념이 강하게 작용하던 시기에는 춘향의 절의와 지조를 주제로 부각시켰고, 신분제 철폐와 인간해방을 부르짖던 개화기와 일제강점기에는 춘향의 항거를 주제로 이해하고자 했으며, 유교 이념과 신분제의 제약이 사라진 현대에 와서는 남녀의 사랑을 작품의 주제로 내세워 새로운 의미를 창출해 나가고 있다. 「춘향전」이 갖는 주제의 개방성은 이 작품이 새로운 모습으로 재창작되어 활발한 현대적 변용을 가능성하게 하는 요인으로 작용하기도 한다.

## 6. 「춘향전」의 현대적 수용

「춘향전」은 유동의 문학이면서 성장의 문학이다. 이 작품은 생성 초기부터 지금까지 끊임없이 새로운 모습으로 변모되면서 수십 종의 이본을 산출해 왔다. 「춘향전」이 소설로 정착되는 과정에서부터 여러 문인들은 이 작품에 대한 관심을 표현하였고 그것을 새로운 양식의 작품으로 수용해 왔다. 「춘향전」 최초의 이본인 류진한의 「만화본 춘향가」를 비롯하여 윤달선의 「광한루악부」, 수산자의 「광한루기」, 여규형의 「한문 연본 춘향전」, 이능화의 「춘몽연」 같은 이본은 국문소설 「춘향전」을 한문학 양식에 맞추어 개작한 작품들이다. 장지환의 「광한루시」, 신위의 「관극시(觀劇詩)」, 송만재의 「관우희(觀優戱)」, 이유원의 「관극팔영(觀劇八詠)」 등은 「춘향전」을 감상하고 느낀 바를 읊은 짧은 한시 작품으로서 「춘향전」에 대한 당대 지식인 문인들의 관심을 표현한 것이다.

개화기 이후에 신소설 작가들은 「춘향전」의 문학성과 대중적 호응을 불러일으키기 위해 신소설의 형식의 개작을 시도했으며, 이해조의 「옥중화」를 비롯한 수십 종의 구활자본이 이러한 작업의 결과로 나온 것이다. 「춘향전」에 대한 개작 활동은 현대문학기에 이르러서도 지속되었는데, 최남선의 「고본춘향전」, 이광수의 「일설춘향전」을 비롯하여 현재까지 수십 종의 개작본들이 잇달아 나오고 있다. 「춘향전」은 고전소설이나 신소설의 영역을 벗어나 현대소설, 현대시, 현대희곡 등의 다양한 형태로 재창작되어 작품의 외연과 내포를 넓혀가고 있다. 이들 작품들은 형식면에서도 소설의 고정된 틀을 깨면서 다양한 변모를 시도하고, 내용면에서도 기존 줄거리를 과감하게 변이시켜 전혀 새로운 이야기로 만들어 간다.

현대소설의 형태로 쓰여진 작품으로는 안수길의 「이런 춘향」, 최인훈의 「춘향뎐」, 김주영의 「외설(外說) 춘향전」, 김연수의 「남원고사에 관한 세 개의 이야기와 한 개의 주석」 같은 작품들이 나와 있다. 이전에 나온 이해조, 최남선, 이광수의 개작본은 고전소설의 골격을 그대로 수용하면서 부분적 변이를 시도한 데 반해, 후대에 나온 현대소설 작품들은 기존 줄거리를 바탕으로 하면서도 작가 나름의 해석과 관점에 따라 작품의 구조를 변이시켰다. 안수길의 「이런 춘향」은 「춘향전」을 패러디한 작품이다. 작품의 시대 배경을 1950년대의 한국 현실로 옮겨 놓고 주인공을 '진주'라는 양공주로 설정하여 이야기를 전개하였다. 진주와 포주의 관계는 춘향과 월매의 관계에 비기고, 한번 떠나간 뒤에 돌아오지 않는 미군 병사는 이도령에 비겼다. 작품의 결말은 재결합을 이루지 못하고 비극으로 끝나는 것으로 하여 당대 현실을 여과 없이 보여준다. 최인훈의 「춘향뎐」은 옥에 갇힌 춘향의 처지에 초점을 맞추어 이야기를 재구성하였다. 거지 행색을 하고 찾아온 이도령은 암행어사가 아니라 퇴락한 집안 사정 때문에 춘향에게 의탁하려 내려온 것으로 되어 있다. 이도령이 춘향 주변을 서성거리고 있을 때 암행어사가 내려와 죄수를 방면하는 조치를 내린다. 옥에서 풀려난 춘향은 이도령과 함께 야반도주하여 지리산으로 들어가 몸을 숨기고 산다. 김주영의 「외설 춘향전」은 기존 작품의 골격을 유지하면서 중간에 새로운 인물과 사건을 설정하여 이야기를 흥미 있게 만들었다. 춘향의 아버지인 성참판의 본처를 등장시켜 월매의 역할을 나누어 하도록 만들고, 장터를 돌아다니며 장사를 하는 장돌림이란 인물을 등장시켜 변학도를 골탕먹이기도 하고 춘향을 구출해내며 이도령에게 도움을 주기도 한다. 이는 원전에 등장하는 방자의 역할을 확장하고 변모시킨 것으로 볼 수 있다. 김연수의 「남원고사에 관한 세 개의 이야기와 한 개의 주석」은 최인훈의 「춘향뎐」과 부분적으로 유사한 면을 보인다. 「춘향전」의 내용을 세 토막으로 나누어 각기 의미를 부여하고 있는데, 눈에 뜨이는 변이는 작중인물의 설정과 그 역할이다. 이도령은 춘향을 이별한 후 다시 돌아오지 않고, 암행어사가 되어 온 사람은 박일평이라는 별개의 인물이었다. 원전에서는 악인의 전형이었던 변학도는 청렴결백하고 합리적인 인물로서 남원의 풍속을 교화하는 선정을 베푼다. 「춘향전」을 개작한 현대소설은 대부분 고전소설 「춘향전」에서 암행어사 출도 같은 무리한 서사 전개를 지양하고 그것을 합리적이고 현실적인 내용으로 변개하려고 시도하였다.

「춘향전」의 연희문학적 수용은 매우 다양한 모습으로 나타난다. 이 작품은 그 자체가 판소리의 영향을 크게 받은 작품이고 연극적 측면을 강하게 보여주고 있어서 개화기 이전에도 수산자의 「광한루기」, 여규형의 「한문 연본 춘향전」, 이능화의 「춘몽연」 같은 한문 연희본이 나와 있다. 현대문학기에 들어오면서 「춘향전」의 희곡적 개작본은 더욱 다양한 모습으로 나타난다. 연극 대본으로는 유치진의 「춘향전」이 있으며, 뮤지컬 작품으로는 박용구의 「영원한 사랑 춘향이」와 박만규의 「성춘향」 등이 있다. 「춘향전」은 1923년 첫 작품이 나온 이후 현대에 이르기까지 총 17회에 걸쳐 영화화 작업이 이루어졌고, 그에 따라 약간씩 다른 형태의 시나리오가 만들어졌다. 이들 영화는 대부분 국내 관객을 위해 만들어진 것이지만 개중에는 외국에 한국을 소개하기 위한 목적에서 만들어진 것도 있었다. 영화와 함께 TV 드라마나 라디오 연속극 형식의 작품도 적지않게 나왔다. 마당극이나 창극에서도 「춘향전」은 단골 작품으로 등장해 왔는데, 마당극 대본으로는 김용락의 「방자놀이」, 김지일의 「방자전 열두 마당과 뒤풀이」 등이 있고, 창극 대본은 해마다 새롭게 쓰여 공연되고 있다.

신재효는 일찍이 아동들이 읽거나 들을 수 있는 작품으로 「동창(童唱) 춘향가」를 만들고자 하였으나 미완성으로 남겨 놓았다. 근래에 와서 「춘향전」은 아동들을 위한 독서물로 만들어져 보급되고 있는데, 그 중에 이청준의 「춘향이를 누가 말려」, 조현설의 「사랑 사랑 내 사랑아」 같은 작품이 눈에 뜨인다. 이 작품들은 '아동용 고전 동화'로서 작품의 기본 줄거리는 바꾸지 않고 어린이들이 재미있게 읽을 수 있도록 간단한 내용에 그림을 곁들여 출간되고 있다.

「춘향전」은 서정성이 강한 서사물이어서 일찍부터 현대시인들의 관심 대상이 되었고, 그들이 남긴 시 작품은 헤아릴 수 없이 많다. 김소월의 「춘향과 이도령」, 김영랑의 「춘향」, 노천명의 「춘향」, 서정주의 「춘향 옥중가」, 「추천사-춘향의 말 1」·「다시 밝은 날에-춘향의 말 2」·「춘향유문-춘향의 말 3」, 김춘수의 「타령조 1」, 전봉건의 「춘향연가」, 박재삼의 「춘향이 마음」, 신경림의 「춘향전-운봉에서」, 강은교의 「춘향이의 꿈노래」, 송수권의 「춘향이 생각」, 오봉옥의 「전과 2범 춘향이」, 최하림의 「춘향비가」, 조창환의 「임방울」 등을 들 수 있다. 이들 현대시들은 주로 춘향의 사랑과 고난에 초점을 맞추고 있는데, 시인 나름의 시각과 정서에 따라 춘향의 모습을 그리고 있어 춘향은 실로 '천(千)의 얼굴을 가진 인물'로 나타난다.

「춘향전」에 대한 학술적 연구나 각종 주해서와 현대역본들은 작품의 원전과 독자의 거리를 좁혀줌으로써 작품의 생명을 연장시키고 확장시키는 데 기여하였다. 인접 학문 전공자들도 「춘향전」에 관심을 가지고 작품의 의미와 가치를 규명하여 연구자들과 독자들에게 새로운 관심을 불러일으킨다. 장경학은 「법률 춘향전」과 「신법률 춘향전」을 저술하여 법학자의 관점에서 이 작품을 분석하고 비판하였다. 그는 춘향에 대한 재판 장면을 분석하면서 그것이 시대상황과 어떻게 연관되어 있으며 법률적으로 어떤 의미와 문제점을 가지고 있는지를 진지하게 서술하였다. 그는 동서고금의 명작들과 명저들을 자유롭게 넘나들면서 「춘향전」이 가진 문학적 의의와 문제점을 새롭게 조명하여 「춘향전」 이해의 새로운 관점을 제시하였다.

김중식의 「불멸의 춘향전」은 특이한 형태의 작품론이며 동시에 작품 해설서이다. 저자는 「춘향전」의 내용을 세 부분으로 나누어 해당 부분의 원전을 제시하고, 그에 대한 평론가들의 평론을 실어 이 작품이 현대 독자의 입장에서 어떻게 읽혀질 수 있는지를 검토하였다. 제1부에서는 '춘향과 이도령의 만남'에 초점을 맞추고, 신분과 처지가 다른 두 사람의 만남이 안고 있는 문제점이 무엇인지를 다루었다. 제2부에서는 '춘향과 이도령의 사랑'에 초점을 맞추고, 양자 사이를 오가며 사랑의 성취를 이끌어 낸 월매의 역할을 오늘의 입장에서 평가하였다. 아울러 춘향과 이도령의 사랑이 오늘날의 독자들에게는 어떤 의미로 받아들여지는지를 분석하였다. 제3부에서는 사랑 때문에 시련을 겪어야 하는 춘향의 모습에 초점을 맞추고, 춘향의 성격과 행위에 나타난 상반된 해석을 검토하였다. 이에 덧붙여 「춘향전」이 북한에서는 어떻게 다루어지고 있는지를 검토하고, 그 동안에 나왔던 영화 「춘향전」이 어떤 시각에서 작품을 재해석하고 있으며 이것이 대표적 대중문화로 자리잡게 된 배경을 다각도로 검토하였다.

「춘향전」의 이본과 현대적 수용 양상을 살펴보면 이 작품이 유동문학이고 적층문학이며 성장문학이라는 사실을 실감하게 된다. 개화기 이전에 수십 종의 각종 이본을 축적해 놓고 현대문학기에 접어들어서도 활발한 개작 활동을 통해 헤아릴 수 없이 많은 작품을 산출하고 있다. 「춘향전」에 대한 개작 활동은 아직 끝나지 않았고 앞으로도 더욱 활발하게 이어질 전망이며 이것은 이 작품이 가진 왕성한 생명력을 확인시켜 주는 증거이다.

## 7. 춘향전의 문학적 가치

「춘향전」은 한국문화를 대표하는 예술작품이다. 따라서 그것을 문학이라고 단정하고 소설이라고 부를 수만은 없다. 그렇다 하더라도 「춘향전」이 가진 다양한 성격과 기능은 소설이라는 바탕 위에서 비롯된 것임을 부인할 수는 없다. 이제 「춘향전」의 문학적 가치를 논한다는 것은 새삼스러운 감이 있지만, 지금까지 살펴본 바를 토대로 「춘향전」의 문학적 가치를 정리해 보기로 하겠다.

「춘향전」은 계층 화합의 국민 문학이다. 이 작품을 가리켜 흔히 서민문학이라고 하지만, 그것은 「춘향전」의 한 면만 본 것이므로 정확한 평가가 아니다. 「춘향전」에는 서민의식과 양반의식이 함께 만나고 양자가 벌이는 갈등과 화합의 장이 펼쳐지고 있다. 작품에 등장하는 인물은 서민뿐만 아니라 중인, 양반 등 당시 사회의 모든 계층이 망라되어 있으며, 그들은 각기 자기가 속한 계층의 삶과 꿈을 표현하고 있다. 「춘향전」은 창작과정에서부터 다양한 작가와 독자들이 참여하여 그들 모두의 삶과 꿈을 작품 안에 녹여 놓았다. 그리하여 이 작품의 독자층은 특정 계층에 국한되지 않고 남녀노소, 상하귀천의 모든 계층에 걸쳐 있다. 그들은 각기 「춘향전」을 자기네 문학으로 받아들이려 한다. 어느 특정 계층의 문학이기를 거부하면서 동시에 어느 특정 계층도 배제하지 않는 '민중적 서사시'가 바로 「춘향전」이다.

「춘향전」은 민족성이 강한 토속적 문학이다. 대부분의 국문소설이 중국을 배경으로 하면서 현실과는 거리가 있는 비현실적 내용을 이야기하고 있는 데 반해, 이 작품은 우리나라를 배경으로 하면서 현실성이 강한 내용을 이야기하고 있다. 작품 속에 한자어를 과다하게 사용한 경우도 있지만 한국인들이 일상적으로 사용하는 토속어를 실감나게 사용하여 한국적 정서를 느끼게 한다. 당대를 살아가는 개성 있는 인물들을 작품에 등장시켜 한국인 특유의 가치관과 인생관을 제시하고 있다는 점에서 「춘향전」은 문학의 주체성을 깨우친 작품이다.

「춘향전」은 개방문학이며 성장문학이다. 단순한 형태의 근원설화를 소재원천으로 하여 300년 가까운 시간을 거쳐오는 동안에 이 작품은 인물과 구조 그리고 주제 등 모든 면에서 하나의 완결된 소설을 향하여 진화를 거듭해 왔다. 이 작품에는 문학으로서의 완결성과 동시에 미완성의 측면이 있다. 「춘향전」은 그 자체로서 하나의 고전이면서 한편으로는 완성시켜야 할 미완의 작품이기도 하다. 「춘향전」은 수백 년 전 과거의 문학이고 아직도 많은 독자들에게 읽혀지는 현재의 문학이며 앞으로도 끊임없이 발전해 나갈 미래의 문학이다. 작품이 처음 세상에 나온 이래로 수많은 작가들은 이 작품의 생명력을 연장시키고 독자들을 확산하는 일에 많은 공력을 들여 왔으며, 현재 진행되고 있는 새로운 글쓰기는 좀더 보편적이고 좀더 완결된 작품을 지향하고 있다.

「춘향전」은 통합적 예술이다. 그것은 소설이면서 소설의 영역 속에 국한되지 않는다. 작품 속에는 설화, 시조, 가사, 민요, 한시, 서간문, 제문 등이 다양하게 삽입되어 있어 문학의 모든 양식을 포용한 통합적 문학이다. 이 작품은 문학의 틀을 벗어나 판소리, 창극, 마당놀이, 연극, 드라마, 영화, 오페라 등 모든 예술장르와 직접 간접의 관계를 맺고 있으며, 각각의 분야에서 높은 호응을 받고 있다.

「춘향전」은 한국문학연구의 전범을 제시한 작품이다. 이 작품에 대한 연구는 지난 한 세기 이상 지속적으로 이루어졌고, 그 성과는 수백 편의 저서와 논문으로 축적되어 있다. 이 작품의 성격과 가치를 밝히기 위해 서지학적 측면의 연구, 문예적 측면의 연구, 비교문학적 측면의 연구, 수용미학적 측면의 연구 등 가능한 모든 문학연구방법이 동원되었다. 이 작품에 대해서는 문학적 관심을 넘어서서 사회학적 연구, 언어학적 연구, 민속학적 연구, 법률학적 연구 등 다양한 학문분야에 이르기까지 관심이 집중되었다. 이 작품에 대한 연구를 좀더 심도 있게 진행해 나가면 조선 말기의 정치, 사회, 경제와 문화 전반에 대한 이해를 가능하게 할 것이며, 또한 작품 속에 나오는 내용을 통해서 당시의 민속, 복식, 법제 등에 대한 이해도 더욱 깊어지게 될 것이다.

## ▶ 참고문헌

김동욱, 『春香傳硏究』, 연세대학교출판부, 1965.
김동욱 외, 『춘향전 비교연구』, 삼영사, 1979.
김석배, 「만화본 춘향가 연구」, 『문학과 언어』 12, 1991.
김우종, 「항거 없는 성춘향」, 『현대문학』 3권 6호, 1957.
김태준, 『조선소설사』, 학예사, 1939.
김흥규, 「신재효 개작 춘향가의 판소리사적 위치」, 『한국학보』 10, 일지사, 1978.
민 제, 『대교 춘향전』, 동화출판공사, 1976.
박희병, 「춘향전의 역사적 성격 분석」, 『전환기의 동아시아문학』, 창작과 비평사, 1985.
설성경 편, 『춘향전 연구의 과제와 방향』, 국학자료원, 2003.
설성경, 『春香傳의 형성과 系統』, 정음사, 1986.
설성경, 『춘향전』, 고려대 민족문화연구소, 1995.
성현경, 『광한루기 역주 연구』, 박이정, 1997.
송성욱, 『춘향전』, 민음사, 2004.
이상택, 「춘향전연구」, 『국문학연구』 3, 서울대, 1966.
전경욱, 『春香傳의 辭說形成原理』, 고려대 민족문화연구소, 1990.
정노식, 『朝鮮唱劇史』, 조선일보사, 1940.
정하영, 『춘향전의 탐구』, 집문당, 2003.
조동일, 「갈등에서 본 춘향전의 주제」, 『계명논총』 7, 1970.
조령출, 『춘향전』, 조선고전문학선집 41, 문예출판사, 1991.
조윤제, 『교주 춘향전』, 을유문화사, 1983.
한승헌, 「저항인가 적응인가—법률가가 본 춘향전—」, 『문학사상』 20, 1974.
황패강, 「춘향전 연구」, 『동양학』 8, 단국대 동양학연구소, 1978.

# 제2장 춘향전 역주

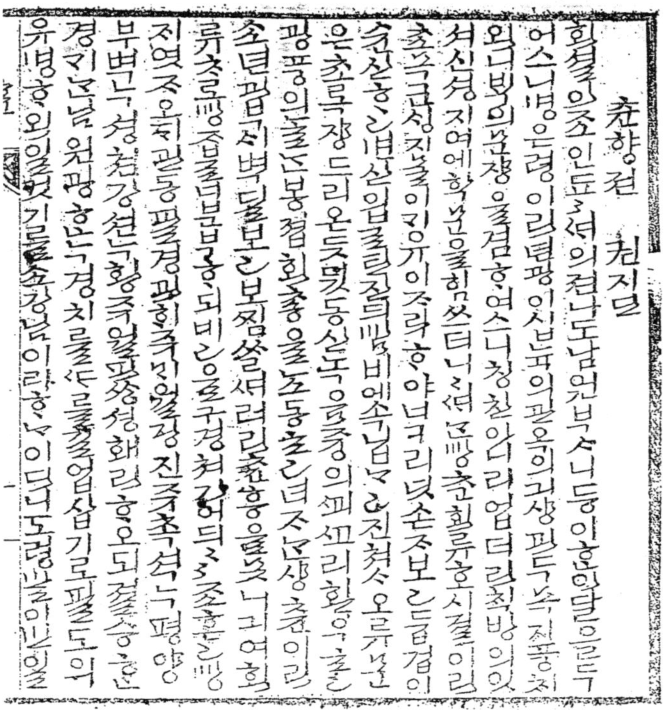

사진 1 춘향전(경판 16장본, 서강대 소장)

# 춘향전(春香傳) 권지단(卷之單)

화설,[1] 아조(我朝) 인조조(仁祖朝) 때에 전라도 남원 부사 이등[2]이 한 아들을 두었으니 명은 령(令)이라. 연광(年光)이 십륙에 관옥(冠玉)의 기상과 두목지[3] 풍채와 이백[4]의 문장을 겸하였으니 칭찬 아니 할 이 없더라.

책방[5]에 있어 신성지여[6]에 학문을 힘쓰더니, 이 때는 방춘화류호시절[7]이라, 초목군생지물이 개유이자락[8]하여 너구리 넛손자[9] 보고, 두꺼비 순산하고, 면산에 불탄 잔디[10] 밤비에 속잎 나고, 진 처사 오류문[11]은 초

---

1) 화설(話說): 작품이 처음 시작될 때 상투적으로 쓰는 말로, '이제 이야기를 처음으로 시작한다.'는 뜻.

2) 등(登): 지방 고을의 행정 책임을 맡은 관리, 등내(等內)라고도 함.

3) 두목지(杜牧之): 중국 당(唐)나라 시인 두목(杜牧). 목지(牧之)는 그의 자(字). 빼어난 외모와 함께 강직한 지조를 지킨 선비로 유명함.

4) 이백(李白, 701~762): 중국 당나라 시인. 자 태백(太白). 호 청련거사(青蓮居士). 두보(杜甫)와 함께 중국 최대의 시인이며, 시선(詩仙) 또는 '적선(謫仙)'이라 불림.

5) 책방(冊房): 지방 관아에 책을 보관하기 위해 마련한 방. 고을 원의 아들이 독서하는 방소로 이용되었으며, 책실(冊室)이라고도 함.

6) 신성지여(晨省之餘): 기본적인 예의와 의무를 다하고 난 뒤의 시간을 가리킴. 신성은 혼정신성(昏定晨省)의 준말로, 부모님께 아침저녁으로 문안을 올리는 일.

7) 방춘화류호시절(方春花柳好時節): 봄이 되어 꽃이 피기 시작하고 버들가지 움돋는 좋은 시절.

8) 초목군생지물(草木群生之物) 개유이자락(皆有以自樂): 풀과 나무와 생명 있는 모든 것들이 새봄을 맞이하여 모두 제각기 즐거워함.

9) 넛손자: 누이의 손자를 넛손자라고 하지만, 여기서는 '늦게서야 보게 된 손자'라는 의미의 늦손자로 보는 것이 타당할 듯함.

10) 면산(綿山)에 불탄 잔디: 춘추 전국 시대 진문공의 신하 개자추가 벼슬을 버리고 면산에 들어가 숨어 살았는데 진문공이 그를 찾아 내기 위해 산에 불을 질렀으나 그는 나오지 않고 불에 타 죽었다는 고사가 있음.

11) 진 처사(晋處士) 오류문(五柳門): 중국 진(晉)나라의 시인 도연명이 벼슬을 버리고 고향에 돌아와 살 때, 문 앞에 버드나무 다섯 그루를 심어 놓고 살았는데, 그것이 대문 구실을 했다 하여 부른 말.

록장(草綠帳) 드리운 듯, 뒷동산 녹음 중에 꾀꼬리 환우(喚友)하고, 광풍에 놀란 봉접(蜂蝶) 화총(花叢)을 요동하고, 여자는 상춘[12]이라 소년 과부 새벽달 보고 봇짐 쌀 때러라.

춘흥을 못 이기어 화류차[13]로 방자 불러 분부하되,

"네 고을 구경처가 어디어디 좋은고?"

방자 여짜오되,

"관동팔경과 해주 매월당, 진주 촉석루, 평양 부벽루, 성천 강선루, 황주 월파쌍성이 좋다 하오되, 절승한 경개는 남원 광한루 경치를 따를 길 없삽기로 팔도에 유명하여 일컫기를 소강남[14]이라 하나이다."

이 도령 말이,

"만일 네 말 같을진대 제일 강산이로다. 아무커나 광한루 구경차로 포진거행[15]하라."

하고 방자 놈 앞세우고 탄탄대로로 마음 심(心)자 갈 지(之)자로 세류춘풍(細柳春風)에 명매기 걸음으로 뒤똥뒤똥 걸어 광한루에 다달아 뒷짐지고 배회하며 방자 불러 하는 말이,

"악양루, 봉황대 풍광과 황학루, 고소대[16] 경치가 이에서 더할쏘냐."

방자 놈 속여 여쭙기를,

"경개 이렇기로 날씨 청명하면 운무(雲霧)가 잦아지고 종종 신선(神仙)이 내려와 노나이다."

---

12) 상춘(傷春): 봄이 되면 감상적이 되어 마음에 상처를 받기 쉬움.

13) 화류차(花柳次): 봄날에 꽃과 버들가지 피어난 자연으로 놀러 감.

14) 소강남(小江南): 중국 강남에 버금가는 지역. 강남은 양자강 남쪽 지역으로 경치가 아름다운 곳이 많음.

15) 포진거행(布陳擧行): 놀이를 하러 갈 때 펼치고 앉아서 놀 자리와 음식 등을 마련함.

16) 악양루(岳陽樓), 봉황대(鳳凰臺), 황학루(黃鶴樓), 고소대((姑蘇臺): 중국의 이름난 정자와 누대(樓臺)들로, 이백을 비롯하여 이름난 문인들이 노닐며 작품을 지었던 곳.

도령 왈,

"그럴시 분명하다."

이 때 마침 본읍 기생 춘향이 추천차(鞦韆次)로 의복 단장 치레할새, 아리따운 고운 양자[17] 팔자춘산[18]을 춘색으로 반분대[19] 다스리고, 호치단순[20]은 삼색도화미개봉[21]이 하룻밤 찬 이슬에 반만 핀 형상이요, 흑운(黑雲) 같은 허튼 머리 반달 같은 화룡소[22]로 쏼쏼 흘리 빗겨 전반[23]같이 넓게 땋아, 자주 황라 너른 댕기 맵시 있게 들였구나. 백저포[24] 깨끼적삼, 보라 대단[25] 속저고리, 물면주[26] 고장바지,[27] 백방수화주(白紡水禾紬) 너른 바지, 광월사[28] 겻막이, 남봉 황나 대단 치마 잔살 잡아 떨쳐 입고, 대단 낭자,[29] 삼승(三乘) 버선, 자주 향직 수당혜[30]를 날 출(出)자로 제법 신고, 앞에는 민죽절,[31] 뒤에 금봉차,[32] 손에 옥지환,[33] 귀에 월기탄[34]이요. 노리개 더욱 좋다, 이궁전 대방전 인물향 산호가지, 밀화 불수,[35] 금사

---

17) 양자(樣子): 얼굴 모양, 또는 사람의 생김새.
18) 팔자춘산(八字春山): 예쁘게 단장한 여자의 눈썹.
19) 반분대(半粉黛): 여자가 화장을 할 때 연하게 함.
20) 호치단순((皓齒丹脣): 흰 이빨과 붉은 입술. 미인의 아름다운 모습을 이름.
21) 삼색도화미개봉(三色桃花未開封): 세 가지 빛깔을 섞어 놓은 듯한 복숭아꽃이 아직 제대로 피지 못한 모습. 젊은 여자의 뺨을 묘사할 때 쓰는 말.
22) 화룡소(畵龍梳): 용을 새겨 넣은 장식을 한 머리 빗는 빗.
23) 전반(剪板): 종이를 도련할 때 쓰는 길고 좁은 나뭇조각.
24) 백저포(白苧布): 흰 모시.
25) 대단(大緞): 중국에서 나던 비단의 일종.
26) 물면주: 물들인 명주 비단.
27) 고장바지: 여자들이 치마 밑에 입는 속옷 바지.
28) 광월사(光月紗): 윤기가 나게 가공한 비단의 일종.
29) 낭자(囊子): 몸에 차고 다니는 주머니.
30) 수당혜(繡唐鞋): 아름답게 수놓은 중국산 가죽신.
31) 민죽절(-竹節): 아무런 장식을 하지 않은 죽절. 죽절은 머리를 흐트러지지 않게 하기 위해 꽂는 비녀의 일종.
32) 금봉차(金鳳釵): 봉황을 새긴 금비녀.
33) 옥지환(玉指環): 옥으로 만든 가락지.
34) 월기탄: 반달 모양의 귀고리.

(金絲) 오리, 옥장도를 오색당사 끈을 꿰어 양국 대장 병부[36] 차듯, 남북 병사 동개[37] 차듯 휘늘어지게 차고, 만첩청산으로 기엄둥실 올라가며 꽃도 주루룩 훑어다가 맑고 맑은 구곡수(九曲水)에 풍덩 띄워도 보며, 두 손으로 시내의 조약돌도 덥석 쥐어다가 양류(楊柳) 간에 훨훨 던져 꾀꼬리도 날려 보니 근들 아니 경(景)일쏘냐.

흥을 겨워 점점 올라가서 장장채 긴 그넷줄을 섬섬옥수로 이리저리 갈라쥐고 몸을 날려 올라, 한 번 굴러 앞줄이 높고 두 번 굴러 뒷줄이 높아, 점점 높아 공중에 소소쳐 백능(白綾) 버선 두 발길로 작작 도화(桃花) 늘어진 가지 툭툭 차니, 날리나니 낙화(落花)로다. 뒤에 찌른 금비녀가 반석상에 떨어져 '정그렁 정그렁' 하는 소리 근들 아니 경일쏘냐.

한창 이리 노닐 적에, 도령이 이리저리 구경하여 산천도 구경하며 잊은 글귀도 생각다가, 문득 녹음 간 어떤 일 미인이 그네 뛰는 모양 보고 심신이 황홀하여 급히 방자 불러 묻는 말이,

"저 건너 저것이 무엇인고?"

방자 대답하되,

"어디 무엇이 뵈나이까?"

도령 왈,

"엡다, 저 건너 뵈는 것이 무엇인고? 아마도 선녀 하강하였는가 보다."

방자 놈 대답 보소,

"방장(方丈)·봉래(蓬萊)·영주(瀛州) 삼신산(三神山) 아니어든 선녀 어이 이 곳에 있으리까?"

"그러면 무엇인고, 금이냐?"

"금생여수[38]라 하오니, 여수가 아니어든 금이 어이 있으리까?"

---

35) 불수(佛手): 부처님 손 모양으로 만든 노리개.
36) 병부(兵符): 군인의 계급장.
37) 동개: 활과 화살을 넣어 등에 메는 가죽 주머니.
38) 금생여수(金生麗水): 금은 중국 여수 지방에서 많이 난다는 말.

"그러면 옥이냐?"

"옥출곤강[39]이라 하오니, 곤강이 아니어든 옥이 어이 있으리까?"

"그러면 해당화냐?"

"명사십리 아니어든 해당화가 어이 있으리까?"

"그러면 귀신이냐?"

"북망산[40] 아니어든 귀신이 어이 있으리까?"

도령이 역정내어 왈,

"그러면 무엇이니?"

방자가 그제야 여쭙기를,

"다른 것이 아니오라, 본읍(本邑) 기생 월매 딸 춘향이로소이다."

도령 말이,

"얼싸 좋을씨고, 제 본이 창녀(娼女)면 한번 구경 못 할쏘냐? 방자야, 네 가서 불러오라."

방자 놈 거동 보소, 입 쪽쪽 고라진 허리, 참나무를 웃동 찍고 아래 잘라 거꾸로 집고, 탄탄대로로 진 데 마른 데 헤지 않고 우당퉁탕 걸어가서 헐떡이며, 눈 위에 손을 들어,

"춘향아, 춘향아!"

부르니 춘향이 깜짝 놀라 추천에서 뛰어나려 묻는 말이,

"그 뉘라서 부르느냐?"

"큰일났다, 어서 가자 바삐 가자."

재촉하니 춘향이 하는 말이,

"이 몹쓸 아이야, 사람을 그대지 놀래느냐? 내 추천을 하든지 그네를 뛰든지 대수리? 춘향이니 사향이니 침향이니 강진향이니, 너더러 도련님

---

39) 옥출곤강(玉出崑崗): 좋은 옥은 중국의 곤륜산에서 나온다는 말.

40) 북망산(北邙山): 중국 하남성 낙양 북쪽에 있는 산. 옛날 귀한 사람의 무덤이 많았던 곳으로, 흔히 무덤이나 무덤이 많은 곳을 일컫는 말.

께 일러바치라더냐?"

방자 놈 말이,

"추천인지 그넨지 은근한 곳에서 너구 나구 할 것이지, 광한루 가까운 요런 똑 바라진 공등머리에 매고 뛰라더냐? 사또 자제 도련님이 산천경개 구경코자 광한루에 올랐다가 녹음 중 추천하는 네 거동 살펴보고 성화같이 불러오라 분부 지엄하니 아니 가든 못하리라. 네 만일 갔으면 우리 도련님이 바로 신궁둥이[41]라, 네 향기로운 말로 초친 무렴[42]을 만든 후에 네 황나 속것가래를 슬쩍궁 빼혀다가 돌돌 말아 제 왼편 볼기짝 붙였으면 남원 것이 다 네 것이 될 것이니 그 아니 좋을쏘냐."

춘향이 하릴없어 섬딴 같은 허튼 머리 제 색으로 집어 꽂고, 남봉 황나 대단 치마 섬섬옥수로 거두쳐 맵시 있게 빗기 안고, 방자 놈 따라 행심일경[43] 빗긴 길로 백모래 마당 금자라 기듯, 대명전(大明殿) 대들보에 명매기[44] 걸음으로 행똥행똥 바삐 걸어 뜰 아래 이르러 문안을 아뢰니, 도령이 눈꼴이 다 틀리고 정신이 표탕(飄蕩)하여 두 다리를 잔뜩 꼬고 서서 하는 말이,

"방자야, 네 뜰 아래 세워 두는 것이 되는 말이냐? 바삐 오르게 하라."

춘향이 마지못하여 마루 위에 올라 예필좌정[45] 후 도령이 묻기를,

"네 나이 몇이며 이름이 무엇이냐?"

춘향이 아리따운 소리로 여쭙기를,

"소녀의 나이는 이팔(二八)이요 이름은 춘향이로소이다."

도령이 웃으며 왈,

"네 이팔이 십륙이 나의 사사 십륙과 정 동갑이라, 어찌 반갑지 아니리

---

41) 신궁둥이: 행실이 단정하지 못하고 난봉기가 있는 사람을 가리키는 말.
42) 무렴: 말린 야채와 쌀가루를 넣고 푹 끓여서 만든 죽. 정월 보름날 먹는 음식.
43) 행심일경(行尋一逕): 작은 비탈길을 따라 걸어감.
44) 명매기: 칼새. 제비와 비슷한 새로, 나는 속도가 매우 빠름. '명매기 걸음'은 여자가 예쁘고 맵시 있게 걷는 걸음을 비유하는 말.
45) 예필좌정(禮畢坐定): 인사를 올리고 자리에 앉음.

오? 이름 춘향이라 하니 네 형용이 이름과 같도다. 절묘하고 어여쁘다. 매화 핀 으스름 달밤에 두루미도 같고, 썩은 나무에 앉은 부엉이도 같고, 줄에 앉은 초록 제비로다."

하고 또 묻기를,

"네 생일이 어느 땐고?"

춘향이 여쭙기를,

소녀의 생일은 하사월(夏四月) 초파일 자시(子時)로소이다."

도령이 웃고 왈,

"사월이라 하니 나와 동년동월(同年同月)이니 천정배필(天定配匹)이어니와, 다만 일시가 틀리니 그것이 한이로다."

하고 앞에 앉히고 어루는 형상은 홍문연 잔치에 번쾌가 항우를 밉게 보아 두발(頭髮)이 상지(上指)하고[46] 눈자위가 찢어져 큰 칼 빼어 검무(劍舞)하는 형상이요, 구룡소 늙은 용이 푸른 바다를 뛰쳐올라 여의주 어루는 형상이요, 만첩청산 백액호[47]가 큰 개 잡아 앞에 놓고 홍에 겨워 어루는 형상이라. 좌불안석하여 이른 말이,

"너를 부른 뜻은 다름 아니라 나도 서울서 삼월춘풍화류시(三月春風花柳時)와 구추황국시(九秋黃菊時)에 화조월석(花朝月夕) 빈 날 없이 주사(酒肆) 청루(青樓)에 반쯤 향온[48]을 신취하고 절대가인 결연하여 청가묘무(淸歌妙舞)로 세월을 보냈거니와 금일 너를 보니 세간 인물이 아니로다. 정신이 황홀하여 불승탕정[49]이라, 탁문군[50]의 거문고에 월노승(月老

---

46) 두발상지(頭髮上指): 「초한전」에 나오는 내용으로, 홍문연에서 항우가 유방을 해하려 하자 번쾌가 이를 가로막으려고 하면서 성난 얼굴을 할 때 머리카락이 곧추서는 모습을 보였다 함.

47) 백액호(白額虎): 이마와 눈썹이 허옇게 센 늙은 범.

48) 향온(香醞): 멥쌀과 찹쌀을 쪄 식힌 다음 보리와 녹두를 섞어 만든 누룩을 넣고 담근 술.

49) 불승탕정(不勝蕩情): 방탕한 마음을 이기지 못함.

50) 탁문군(卓文君): 중국 한(漢)나라 때의 여성. 사마상여와의 연애 사건으로 유명함.

繩) 맺어 두고 백년가약(百年佳約)을 세세생생이 누릴까 부름이라."
하니 춘향이 이 말 듣고 아미[51]를 숙이고 여쭙기를,
"소녀의 몸이 비록 창가(唱家) 여자이오나 마음은 북극천문[52]에 턱을 걸어 남의 별실[53]이 되지 말자 맹세하였사오니, 도련님 분부가 이러하시나 이는 봉행치 못하리로소이다."
도령 왈,
"육례[54]는 비록 갖추지 못하나 혼인은 착실한 혼인이 될 것이니 잡말 말고 허락하여라."
춘향이 여쭙기를,
"만일 허락한 후 사또께옵서 필경 갈리시면 도련님은 올라가 고관대가에 혼인하여 금슬지락(琴瑟之樂)으로 세월을 보낼 적에 나 같은 천첩이야 생각할까. 속절없는 이내 일신 개밥의 도토리 되리니 아무리 하여도 이 말씀 시행치 못할소이다."
도령이 만단개유[55]하여 이르되,
"만일 불행하여 사또께서 경직[56]으로 올라가실 터이면 너를 설마 버리고 갈쏘냐? 우리 대부인[57]은 삿갓가마[58]에 뫼실지라도 너는 쌍경자[59]에 데려갈 것이니 조금도 염려 말라. 양반이 일구이언(一口二言)은 아니리니 바삐 허락하여라."
춘향이 여쭙기를,

51) 아미(蛾眉): 미인의 아름다운 눈썹을 이르는 말.
52) 북극천문(北極天門): 북쪽 끝 하늘이 맞닿는 곳. 마음이 높고 자존심이 강하여 도도한 모습을 뜻함.
53) 별실(別室): 아내가 있는 남자의 소실. 첩(妾).
54) 육례(六禮): 우리나라 재래식 혼례에서의 여섯 가지 의식.
55) 만단개유(萬端改諭): 여러 가지 좋은 말로 잘 타이름.
56) 경직(京職): 조선시대에 서울 안 각 관아의 벼슬자리.
57) 대부인(大夫人): 어떤 사람의 어머니를 높여 부르는 말.
58) 삿갓가마: 초상 중의 상제가 타는 가마.
59) 쌍경자: 쌍가마. 지체 높은 사람이 타고 다니는 큰 가마.

"그러하실진대, '먹의 찌[60]는 삭는 일이 없삽고, 관가(官家)는 종문권시행[61]이라.' 하오니 혹 실신지폐[62] 있은즉 후일 상고차[63]로 불망기[64]하여 주소서."

도령이 기쁨을 못 이기어 화전을 펼치고 용연에 먹을 갈아 황모필에 흠빽 묻혀 일필휘지하기를,

'모년월일 춘향 전(前) 불망기라. 이 불망기는 우연히 산천 구경하고자 광한루에 올랐다가 천생배필을 만나니 불승탕정[65]이라. 백년가약을 맺기로 약속하되 일후 만일 배약(背約)하는 폐(弊)가 있거든 이 문서로 관가에 고하여 밝힐 것이라.'

하였더라. 춘향이 받아 이리 접고 저리 접쳐 금낭에 넣은 후에 또 여쭙기를,

"'무족지언이 비천리라'[66] 하오니 만일 이 말이 누설되어 사또께서 아시면 소녀는 속절없이 죽을 터이오니 부디 삼가소서."

도령이 웃고 왈,

"사또 소시에도 시큰둥하사[67] 주사 청루에 다녀 계신지 모르거니와 통지기[68] 방에 방귀 내를 무수히 맡으러 다녀 계신지라, 이런 일 아셔도 관계하랴? 부디 염려 말라."

하고 이렇듯 담소하다가 춘향더러 무르되,

---

60) 먹의 찌: 먹으로 쓴 글씨. 문서를 말함.

61) 종문권시행(縱文券施行): 문서에 따라 시행함.

62) 실신지폐(失信之弊): 믿음을 저버리는 폐단.

63) 상고차(商考次): 사실 여부를 확인하여 일을 처리할 목적으로.

64) 불망기(不忘記): 약속을 하고 그 증거로 써 주는 문서.

65) 불승탕정(不勝蕩情): 호탕한 기분을 이기지 못함. 여자를 가까이하려는 기분을 억제하지 못함.

66) 무족지언(無足之言) 비천리(飛千里): '발 없는 말이 천리를 달린다.'는 뜻으로, 소문이 급속히 전파됨을 가리킴.

67) 시큰둥하사: 행실이 반듯하지 못하여.

68) 통지기: 서방질을 잘하는 계집종.

"네 집이 어디뇨?"

춘향이 옥수(玉手)를 번듯 들어 대답하되,

"이 산 넘어 저 산 넘어 한 모롱이 두 모롱이 지나가면 죽림심처(竹林深處) 돌아들어 벽오동 서 있는 곳이 소녀의 집이로소이다."

도령이 춘향을 훌연 보낸 후에 책방으로 돌아와 정신이 산란하여 진정할 길 없는지라. 마지못하여 서책을 보려 하고 펼쳐 놓은즉 글자마다 춘향이요 글귀마다 춘향이라. 한 자가 두 자 되고 한 줄이 두 줄 되어 모다 춘향이라. 이렇듯 성화하여 이 책 저 책 대문대문 읽어 보니,

"하늘 천(天) 따 지(地) 가물 현(玄) 누루 황(黃)."[69]

"천지지간(天地之間) 만물지중(萬物之中)에 유인(唯人)이 최귀(最貴)하니."[70]

"천황씨(天皇氏)는 이목덕(以木德)으로 왕(王)하야 세기섭제(歲起攝提)하여 무위이화(無爲而化)하니."[71]

"이십삼대(二十三代)라 초명진대부위사조적한건(初命晉大夫魏斯趙籍韓虔)하야 위제후(爲諸侯)하다."[72]

"원형이정(元亨利貞)은 천도지상(天道之常)이요 인의예지(仁義禮智)는 인성지강(人性之綱)이니라."[73]

"대학지도(大學之道)는 재명명덕(在明明德)하며 재신민(在新民)하며 재지어지선(在止於至善)이니라."[74]

"자 왈(子曰) 학이시습지(學而時習之)면 불역열호(不亦說乎)아."[75]

"맹자(孟子)가 견양혜왕(見梁惠王)하신대 왕 왈, '수(叟) 불원천리이래

---

69) 『천자문(千字文)』의 첫 구절.

70) 『동몽선습(童蒙先習)』의 첫 구절.

71) 『사략(史略)』의 첫 구절.

72) 『자치통감(資治通鑑)』의 첫 구절.

73) 『소학(小學)』의 제사(題辭)에 있는 말.

74) 『대학(大學)』의 첫 구절.

75) 『논어(論語)』의 첫 구절.

(不遠千里而來)하시니 역장유이이오국호(亦將有以利吾國乎)이까?'"[76]

"관관저구(關關雎鷗) 재하지주(在河之洲)로다 요조숙녀(窈窕淑女)를 군자호구(君子好逑)로다."[77]

"왈약계고제요(曰若稽古帝堯)한대 건(乾)은 원(元)코 형(亨)코 리(利)코 정(貞)하니라."[78]

하다가 하는 말이,

"이 글을 못 읽겠도다. 글자가 다 뒤뵈이는구나. 하늘 천(天)자 큰 대(大) 되고 사략(史略)이 노략이 되고, 시전(詩傳)이 선전 되고, 서전(書傳)이 딴전 되고, 통감(痛鑑)이 곶감 되고, 논어(論語)가 붕어 되고, 맹자(孟子)가 탱자 되고, 주역(周易)이 누역이 되어, 뵈는 것이 다 춘향이라. 보고지고 칠 년 가뭄에 빗발같이 보고지고, 구년지수(九年之水)에 햇빛같이 보고지고, 무월동방(無月洞房)에 불 켠 듯이 보고지고. 통인 방자 군노 사령 별감 좌수 약정 풍헌 급창이 거진 다 춘향으로 뵈고, 온 집안이 다 춘향이라. 이를 어찌하잔 말고. 보고지고 잠깐 보고지고."

하며 뒤척뒤척하여 소리 나는 줄 깨닫지 못할 즈음에 동헌[79]에서 이 소리 듣고 통인 불러 분부하되,

"네 바삐 책방에 가서 도련님더러 글은 아니 읽고 무엇을 보고지고 하는고 자세히 알아오라."

하니 통인이 책방에 가서 이 말씀 전하니 도령 왈,

"다름이 아니라 글을 읽다가 시전(詩傳) 칠월편(七月篇)을 보고지고 하더라 여쭈어라."

하고 연달아 보고지고 하다가 방자 불러 묻는 말이,

"해가 얼마나 갔는고?"

---

76) 『맹자(孟子)』의 첫 구절.

77) 『시경(詩經)』의 첫 구절.

78) 『서경(書經)』의 첫 구절.

79) 동헌(東軒): 지방 관아에서 관리가 공무를 처리하던 집.

방자가 하늘을 가르쳐 왈,

"이제야 백일(白日)이 도천중(到天中)하였나이다."

도령이 마음속으로 탄식하며 말하기를,

"어제는 저 날이 뒷덜미를 치던지 그리 수이 가더니, 오늘은 뒤를 결박하였는지 어이 그리 더디 가는고? 날이 용심[80]도 불량하다."

이윽고 방자가 석반을 올리거늘 도령이 하는 말이,

"밥인지 무엇인지 해가 얼마나 남았느뇨?"

방자가 여쭙기를,

"일락함지[81]하고 월출동령[82]하나이다."

도령이 동헌 퇴등[83]하기를 기다려 몸을 숨겨 가만히 성을 넘어 방자놈 따라 감돌아 풀돌아 휠쩍 돌아들어 춘향의 집을 찾아가니라.

이 때 춘향이 만뢰구적[84]한데 사창을 반개(半開)하고 벽오동 거문고에 새 줄 얹어 무릎 위에 놓고 '대인난 곡조'[85]를 자탄자가(自彈自歌)하여 '당지덩 둥둥지덩 동당슬' 이렇듯 노닐 적에 방자가 문 밖에서 춘향 어미를 부르니, 춘향 어미 나와 본즉 책방 도련님이어늘 가장 놀라는 체하며 이른 말이,

"이 어인 일이요? 사또께서 알으시면 우리 모녀 다 죽을 테니 바삐 돌아가라."

하거늘 이 도령 하는 말이,

"관계치 아니하니 바삐 들어가자."

한대 춘향 어미 의뭉줌치[86]라, 속으로 딴마음 먹고, 잠깐 다녀가라 하고

---

80) 용심: 남을 시기하고 미워하는 심술.

81) 일락함지(日落咸池): 저녁이 되어 해가 서쪽 바다로 떨어짐. 함지는 해가 목욕한다고 하는 가상의 연못.

82) 월출동령(月出東嶺): 밤에 달이 동쪽 언덕에서 솟아오름.

83) 퇴등(退燈): 지방 관아에서 공적 일과가 끝나서 등불을 꺼서 아랫관리들의 퇴근을 알림.

84) 만뢰구적(萬籟俱寂): 밤이 깊어 모든 소리가 그치고 아주 고요해짐.

85) 대인난(待人難) 곡조: 사람을 기다리는 안타까움을 노래한 곡조.

이 도령 앞세우고 들어갈 제, 춘향의 집을 차례로 살펴보니, 사면팔작(四面八作) 입 구(口)자로 고주대문[87] 안사랑에 안팎 중문 줄행랑이 즐비하고, 층층 벽장, 초헌,[88] 다락이며 대청 육 간, 안방 삼 간, 건넌방 이 간, 차방(茶房) 반 간, 부서[89] 한 간, 내외 분합[90] 물림퇴[91]에 구을도리,[92] 선자추녀,[93] 대접받침 분명하다. 완자창[94] 가로닫이 국화새김 제법이다. 부엌 삼 간, 고앙 사 간, 마구 삼 간 근검하다. 백능화 도배에 청능화 띠를 띠고, 각장 장판, 소라 반자, 당유지(唐油紙) 굽도리 제격이다. 서화부벽[95] 입춘서(立春書)는 만고 재사 솜씨로다.

동벽에는 진처사 도연명이 팽택령 마다하고 추강(秋江)에 배를 띄워 청풍명월에 흘리 저어 심양으로 향하는 경을 그렸고, 서벽에는 삼국풍진(三國風塵) 요란시에 한종실(漢宗室) 유현덕이 적토마 바삐 몰아 남양 초당 풍설중(風雪中)에 와룡선생[96] 보려 하고 지성으로 가는 형상을 그렸고, 남벽에는 강태공이 선팔십(先八十) 곤궁하여 위수 변에 갈삿갓 숙여 쓰고 줄 없는 낚시를 드리오고 주문왕 기다리는 경을 그렸고, 북벽에는 육관대사의 제자 성진이 춘풍 석교상에 팔 선녀 만나 육환장을 백운간에 흩던지고 합장 배례하는 경을 그렸고, 해학(海鶴), 반도,[97] 십장생을 횡

86) 의뭉줌치: 겉으로는 순진한 척하지만 속으로는 엉큼한 마음을 가지고 있는 사람.
87) 고주대문(高柱大門): 높은 기둥을 세워 만든 큰 대문.
88) 초헌(草軒): 초가로 지은 정자.
89) 부서(付墅): 집에 농기구 따위를 넣어두기 위한 헛간.
90) 분합(分閤): 대청 앞쪽 전체에 드리는 긴 창살문.
91) 물림퇴: 문간 밖으로 달아낸 마루. 툇마루.
92) 구을도리: 굽도리.
93) 선자(扇子)추녀: 서까래를 부챗살 모양으로 댄 추녀.
94) 완자창(卍字窓): '卍'자 모양의 창
95) 서화부벽(書畵付壁): 벽에 붙이는 글씨나 그림.
96) 와룡선생: 제갈량(諸葛亮, 181~234). 중국 삼국시대 촉한(蜀漢)의 정치가. 유비를 도와 조조의 대군을 적벽(赤壁)의 싸움에서 대파하고 촉한을 세움. 유비가 죽은 후 위(魏)와 싸우기 위하여 출전할 때 올린 「출사표(出師表)」가 천고의 명문으로 알려져 있음.

축[98])으로 붙여 두고, 부엌문에 열오정제팔신[99])이요, 고방문에 취지무궁 용지불갈[100])이요, 방문 위에 부모천년수 자손만세영[101])이요, 중문에는 우순풍조 시화세풍[102])이요, 대문에는 울지경덕 진숙보[103])를 도화서[104])에 맞췄던가, 춘도문전증부귀[105])는 문 위에 가로로 붙었구나. 뒷동산에 정자 짓고 앞 연못에 연당을 지어 두고 숙석으로 면을 맞춰 층층계를 꾸몄구나.

쌍쌍 비오리, 증경이[106])며, 대접 같은 금붕어는 물 위에 둥실 떠서 이리로 출렁 저리로 굼틀 노는구나. 삼층 화계 살펴보니 동편에 흰 매화, 서편에 백학영(白鶴翎), 남편에 홍학영(紅鶴翎), 북편에 금사오죽(金絲烏竹), 가운데 황학영(黃鶴翎)이며, 노송반송(老松盤松), 월사계(月四桂), 왜철죽, 진달래, 석류, 들쭉, 종려, 모란, 작약, 치자, 동백, 춘매, 동매, 분도, 포도, 어여쁘다 영산홍, 이름 좋다 백일홍, 인물 일색 봉선화, 키 크다 파초잎, 향기롭다 산국화, 늘어졌다 원추리, 당명황의 양귀비를 여기저기 심었구나.

집물[107]) 치레 볼작시면 이금[108]) 돌미장, 좋은 머리장, 자개 함롱, 반닫이, 왜경대, 가께수리, 계자다리 옷걸이며, 철침, 퇴침, 벼룻집, 피행담,[109])

---

97) 반도(蟠桃): 삼천 년에 한 번씩 열매가 열린다는 선도(仙挑).

98) 횡축(橫軸): 글씨나 그림을 가로로 길게 만든 액자.

99) 열오정제팔신(列五鼎祭八神): 여덟 신에게 제사를 받든다는 뜻임.

100) 취지무궁(取之無窮) 용지불갈(用之不渴): 아무리 많이 가져도 끝이 없고 아무리 다 써도 마르지 않는다는 뜻임.

101) 부모천년수(父母千年壽) 자손만세영(子孫萬世榮): 부모는 천 년을 살고, 자손은 만대에 영화롭다는 뜻임.

102) 우순풍조(雨順風調) 시화세풍(時和歲豊): 비와 바람이 때를 맞춰 순조로우니 시절이 평화롭고 해마다 풍년이 든다는 뜻임.

103) 울지경덕(蔚之敬德) 진숙보(陳叔寶): 이름난 장군들의 이름.

104) 도화서(圖畵署): 조선시대에 궁중에서 그림에 관한 일을 맡아 보던 부서.

105) 춘도문전증부귀(春到門前增富貴): 문 앞에 봄이 오니 부귀가 늘어난다는 뜻임.

106) 증경이: '징경이'의 방언. 강・호수・바다 등지에서 물고기를 잡아먹고 사는 물수리.

107) 집물(什物): 살림살이에 쓰이는 갖가지 도구.

108) 이금(泥金): 금박 가루를 아교에 개어 장식한 것.

109) 피행담(皮行擔): 여행할 때 물건을 담아 지고 다니게 만든 가죽 주머니.

쌍봉 그린 빗접[110] 고비,[111] 용두머리 장목비[112]며, 청동 화로, 전대야, 유경 촛대, 광명두리 요강, 타구,[113] 재떨이 쌍쌍이 벌여 놓고, 이층 찬장, 삼층 탁자, 귀목 뒤주, 반닫이며, 당화기(唐畵器), 서산 사발, 동래 기명,[114] 실굽다리 용충향은 분원봉사[115] 친하든가.

춘향의 거동 보소, 뜰 아래 바삐 내려 옥수를 덥석 잡고 방으로 들어가 좌정 후, 내객의 초인사는 당수복, 편수복[116]에 부산죽 서천작과 소상반죽, 양칠간죽, 각죽, 칠죽, 서산 용죽, 백간죽이 수수하다. 이름 좋은 금상초며, 장광 좋은 직산초며, 수수하다 영월치며, 향기롭다 성천초요, 불 잘 타는 납의초요 빛이 좋은 상관초며, 서초, 양초, 장절초며 숭숭 썰은 풋담배를 너울지게 붙였구나.

방치레 살펴보니 호피 방장 거두치고 대병, 중병, 소병풍에 소상팔경 호렵도[117]며, 곽분양[118]의 행락도(行樂圖)며, 왕희지 난정연과 모란초충 백자동과, 매란송죽(梅蘭松竹) 곡병[119]이며, 돌돌 말아 봉족자며, 문갑 위에 산호 필통, 사방탁자 어항이요, 국기판,[120] 시계판(時計板)과 자명종(自鳴鐘)을 걸었으며, 금농에 앵무새며, 천하 지도 붙여 두고, 거문고, 양금, 생황, 단소, 가얏고를 곁들여 놓고, 원앙금, 비취침에 자주 처네[121] 더욱 좋다.

---

110) 빗접: 머리를 빗을 때 쓰는 빗이나 다른 도구.
111) 고비: 일상 생활에서 필요한 물건을 꽂기 위해 벽에 걸어두는 물건.
112) 장목비: 꿩의 꼬리 깃으로 만든 빗자루.
113) 타구(唾具): 가래나 침을 뱉도록 마련한 그릇.
114) 기명(器皿): 음식을 담는 그릇.
115) 분원봉사(分院奉事): 도자기를 만들어 나라에 바치는 광주(廣州) 분원의 실무 책임자.
116) 당수복, 편수복: 담뱃대의 일종.
117) 호렵도(胡獵圖): 북쪽 오랑캐 지방에서 사냥하는 모습을 그린 그림.
118) 곽분양(郭汾陽): 곽자의(郭子儀, 697~781). 중국 당나라의 무장(武將). 전쟁에서 세운 공으로 분양왕에 봉해졌으며 많은 재산으로 부귀영화를 누렸음.
119) 곡병(曲屛): 여러 폭을 이어 붙여 접게 만든 병풍.
120) 국기판(國忌板): 임금이나 왕비의 제삿날을 적어 둔 판.
121) 처네: 시골 여자가 나들이할 때 머리에 써서 얼굴을 가리던 겉옷.

춘향이 주찬(酒饌)을 갖추어 은근히 드리니 갖은 음식 풍성하다. 팔모 접시, 대모반에 광해닭, 두메꿩, 대양푼에 갈비찜, 소양푼에 제육초, 두 귀 발죽 송편이며, 먹기 좋은 꿀설기, 보기 좋은 화전이며, 송기 조악[122] 웃기로다. 봉산 참배, 양주 밤과 남양 연시, 보은 대추, 봉 전복, 염통, 산적, 양볶이며 죽순나물, 씀바귀를 곁들여 놓고, 청포도, 흑포도, 머루, 다래, 유자, 감자, 능금, 석류, 참외, 수박, 개암, 비자, 춘당, 매당, 오화당, 초장, 계자, 생청, 흑청 틈틈이 괴여 놓고, 각색 술병 놓았으되, 꽃 그린 왜화병, 벽해수상 거북병, 목 긴 거위병, 이적선의 포도주, 진처사의 국화주, 마고선녀[123] 천일주(天日酒), 산중처사(山中處士) 송엽주[124]며, 일년주(一年酒), 백화주,[125] 이감고,[126] 감홍로(甘紅露), 죽력고,[127] 계당주(桂糖酒), 황소주(黃燒酒), 과하주,[128] 청주, 모주, 막걸리 모두 합해 혼돈주(混沌酒)를 노자작(鸕鶿酌) 앵무배(鸚鵡杯)에 가득 찰찰 가득 부어 도련님께 권할 적에,

불로초(不老草)로 술을 빚어
만년잔에 가득 부어
잡으시오,
이 술 한 잔 잡수시면
하오리다 남산수(南山壽)를.
제것 두고 못 먹으면
왕 장군의 고자로다.[129]
인생 한 몸 돌아가면

---

122) 조악: 전병의 일종. 쌀가루를 설탕물에 절여 설탕가루를 뿌리고 기름에 지진 것.
123) 마고선녀(麻姑仙女): 중국 전설에 나오는 늙은 선녀. 마고할미라고도 부름.
124) 송엽주(松葉酒): 솔잎을 넣어 빚은 술.
125) 백화주(百花酒): 여러 가지 꽃을 넣어 빚은 술.
126) 이감고(梨甘膏): 배즙을 넣어 빚은 술.
127) 죽력고(竹瀝膏): 대나무에서 나오는 진액을 넣어 빚은 술.
128) 과하주(過夏酒): 술을 담궈 여름 한 철을 지내고 먹는 술.
129) 왕 장군의 고자(庫子)로다: '많이 쌓아 두고도 못 쓰는 것은 왕 장군의 창고이다.'라고 하는 속담에서 나온 말이다.

뉘라 한잔 먹자 하리.
살았을 때 이리 노세.

도령이 술이 반취하여 춘향더러 갖은 소리를 다 하여 홍을 도우라 하니 연달아 부르되,

군불견
황하지수천상래한다.
도해명명불부회를.
우불견
고당명경비백발하다.
조여청사모성설을.
인생득의수진환이라.
막사금준공대월하소.[130]

노세, 젊어 노세, 늙어지면 못 노나니,
화무십일홍이요 달도 차면 기우나니,
인생이 일장춘몽이니 아니 놀구.

130) 이백(李伯)이 지은 「장진주(將進酒)」의 첫 구절로 뜻을 풀이하면 다음과 같음.

| | |
|---|---|
| 군불견(君不見) | 그대는 못 보았는가, |
| 황하지수천상래(黃河之水天上來) | 황하의 물이 하늘에서 내려와 |
| 도해명명불부회(到海冥冥不復廻) | 바다로 흘러가 다시 돌아오지 못함을. |
| 우불견(又不見) | 또 못 보았는가, |
| 고당명경비백발(高堂明鏡悲白髮) | 귀인이 명경 속의 백발을 슬퍼하여 |
| 조여청사모성설(朝如靑絲暮成雪) | 아침에는 푸른 실 같던 것이 저녁에는 눈같이 되는 것을. |
| 인생득의수진환(人生得意須盡歡) | 인생은 바라던 바를 얻을 때면 언제나 기쁨이 넘치니 |
| 막사금준공대월(莫使金樽空對月) | 좋은 술병을 공연히 달빛 아래 두지 말라. |

도령이 술을 진취토록 먹은 후에 횡설수설 중언부언하며 온가지로 힐난할 제 이미 삼횡두전야오경[131]이라. 춘향이 민망히 여겨 여쭈오되,

"이미 월락야심(月落夜深)하였으니 그만저만 자사이다."

도령이 좋다 하고 먼저 벗기를 서로 힐난할 제 도령 왈,

"아무리 취중이나 그저 자기 무미(無味)하니 글자 타령 하여 보자." 하고 세잔갱작(洗盞更酌) 먹은 후에 글자를 모도되,

우리 둘이 만났으니 만날 봉(逢)자 비점[132]이요,
우리 둘이 마주 섰으니 좋을 호(好)자 비점이요,
백년가약하였으니 즐길 락(樂)자 비점이요,
야반무인사어시[133]에 벗을 탈(脫)자 비점이요,
한 베개 둘이 베니 누울 와(臥)자 비점이요,
두 몸이 한 몸 되니 안을 포(抱)자 관주[134]요,
두 입이 마주 닿으니 법중 려(呂)자 관주요,
네 아래 굽어보고 내 아래 굽어보니 웃음 소(笑)자 관주로다.

남대문이 개궁기요 인정[135]이 매방울이요, 선혜청[136]이 오 푼이요 호조가 서 푼이요, 하늘이 돈짝 같고 땅이 매암돈다. 흥을 겨워 노닐 적에 춘향더러 이른 말이,

"인연(因緣)이 지중하여 우리 둘이 만났으니 인(人)자 타령 하여 보자."

---

131) 삼횡두전야오경(參橫斗轉夜五更): 삼태성과 북두칠성이 기울어 날이 밝으려고 함.
132) 비점(批點): 글을 평할 때 잘 쓴 곳에 점을 찍어 표하는 것.
133) 야반무인사어시(夜半無人私語時): 밤이 깊어 다른 사람은 가고 남녀 두 사람이 서로 정다운 이야기를 소곤거리는 때.
134) 관주(貫珠): 글을 평가할 때 잘 쓴 곳에 동그라미를 쳐서 표시함.
135) 인정(人定): 조선시대에 밤 열 시경에 통행금지를 알리기 위해 스물여덟 번씩 치던 종.
136) 선혜청(宣惠廳): 조선시대에 나라의 살림살이에 쓸 곡식, 옷감 등을 맡아 보던 관청.

하고 모아 쓰되,

임하하증견일인(林下何曾見一人)
월명고루유미인(月明高樓有美人)
금일번성송고인(今日繁盛送故人)
비입궁중불견인(飛入宮中不見人)
양류청청도류인(楊柳靑靑渡流人)
불견낙교인(不見洛橋人)
풍설야귀인(風雪夜貴人)
귀인, 천인, 노인, 소인, 통인으로 인연하여
양인이 혼인하매
너의 대부인이 증인 되니 즐겁기도 그지없다.

춘향이 여쭈오되,
"도련님은 인 자를 달았으니 소녀는 년(年)자를 달아 보리이다."
하고 모아 쓰기를,

우락중분비백년(憂樂中分悲百年)
호기장구오륙년(胡騎長驅五六年)
인노증무갱소년(人老曾無更少年)
상빈명조우일년(霜鬢明朝又一年)
함양유협다소년(咸陽遊俠多少年)
경세우경년(經世又經年)
한진부지년(寒盡不知年)
거년(去年), 금년, 천년, 만년, 우연히 결연(結緣)하여
백년이 정년(定年)이라.

하니 도령 왈,

"양인이 다정하니 천만세를 기약이라.
나는 죽어 새가 되고
난봉, 공작, 원앙, 비취, 두견, 접동 다 버리고
청조(靑鳥)라 하는 새가 되고,
너는 죽어 물이 되되
황하수, 폭포수, 구곡수 다 버리고
음양수[137]란 물이 되어
주야장천 물에 떠서 둥실둥실 놀자꾸나.

너는 죽어 회양 김성 들어가서 오리목 되고
나는 삼사월 칡덩굴이 되어,
밑에서 끝까지 끝에서 밑까지
나무 끝끝들이 휘휘친친 감겨 있어
일생 풀리지 말자꾸나."

이렇듯 즐기다가 날이 새면 몸을 빼어 돌아오고 어두우면 천방지방(天方地方) 날아가서 자취 없이 다니기를 여러 날이 되었더니, 이 때 남원부사 선치(善治)함을 성상(聖上)이 들으시고 승품[138]으로 호조판서를 제수하시고 부르시는 공문이 내려오니, 부사가 택일 발행할새 도령 불러 이르기를,

"너는 내행[139]을 모시고 먼저 올라가라."

---

137) 음양수(陰陽水): 끓는 물에 찬물을 탄 것. 남녀의 화합을 상징하는 말.
138) 승품(陞品): 관리의 품계를 종삼품(從三品) 이상으로 올려 줌.
139) 내행(內行): 여행할 때 부녀자들만의 행차.

하니 도령이 이 말 들으매 낙담상혼[140]하여 목이 메어 겨우 대답하고, 내아(內衙)에 들어가 떠날 차비를 차리는 체하고 바로 춘향의 집으로 가니, 춘향이 바삐 나와 도령의 손을 잡고 목이 메어 울며 두 손으로 가슴을 치며 하는 말이,

"이 일이 어인 일고? 이 설움을 어찌 할꼬? 이제는 이별이 절로 될지라. 이별이야 평생에 처음이요 다시 못 볼 임이로다, 이별마다 섧다 하되 살아 생이별은 생초목에 불이로다. 차생 이별이야 이별이 원수로다, 남북의 군신(君臣) 이별, 역로의 형제 이별, 만리에 처자 이별, 이별이 다 섧건만 우리같이 설운 이별 또 어디 있을쏜가? 답답한 이 설움을 어이하리."

도령이 두 소매로 낯을 싸고 훌쩍훌쩍 울며 하는 말이,

"우지 마라, 네 울음소리에 구곡간장 다 녹는다. 우지 마라 우지[141] 될라. 평생에 원하기를 너는 죽어 꽃이 되고 나는 죽어 나비 되어 삼춘이 다 진토록 떠나 살지 말잤더니, 인간에 일이 많고 조물이 시기하여 금일 이별을 당하나 설마 긴 이별 될쏘냐?"

춘향이 울며 왈,

"도련님 올라가시면 나의 일신 그 아니 가련하오. 눌 바라고 살잔 말고. 하지일(夏至日)과 동지야(冬至夜)에 이 설움을 어이 하잔 말고? 날 죽이고 올라가오."

도령 왈,

"사또께서 호조판서를 말으시고 이 고을 풍헌[142]이나 하시더면 이 이별이 없을 것을, 내게는 이런 원수가 없다마는, 우지 마라 우리 연분은 청송(靑松) 녹죽(綠竹) 같아서 무너지고 끊어질 줄 없을지니, 설마 후일 상봉하여 그리던 회포를 못 펴 볼까?"

---

140) 낙담상혼(落膽喪魂): 실망하거나 놀라 넋을 잃음.
141) 우지: 걸핏하면 잘 우는 아이.
142) 풍헌(風憲): 조선시대에 면(面) 단위의 기관에서 소임을 맡아 보던 사람.

애연지심을 서리 담고 마지못하여 이별할새, 눈물을 금치 못하는지라. 도령이 금낭[143]을 열고 면경(面鏡)을 주며 왈,

"장부의 떳떳한 마음 이 면경과 같아 변치 아니리라."

춘향이 답 왈,

"도련님 이제 가면 언제나 오려시오?
절로 죽은 고목에 꽃 피거든 오려시오?
벽에 그린 황계 짧은 목 길게 늘여
두 날개 땅땅 치고 꼬끼오 울거든 오려시오?
금강산 상상봉에 물 밀어 배 둥둥 뜨거든 오려시오?"

하며 옥지환(玉指環) 벗어 내어 도련님 주며 왈,

"계집의 높은 절개는 이 옥지환과 같을지라, 천만년이 지나간들 옥빛이야 변하리까?"

도령이 노래를 지어 주니 하였으되,

"좋이 있거라 좋이 다녀오마,
간들 아주 가며 아주 간들 잊을쏘냐?
잠 깨어 곁에 없으니 그를 슬허하노라."

춘향이 받아 보고 화답하되,

"간다고 설워 마오, 보내는 내 안도 있소.
산(山) 첩첩 수(水) 중중한대 부디 평안히 가오.

143) 금낭(錦囊): 몸에 차고 다니던 비단 주머니.

가다가 긴 한숨 나거든 난 줄 아오."

십 리 밖에 나와 전송할새, 춘향이 여쭈오되,

"떠나는 회포는 측량없거니와 부디 학업이나 힘써 입신양명144)하여 부모께 영화 뵈고 나도 수이 찾으시오. 머리 위에 손 얹고 기다리리이다."

도령이 답 왈,

"그런 말이야 어찌 형언하리. 부디 믿음을 지키어 나 오기를 고대하라." 하고 마지못하여 말에 올라 서울을 향할새, 돌아보고 돌아보니 한 산 넘어 오 리 되고 한 물 건너 십 리 되매 춘향의 형용이 묘연한지라, 하릴없어 장우단탄145) 벗을 삼아 올라가니라.

춘향이 눈물을 씻고 북천(北天)을 바라보니 이미 멀어졌는지라, 하릴없어 집에 돌아와 의복단장 전폐하고 분벽사창146) 굳이 닫고 무정세월을 시름 속에 보내더라.

이 때 구관(舊官)은 올라가고 신관(新官)은 사은숙배147)하고 신연관속148) 현신149) 받은 후에 이방(吏房) 불러 분부하되,

"네 고을에 양이가 있느냐?"

이방이 아뢰기를,

"소인 고을에 양은 없사와도 염소는 한 이십 마리 있나이다."

신관이 하는 말이,

"엡다, 이놈아. 기생에 양이가 있느냐?"

---

144) 입신양명(立身揚名): 출세하여 이름을 세상에 떨침.
145) 장우단탄(長憂短歎): 긴 근심과 짧은 탄식.
146) 분벽사창(粉壁紗窓): 하얗게 꾸민 벽과 비단으로 바른 창. 젊은 여자가 거처하는 방을 가리킴.
147) 사은숙배(謝恩肅拜): 임금의 은혜를 감사히 여겨 공손하게 절을 함.
148) 신연관속(新延官屬): 도(道)나 군(郡)에서 새로 부임하는 감사(監司)나 수령을 맞아 오기 위해 그 집을 찾아가는 장교나 아전들.
149) 현신(現身): 아랫사람이 새로 부임한 관리에게 인사를 드리는 일.

이방이 그제야 알아듣고 여짜오되,

"기생 춘향이 있사오되 이름은 기생안[150]에 없나이다."

신관이 이 말 듣고 놀라 이르되,

"이 말이 어인 말인고?"

이방이 아뢰되,

"다름 아니오라, 구관 사또 자제 도련님과 상약한 후 대비정속[151]하고 지금 수절(守節)하나이다."

신관이 노(怒) 왈(曰),

"어린 자식들이 작첩(作妾)이란 말이 되는 말가? 아직 물렀거라."

하고 차비 차려 떠날새, 남대문 나서 칠패 팔패[152] 청파(青坡), 돌모로, 동작, 과천읍, 신수원 얼른 지나, 상유천 하유천, 죽밋, 오뫼, 진위읍내, 칠원, 소사, 성환 밋트리, 천안삼거리, 진제역 바삐 지나, 덕평, 원터, 인주원, 광정, 모로원, 공주 감영 잠깐 지나, 널티, 경천, 노성, 은진, 닥다리, 여산, 능기울, 삼례를 지나, 전주성 내달아 노구바위 임실을 얼풋 지나, 남원 오리정에 다다르니, 일읍 관속들이 위의를 차려 영접하되, 청도[153] 한 쌍, 홍문[154] 한 쌍, 주장(朱杖) 한 쌍, 곤장 한 쌍, 순시(巡視) 한 쌍, 금고(金鼓) 한 쌍, 호충 한 쌍, 나(鑼) 한 쌍, 저(笛) 한 쌍, 호적(胡笛) 두 쌍, 나발 두 쌍, 영기[155] 열 쌍, 집관[156]이 우영전 앞세우고 난후별대 제집사 장교 좌우에 벌렸는데, 아이 기생은 녹의홍상(綠衣紅裳), 어른 기생은 전립(戰笠) 쓰고, 늙은 기생 영솔하

---

150) 기생안(妓生案): 관아에 속한 기생의 이름과 관련 기록을 적은 장부.

151) 대비정속(代婢定屬): 관가의 여종이 다른 사람을 사서 대신 넣고 자신은 풀려나 종의 신분을 면함.

152) 칠패(七牌) 팔패(八牌): 조선시대에 야경꾼이 야경을 돌 때 일곱 번째와 여덟 번째로 들르던 곳으로, 지금의 남대문 밖 청파동 부근.

153) 청도(淸道): 고귀한 관리가 거둥할 때 잡인의 출입을 막고 길을 치우기 위해 행렬 앞에 들고 가던 깃발.

154) 홍문(紅紋): 고귀한 관리의 행렬을 앞서가면서 위엄을 나타내는 깃발.

155) 영기(令旗): 장수의 명령을 전할 때 함께 가지고 가던 깃발.

156) 집관(執官): 행사를 주관하는 관리.

여 모든 관속이 배행(陪行)하니 위의(威儀) 거룩하되, 신관의 속마음은 춘향만 오매불망이라. 도임 후에 환상[157] 전결[158] 펴줄 일은 묻지 않고,

"우선 기생점고 하여라."

기생안을 앞에 놓고 차례로 호명하여, 채련이, 홍련이, 봉월이, 추월이, 죽심이, 난향이, 옥섬이 등이 다 나오되 춘향의 이름이 없거늘, 이방 불러 묻되,

"춘향의 이름이 도안에 없으니 어인 일고?"

이방이 대답하기를,

"춘향이 대비정속 후 지금 수절하나이다."

신관의 말이,

"제가 수절이 어이 있으리요, 바삐 잡아들이라."

군노 사령 등이 우덩퉁탕 바삐 가서 대문을 박차며 춘향을 부르니, 춘향이 놀라 곡절을 물은즉 잡으러 온 관차[159]거늘 울며 어미를 불러 우선 주찬(酒饌)을 먹인 후 이른 말이,

"이 돈이 닷 냥이니 술값이나 하오."

사령 등이 거짓 사양하다 뒷손 벌리며 하는 말이,

"내 난장결치[160]를 당하여도 말없이 할 것이니 염려 말라."

하고 돌아와 관가에 아뢰되,

"춘향이 명재경각[161]하기로 대령치 못하였나이다."

신관이 개골[162]을 내어,

"사령을 엄한 곤장 쳐서 하옥하라."

하고 장차[163]를 분부하여,

---

157) 환상(還上): 봄에 곡식이 귀할 때 가난한 사람들에게 관청의 곡식을 빌려주었다가 가을 추수가 끝나고 돌려받는 일.

158) 전결(田結): 토지에 대해 물리던 세금.

159) 관차(官差): 관청에서 관리의 명을 받아 일을 처리하는 아전이나 사령.

160) 난장결치(亂杖決治): 곤장을 맞아서 죽음.

161) 명재경각(命在頃刻): 병으로 사람의 목숨이 곧 끊어질 지경에 이름.

162) 개골: 하찮은 일로 화를 내며 투정을 부림.

"잡아들이되 더디는 폐단 있으면 크게 혼나리라."

모든 장차가 나가 춘향더러 하는 말이,

"너로 하여 다른 사람 다 죽겠다. 바삐 가자."

재촉하니 춘향이 울며 이른 말이,

"오라버니 들어 보오. 유죄무죄 간에 성화같이 잡아오라 하니 내 무슨 죄 있나요?"

차사 등이 대답하되,

"네 형상 가긍하나 우린들 어찌하리. 바삐 감만 못하니라."

춘향이 하릴없어 머리를 싸매고 헌 저고리 몽당치마 두루치고 울며 관문에 이르니, 신관이 뇌성같이 소리질러,

"잡아들이라."

하거늘, 뜰 아래 섰던 나졸 춘향의 머리를 동당이쳐 잡아들이니, 신관이 춘향을 한번 보매,

"형산백옥이 진토에 묻힌 형상 같으니 더욱 수수하다."

하며 침을 질질 흘리는지라. 이 낭청[164] 돌아보며 하는 말이,

"듣던 말과 같은 줄 아는가?"

이 낭청 대답이 이현령비현령[165]으로 신관의 마음만 맞추더라. 신관이 분부하되,

"네 본읍 기생으로 도임 초에 현신 아니키를 잘 하느냐?"

춘향이 아뢰되,

"소녀는 구관 사또 자제 도련님 뫼시고 대비정속하온 고로 대령치 아니하였나이다."

신관이 증을 내어 분부하되,

---

163) 장차(將差): 고을 원이나 감사가 심부름으로 보내던 사람.

164) 낭청(郎廳): 관아의 벼슬아치로 군관(軍官)의 하나임.

165) 이현령비현령(耳懸鈴鼻懸鈴): 귀에 걸면 귀걸이, 코에 걸면 코걸이라는 뜻으로, 사실이 이렇게도 저렇게도 해석됨을 이르는 말.

"너 같은 노류장화[166]가 수절이란 말이 고이하다. 요망한 말 말고 오늘부터 수청 거행하라."

춘향이 여짜오되,

"만 번 죽어도 봉행치 못하겠소이다."

신관이 대로하여 춘향을 결박하여 형틀에 앉힌 후, 집장[167] 분부하여,

"대매에 허락하도록 치라."

하니 군노 등이 주장 곤장 도리깨 다 버리고 형장을 눈 위에 번듯 들어 검장소리 발맞추어 한 번 후려치니, 청천백일에 벽력소리 같은지라. 신관이 이르되,

"이제도 분부 거역할쏘냐?"

춘향이 아뢰되.

"사또께서 이리 말으시고 용천검[168]으로 나의 일신을 둘로 내어 아래 토막은 저미거나 오리거나 하실지라도, 목은 한양성내에 보내어 주심을 바라나이다."

신관의 말이,

"저년 요악한 년, 한 매에 승복하게 하라."

하니 집장이 한 번 치고 두 번 치니 백옥 같은 다리에 솟다나나니 유혈이라. 보는 이 뉘 아니 가련히 여기리오. 삼사십 장에 이르러는 불성인사[169]하여 죽은 듯한지라, 분부하여 하옥하니라.

이 때 남원 한량들이 춘향의 소문 듣고 이숙이 군평이 군빈이 떠중이 풍헌 약정 등이 모두 와 춘향의 경상을 보고 혹 위로도 하며, 혹 청심환도 풀어 넣으며 한바탕 분분이 지저귀다가 문숙이는 춘향을 업고 떠중이는

---

166) 노류장화(路柳墻花): 길가의 버들과 담장의 꽃. 아무나 쉽게 꺾을 수 있다 하여 기생을 빗대어 이르는 말.

167) 집장(執杖): 관청에서 죄인에게 형벌로 매를 치는 사령.

168) 용천검(龍泉劍): 중국 전설에 나오는 귀한 칼.

169) 불성인사(不省人事): 놀라거나 상처를 입어 정신을 잃은 상태.

칼머리를 받들고 태평이 군빈이 주빈 등은 좌우로 옹위하여 옥문을 천신만고 다다르니, 그 창황망조[170]하는 모양이 가히 보암직하더라. 춘향이 한량을 보낸 후 차탄(嗟歎) 왈,

"일구월심[171]에 이 설움을 어이할꼬? 우리 도련님을 언제 다시 볼꼬?."
하며 해진 자리에 칼머리 베고 누워 정신이 혼미하더니, 춘향 어미 미음을 가지고 와서 춘향을 불러 왈,

"어찌 음성이 없느냐? 이를 어찌하잔 말고?"
하며 방성대곡할 즈음에 춘향이 놀라 정신을 차려본즉 제 어미 미음을 권하거늘, 춘향의 말이,

"용미봉탕[172]도 먹기 싫은지라, 아무라도 도련님 다시 보고 죽겠으니, 내 병은 편작[173]이라도 하릴없는지라. 만일 죽거든 육진장포[174]로 염습[175]하여 한양성내 올려다가 도련님 다니는 길에 묻어 주면 도련님 왕래시에 성음(聲音)이나 듣게 하오."

춘향 어미 하는 말이,

"이것이 웬말인고? 이제 원수의 몹쓸 놈을 철석같이 믿고 수절인지 하다가 이 형벌을 받으니 어찌 원통치 아니하리오?"

이러구러 여러 달이 되매 춘향이 장우단탄 벗을 삼아 세월을 허송하더니, 일일은 비몽사몽[176]에 주유천하[177]하다가 집에 돌아가니 방문 위에

---

170) 창황망조(蒼黃罔措): 너무 놀라거나 일이 급하여 어찌할 바를 모름.
171) 일구월심(日久月深): 날이 오래고 달이 깊어 간다는 뜻으로, 세월이 흐를수록 더욱 간절해짐을 이르는 말.
172) 용미봉탕(龍尾鳳湯): 용과 봉을 넣고 끓인 국. 아주 맛있는 음식을 이름.
173) 편작(扁鵲): 중국 전국 시대의 명의(名醫).
174) 육진장포(六鎭長布): 함경북도 육진에서 나는, 척수(尺數)가 다른 곳에서 나는 것보다 훨씬 긴 베.
175) 염습(殮襲): 죽은 사람의 몸을 씻긴 뒤에 옷을 입히고 염포로 묶는 일.
176) 비몽사몽(非夢似夢): 완전히 잠이 들지도 않고 잠에서 깨어나지도 않은 어렴풋한 상태.
177) 주유천하(周遊天下): 특별한 목적 없이 세상을 두루 돌아다니며 구경함.

허수아비를 달았고, 뜰에 앵도화가 떨어지고, 보던 몸거울이 한복판이 깨어졌거늘, 깨달으니 남가일몽[178]이라. 헤아리되,

'이것이 무슨 일인고. 내가 죽을 꿈이로다. 도련님 다시 못 보고 죽으면 눈을 감지 못하리라.'

하고 한탄할 즈음에 건넌 마을 허 봉사란 판수[179]가 마침 지나거늘 옥졸더러 판수를 부르되,

"죄수 춘향이 부른다."

하거늘 봉사가 옥길을 찾아갈새, 길에 풀이 가득하매 옷을 거두쳐 안고 눈을 희번덕이며 코를 찡그리며 막대를 휘저으며 입으로 휘파람 불며 오다가, 쇠똥에 미끄러져 개똥에 엎더져 손을 짚으니 제 혼잣말로,

"이리 미끄러우니 쇠똥이로구."

하며 손을 뿌리치다가 옥 담장 모퉁이에 부딪치고 아픔을 견디지 못하여 입에 넣으니 어찌 가소롭지 않으리오. 옥문을 찾아가매 춘향이 들어오라 하니, 봉사가 들어가 앉으며 하는 말이,

"네 일이야 할 말 없다. 장처[180]나 만져 보자."

춘향이 두 다리를 끌러 뵈니, 판수 놈이 음흉하여 장처는 만져 보지 않고 두 손으로 종아리부터 치만지며 하는 말이,

"어뿔사, 몹시 쳤구나. 김 패두[181]가 치더냐 이 패두가 치더냐, 바른 대로 일러라. 내게 궂날 받으러 오거든 곧 절명일[182]을 가르쳐 줄 것이니, 그 설치[183]는 내 하여 주마."

하고 이리 만지며 저리 만지며 점점 들어가다가 정곡을 꼭 찌르니, 춘향

---

178) 남가일몽(南柯一夢): 꿈과 같이 헛된 한때의 부귀영화를 이르는 말.
179) 판수: 점치는 일을 직업으로 삼는 소경.
180) 장처(杖處): 곤장 맞은 자리.
181) 패두(牌頭): 조선시대에 관아에 속하여 죄인의 볼기 치는 일을 맡아 하던 사령.
182) 절명일(絶命日): 민간 신앙에서 무슨 일을 하면 목숨을 잃는다고 하는 나쁜 날.
183) 설치(雪恥): 전에 당한 억울한 일이나 부끄러움을 되갚아 줌.

이 분을 못 이기어 바로 뺨을 치려다가 점을 잘 아니 할까 하여 눙쳐 이른 말이,

“봉사님은 우리 부형(父兄)과 좋은 벗으로 다니더니, 나의 운수가 불행하여 부친이 먼저 기세(棄世)하시니, 봉사님은 부친과 좋은 벗이라, 상없이[184] 그리 마시고 점이나 잘 하여 주오.”

판수 놈이 말눈치 알아듣고,

“네 말이 옳다. 우리 사이가 세교[185]뿐 아니라 비슥척분[186]이 되나니, 어찌하면 복상칠촌[187]이 되는 법하니라.”

춘향의 말이,

“봉사님을 부모로 아니 점이나 잘 하여 주오.”

하고 돈 서 돈을 주니 판수가 사양하며 왼손으로 받으면서,

“우리 사이에 복채(卜債) 없어 큰 관계할까. 꿈 이야기나 자세히 이르라.”

하거늘 춘향이 전말을 이르니, 봉사가 산통을 높이 들어 축 왈,

천하언재(天何言哉)고, 고지즉응(扣之則應) 신지영의(神之靈矣) 감이순통(感而順通)하소서.[188] 모년월일 해동 조선국 전라도 남원부 동면 이화동 거하는 곤명[189] 임자생(壬子生) 안씨(安氏), 금년 신수 길흉 여부와 모일 몽사(夢事)가 여차여차하옵기 근복문(謹伏問)하오니 복걸(伏乞) 열위신명(列位神明)은 의시상괘하여 이결길흉하소서.[190]

---

184) 상(常)없이: 보통의 이치에서 벗어나게.
185) 세교(世交): 집안끼리 대를 물려가며 사귐.
186) 비슥척분(--戚分): 혼인으로 맺은 친척 관계.
187) 복상칠촌(腹上七寸): 남녀가 잠자리를 함께 하는 사이.
188) 천하언재(天何言哉)고～감이순통(感而順通)하소서: 점쟁이가 점을 칠 때 먼저 신에게 바른 길을 가르쳐 주기를 바란다는 내용의 축문.
189) 곤명(坤命): 동양사회에서 여자를 일컫는 말.
190) 의시상괘(宜示上卦) 이결길흉(以決吉凶): 좋은 괘를 보여 주시고 길흉을 판단하여 주기를 바람.

하고 점을 해제하여 이르되,

화락(花落)하니 능성실(能成實)이요,
경파(鏡破)하니 기무성(豈無聲)가,
문상(門上)에 현괴뢰(懸傀儡)하니,
만인(萬人)이 개앙시(皆仰視)라.

이 글 뜻은,

꽃이 떨어지니 능히 열매를 이룰 것이요,
거울이 깨어지니 어찌 소리 없으며,
문 위에 허수아비를 달았으니
이 반드시 이 도령이 급제하여 수이 만나 볼 점괘라.

춘향의 말이,
"어찌 그렇게 바라리오?"
봉사의 말이,
"고름 맺고[191] 내기할 것이니 조금도 염려 말고 잘 있으라."
하고 가거늘 춘향이 더욱 주야 번뇌하더라.

이 때 이 도령이 올라가 주야로 학업을 힘쓰매 태백(太白)을 압두할러라. 차시(此時) 성상이 태평과[192]를 뵈실 제 이생이 과거장에 들어가 현제판[193]을 보니,

---

191) 고름 맺고: 서로 약속한 사실을 잊지 않기 위해 옷고름에 매듭을 지어 두고.
192) 태평과(太平科): 시절이 태평하거나 나라에 경사가 있을 때 임시로 실시하던 과거.
193) 현제판(懸題板): 과거를 볼 때 시험 문제를 내거는 판.

'강구에 문동요라.'[194]

시지(試紙)를 일필휘지[195]하여 일천[196]에 선장(先場)한데 상(上)이 받아 보시니 문필이 무흠이라. 장원을 하이시고, 비봉[197]을 떼어 보시니,

'이등의 아들 령이니 나이 십륙이라.'

하였거늘 신래[198]를 재촉하신대 이생이 천은[199]을 사례하고 나올새 위의 거룩하더라.

삼일유가[200] 후 선산에 소분[201]하고 돌아와 옥계(玉階)에 숙배하온대, 상(上)이 칭찬하시고 소원을 물으시니, 장원이 여짜오되,

"천하 태평하오매 궁중이 깊사와 백성의 질고를 살피지 못할지라, 신이 각 도에 순행하와 수령의 선악과 백성의 우락(憂樂)을 염탐하와 성상의 교화(敎化)를 펴고자 하나이다."

상이 가라사대,

"네 말이 가장 애군지심(愛君之心)이 간절하도다."

하시고 삼도 어사를 하이시니, 어사가 사은하고 물러와 치행[202]할새, 마패를 고도리뼈[203]에 차고 칠푼짜리 헌 폐립[204]에 헌 망건 박조가리 관

---

194) 강구(康衢)에 문동요(聞童謠)라: 중국 요(堯)임금이 민심을 살피기 위해 골목에서 어린아이의 노랫소리를 들었다는 고사에서 나온 말로, 태평한 시대의 평화스러운 모습을 가리킴.

195) 일필휘지(一筆揮之): 문장이 넉넉하여 글을 지을 때 글씨를 단숨에 죽 내리씀.

196) 일천(一天): 과거를 보거나 여럿이 모여 한시를 지을 때에 첫번째로 글을 지어 바치는 일.

197) 비봉(秘封): 과거 시험지에 응시자의 신원을 나타내지 않기 위해 이름 쓴 부분을 붙이는 것.

198) 신래(新來): 과거 합격자가 임금에게 처음으로 인사를 드리는 일.

199) 천은(天恩): 임금의 은혜.

200) 삼일유가(三日遊街): 과거 합격자가 사흘 말미를 얻어 조상과 부모께 인사를 드리고 가까운 친지들을 찾아보는 일.

201) 소분(掃墳): 경사로운 일이 있을 때 조상의 산소에 가서 무덤을 깨끗이 하고 제사 지냄.

202) 치행(治行): 길 떠날 행장을 차림.

자[205] 달고, 물레줄로 당줄 하고, 헌 도포에 오 푼짜리 무명 동다위[206]를 양지머리에 잔뜩 눌러 띠고, 잔살 부채 차면[207]하고, 버선목 주머니에 탄 담배 골통대가 제격이라.

역졸을 데리고 가만히 숭례문[208] 내달아 칠패, 팔패, 돌모로, 승방을 바삐 지나, 여러 날 만에 전주성 안에 가만히 들어 여기저기 염탐하고, 노고바위 임실을 다다르니 이 때는 삼춘 호시절이라. 한 곳을 바라보니 원산(遠山)은 중중(重重), 근산(近山)은 첩첩(疊疊), 기암(奇巖)은 층층(層層), 장송(長松)은 낙락(落落), 비오리 둥둥, 두견 접동은 좌우에 넘노는데, 온갖 새 날아들고 각색 초목 무성하다. 한 모롱이 돌아가니 상평전 하평전[209] 농부들이 갈거니 심거니 격양가[210] 노래하니,

시화세풍(時和歲豊) 태평시에 평원광야(平原曠野) 농부네야,

우리 아니 강구(康衢) 미복(微服)으로 동요(童謠) 듣던 요(堯)임금에 버금인가,

얼럴럴 상사디야.

흥을 겨워 노닐거늘 어사가 부채 차면하고 이 소리 들은 후에 농부더러 묻는 말이,

---

203) 고도리뼈: 허리와 엉덩이 부근에 있는 뼈.

204) 폐립(敝笠): 망가진 갓.

205) 관자(貫子): 갓 아래 쓰는 망건에 달아 망건을 고정시키는 줄에 꿰는 작은 단추 모양의 고리. 신분에 따라 금(金), 옥(玉), 호박(琥珀), 마노, 대모(玳瑁), 뿔, 뼈 따위의 재료를 사용함.

206) 동다위: 동다회(童多會). 한국 매듭에 주로 쓰는 끈목의 하나.

207) 차면(遮面): 얼굴을 가림.

208) 숭례문(崇禮門): 조선시대에 한양 도성의 남쪽 정문인 남대문의 이름.

209) 상평전 하평전: 윗배미와 아랫배미. 즉, 높은 밭과 낮은 밭을 뜻함.

210) 격양가(擊壤歌): 중국 고대에 농부들이 풍년이 들어 태평한 세월을 즐거워하면서 불렀다는 노래.

"저 농부 말 좀 들어 보자니."

여러 농부 섰다가 한 농부가 내달아 하는 말이,

"꼴막산이 어지럽고 등떨어진 말[211] 뉘게다가 하나뇨? 말은 무슨 말고? 약계 모퉁이 핥고 병풍 뒤에 코 곯다가 왔습나?"

하고 욕설이 비경(非輕)할 제, 그 중 늙은 농부가 내달아 말려 왈,

"이 사람 그리 괄시 마소. 그도 바히 맹물은 아니기로 세폭 자락에 등떨어진 말하니 과히 괄시 마소."

하거늘 어사가 이 말 듣고 혼잣말로,

"사람은 늙어야 쓴단 말이 옳다."

하고 또 묻되,

"이 골 원님 정사(政事)가 어떠하며, 민폐나 없으며, 또 호색하여 춘향을 수청들였단 말이 옳은지?"

농부가 증을 내어[212] 하는 말이,

"우리 원님 정사는 잘 하든지 못 하든지 모르거니와, 참나무 마주 휘어댄 듯이 하니 어떻다 하리요."

어사가 하는 말이,

"그 공사 이름이 무엇이라더뇨?"

농부가 대소 왈,

"그 공사는 쇠코두리 공사라 하니이다. 욕심은 있는지 없는지 민간에 마전 목포(木布)를 다 고무래질하여 들이니 어떻다 하리요? 또 음탕한 속물(俗物)이라, 철석같이 수절하는 춘향이 수청 아니 든다고 엄형엄수[213] 하였으되 구관(舊官)의 아들인지 개아들인지 한번 떠난 후 종무소식하니 그런 쇠자식이 어디 있으리오?"

---

211) 등떨어진 말: 존칭 어미를 붙이지 않은 반말.
212) 증(憎)을 내어: 화를 내거나 짜증을 내면서.
213) 엄형엄수(嚴刑嚴囚): 엄한 형벌을 가하고 나서 엄히 가두어 둠.

어사가 서서 듣다가 하는 말이,

"남의 일은 알지 못하거니와 욕은 과히 마오."

하고 돌아서서 혼잣말로,

"대저 양반이 욕을 과히 보았도다."

하고 한 모롱이 돌아가니, 한 주막에 반백 노인이 한가히 앉아 총울치 노끈을 비비며 노래 부르고 슬슬 비비며 줄을 낙고거늘, 어사가 보다가,

"저 늙은이 말 좀 물어 보자니."

노인이 대답지 않고 위아래 훑어보며 노래만 부르다가 하는 말이,

"이보시오, 속담에 '조정에 막여작이요 향당에 막여치라'[214] 하니 보아하니 그만 인사는 알 듯한데 어이 그리 미거하뇨?"

어사 하는 말이,

"내 언제 반말했다고. 그렇거니 저렇거니 들은즉 본관이 호색하여 기생 춘향을 작첩하여 호강한단 말이 옳은지?"

노인이 증을 내어 하는 말이,

"송백 같은 춘향에게 그런 누명을 신지 마소. 원님이 음탕하여 춘향이 수청 아니 든다고 엄형하여 옥귀신을 만들되, 구관의 아들인지 난정의 아들인지 그런 계집을 버려두고 찾들 아니하니, 그런 개아들이 어디 있으리오?"

하거늘 어사가 이 말을 들은 후 춘향 생각이 더욱 간절하여 일각이 여삼추라. 바삐 남원성중에 들어가 수군숙덕 염탐할 제, 관속들이 어사 내려온단 말을 듣고 관전(官錢) 목포(木布) 환상, 전결, 복수무척[215] 닦을 적에, 사결(四結)에는 한 짐 열 뭇,[216] 육결에는 석 짐 열닷 뭇이요, 동창서창(東倉西倉) 마전 목포를 무턱으로 내입[217]이라 꾸몄더라.

---

214) 조정(朝廷)에 막여작(莫如爵)이요 향당(鄕黨)에 막여치(莫如齒)라: 조정에서는 벼슬이 제일이요, 시골에서는 나이가 제일이라는 뜻임.

215) 복수무척(卜數巫尺): 점쟁이와 무당이 바치는 세금.

216) 뭇: 토지의 넓이에 따라 세금을 계산하는 단위. 열 줌은 한 뭇, 열 뭇은 한 짐임.

217) 내입(內入): 관청에서 빌려 갔던 돈이나 곡식을 다시 들여놓음.

어사 탐문한 후 급히 춘향의 집 찾아가니 밖 장원(牆垣)은 자빠지고 밖채는 쓰러지고 안채는 기울어져, 서까래 나발 불고 마당은 개똥밭이 되었으니 어찌 한심치 않으리오? 춘향 어미 탕관에 죽을 쑤며 탄식하거늘, 어사가 춘향 어미를 부르니 대답하되,

"뉘라서 이 심난 중에 부르는고?"

하며 보다가,

"거러지는 눈이 없어 동냥 달라 왔는가?"

어사가 웃으며 또 부르니 춘향 어미 그리하여도 몰라보고,

"그 뉘시오. 김 권농[218]이 환상 재촉하러 왔소?"

하며 자세히 보다가 깜짝 놀라 하는 말이,

"얼굴은 도련님이 분명하나 의복은 상거지라. 애고, 저 형상 눌더러 말할꼬?"

어사 왈,

"잔말은 그만두고 춘향이나 보고 가세."

춘향 어미 마지못하여 옥문 밖에 가서 춘향을 부르니, 춘향이 기운이 피곤하여 칼머리 베고 누웠더니, 놀라 이른 말이,

"거 뉘라서 날 찾는고?"

어사가 또 부르니 그제야 음성을 알아듣고 여취여광[219]하여,

"이것이 꿈인가 생신가? 서방님 날 살려 내오. 명일(明日)은 사또 생일이라, 필경 일이 있으리니 칼머리나 들어주오."

어사가 대답하되,

"어찌하든지 염려 말라."

하고 춘향의 어미를 따라가 밤을 지내고 이튿날 평명[220]에 관문 밖에 가

---

218) 권농(勸農): 농사를 장려하던 사람으로, 아전의 한 분류임.

219) 여취여광((如醉如狂): 너무 기쁘거나 감격하여 미친 듯도 하고 취한 듯도 함.

220) 평명(平明): 동이 트는 시각. 사방이 밝아질 때.

서 탐지하니, 과연 본관의 생일이라 포진범백[221]이 이루 다 말할 수 없더라. 어사가 문 밖에서 기웃기웃하다가, 문 지킨 군사가 소피[222]하러 간 사이에 돌입하여 청상에 올라 하는 말이,

"내 마침 지나다 오늘날 성연(盛宴)에 음식이나 얻어먹을까 하노라."

본관은 미안히 여기고 운봉영장은 웃고 하는 말이,

"이 또한 예사이라, 좌석에 참례함이 무방하다."

하더라. 이윽고 배반[223]이 들어올새 운봉이 통인에게 분부하여,

"술상을 저 양반께 드리라."

하니 통인 놈이 부어드리니 어사가 받지 않고,

"내 가만히 본즉 어떤 데는 기생년으로 술 드리고 어떤 데는 이 모양으로 얼렁뚱땅하니 어찌된 일이요? 대저 술이란 것은 권주가[224] 없으면 무미(無味)하니 기생 중 묘한 년으로 하나 보내오."

본관이 듣고 이르되,

"고객[225]이로다. 내 운봉의 말을 듣고 이런 고약한 꼴을 본다."

하니 운봉은 웃고 기생에게 분부하여,

"아무 년이나 가보라."

하니 한 년이 마지못하여 가며 하는 말이,

"아니꼬와라, 권주가 없으면 술이 목구멍에 넘어 들어가지 아니하나?"

하고 술을 부어 드릴 적에,

들이세요 들이세요,

---

221) 포진범백(鋪陳凡百): 잔치 같은 때에 앉을 자리를 마련하는 데 쓰인 여러 가지의 모든 것.

222) 소피(所避): '오줌'을 간접적으로 돌려 이르는 말. 오줌을 누러 가는 것을 가리키기도 함.

223) 배반(杯盤): 술상에 차려 놓은 그릇이나 거기에 담긴 음식.

224) 권주가(勸酒歌): 술을 마실 때 기분을 돋우기 위해 부르는 노래.

225) 고객(苦客): 귀찮고 성가신 손님.

이 술 한 잔 들이세요.
이 술 한 잔 움키시면
하오리다 난장결치.[226)]

노래를 파한 후에 큰 상을 차례로 들일새 어사가 받아 보니 개다리 헌 소반에 안주가 한 접시요, 경계다리[227)] 하나 놓고 양지차돌[228)] 곁들였네. 마른 대추 부스럭떡이 대명공이 근검하다. 어사가 두 다리로 상을 박차 엎지르고 일어서 그 엎지른 것을 끌어모아 소매에 묻혀다가 좌상(座上)을 향하여 뿌리니 본관의 얼굴에 튀었는지라. 상을 찡그리며 하는 말이,

"인사불성이로고."

하며 운봉을 탓하더라. 어사가 하는 말이,

"나도 부모 은덕에 글자나 배웠더니 이런 잔치에 그저 감이 무미하니 운(韻)을 부르면 글귀나 짓고 감이 어떠하뇨?"

좌중 논란이 분분하다가, 기름 고(膏)자 높을 고(高)자 둘 내고 지필(紙筆)을 주니 어사가 응구첩대[229)]하여 쓰되,

금준미주(金樽美酒)는 천인혈(千人血)이요,
옥반가효(玉盤佳肴)는 만성고(萬姓膏)라.
촉루낙시(燭淚落時)에 민루낙(民淚落)이요,
가성고처(歌聲高處) 원성고(怨聲高)라.

---

226) 난장결치(亂杖決治): 마구 때려서 죽게 함.
227) 경계다리: 닭이나 꿩의 다리. 먹을 것이 없는 초라한 음식.
228) 양지차돌: 소고기에서 양지머리 복판에 붙은 희고 단단한 부분으로, 좋은 음식이 못 됨.
229) 응구첩대(應口輒對): 글을 지을 때 제목이나 운을 부르면 곧장 받아서 글을 짓는 것을 말함.

하였거늘 좌중이 보고 서로 면면상고[230]할 제 운봉이 글을 보고 변색(變色)하더라. 그 글 뜻이,

금동이의 아름다운 술은 일천 사람의 피요,
옥소반의 아름다운 안주는 만백성의 기름이라.
촛물 떨어질 때 백성 눈물 떨어지고,
노랫소리 높은 곳에 원망 소리 높도다.

하는 말이라. 대저 원을 시비하고 백성을 위함이니 가장 수상하다. 운봉이 먼저 본관더러 왈,

"명일 환상 시작하겠기로 종일 동락(同樂)하지 못하고 먼저 가겠소."

하고 가더니 이윽고 어사가 역졸에게 분부하여 마패로 삼문(三門) 두드리며,

"암행어사 출도."

라 하니 일읍이 진동하여 부서지나니 해금, 저, 피리, 깨어지느니 장구, 거문고 등이라. 각읍 수령들이 쥐 숨듯 달아날 제 임실 현감 갓을 옆으로 쓰며,

"이 갓 구멍을 누가 막았는고?"

하며, 전주 판관은 말을 거꾸로 타며,

"이 말 목이 근본이 없느냐? 아무커나 바삐 가자."

여산 부사 상투를 쥐구멍에 박고 하는 말이,

"뉘라서 날 찾거든 벌써 갔다 하여라."

하고 원님은 강똥 싸고 이방은 기절하고 삼변 관속은 오줌 싸고 내동헌[231]에서도 물똥을 쌌다 하니, 원님이 떨며 왈,

"우리 집안은 똥으로 망한다."

---

230) 면면상고(面面相顧): 말없이 서로 얼굴만 물끄러미 바라봄.
231) 내동헌(內東軒): 동헌의 안채. 사또의 부인이 거처하는 곳.

할 제, 어사가 남원 부사를 우선 봉고파출[232]한 후 공사를 처결할새,

"관속의 죄상은 분부를 기다리라."

하고, 죄수 춘향을 올리라 하니 옥사장이 춘향을 압영(押領)하여 들어올 제, 춘향이 울며 하는 말이,

"우리 서방님더러 칼머리나 들어 달라 하였더니, 오늘은 사생간 결단이 날 것이어늘 어디 가서 이 경상을 아니 보는고?"

하고 방성대곡하더라. 형방이 이르러,

"어사 사또 분부로 오늘부터 너를 수청들이라 하시니 그대로 거행하라."

춘향이 여짜오되,

"소녀가 전임 사또 자제 도련님과 백년결약 하였기로 분부시행 못 하겠습네다."

어사가 이르되,

"'노류장화는 인개가절이라.'[233] 하니 너 같은 천기(賤妓)로 수절이란 무엇인고? 바삐 거행하라."

춘향이 또 여짜오되,

"소녀를 만단[234]에 내실지라도 마음은 변치 못하리로소이다."

어사가 왈,

"너 같은 절개 어찌 아름답지 아니리요."

하고 기생들을 분부하여 춘향의 쓴 칼을 이로 물어뜯어 벗긴 후, 춘향더러 왈,

"너는 나를 보라."

---

232) 봉고파출(封庫罷黜): 암행어사가 지방 수령의 잘못을 찾아내고 먼저 창고를 봉한 뒤에 파면시키는 일.

233) 노류장화(路柳墻花) 인개가절(人皆可切): '길가에 선 버들과 담장에 핀 꽃은 누구나 마음대로 꺾어 갈 수 있다.'는 뜻으로, 화류계에 종사하는 기생은 아무 남자나 다 가까이 할 수 있다는 말.

234) 만단(萬斷): 여러 토막.

춘향이 마지못하여 살펴보니 의심 없는 낭군이라, 뛰어올라가며 어사의 소매를 잡고 울며 목이 메어 말을 못 하거늘, 어사가 옥수를 잡고 만단으로 위로하더라.

이 때 춘향 어미 미음을 가지고 오거늘 관속들이 분분이 치하하니 춘향 어미 이른 말이,

"그 어인 말고?"

하며 삼문 틈으로 디밀어보다가 뛰어나와 손뼉 치며,

"얼싸 좋을씨고, 하늘 밑에 이런 귀한 일도 또 있는가?"

춘향 어미 어사 사위 과분하다 하며 강동강동 뛰어오며,

"얼싸 좋다 좋을씨고, 지화자 좋을씨고. 사람마다 딸을 두어 날같이 효도를 볼작시면, 부중생남중생녀라[235] 하는 말이 헛말이 아니로다."

어사가 대연(大宴)을 배설하고 춘향과 즐길새 전후사를 서로 이르며 비밀히 교접하여 은근한 정회를 측량치 못할러라.

이튿날 공사를 다 처결하고 허 판수를 상급(上級)하며 옥졸 불러 주찬으로 치사하고, 각읍 문서를 각각 닦은 후 춘향 모녀를 데리고 떠날새, 일읍 관속이며 여러 기생들이 십리에 나와 춘향을 붙들고 연연전별(戀戀餞別)하고, 열읍에 지대[236]를 차려 맞으니 위의 거룩하더라.

경사[237]에 이르러 수의(繡衣)를 바친 후 그 연유를 주달(奏達)하온대 상이 크게 칭찬하사 왈,

"천기로 수절함은 천고에 희한하도다."

하시고 정렬부인[238]을 봉하시니라.

---

235) 부중생남중생녀(不重生男重生女): '아들 낳기를 중히 여기지 말고 딸 낳기를 중히 여기라.'는 말로, 사위 덕분에 귀한 일을 보는 경우를 이름. 백락천의 「장한가(長恨歌)」에서 양귀비를 가리켜 이른 말.

236) 지대(支待): 공적인 일로 지방에 출장 나간 고관의 음식과 경비를 지방 관아에서 뒷바라지하는 일.

237) 경사(京師): 서울을 높여 부르는 말.

238) 정렬부인(貞烈夫人): 정삼품 통정대부 이상의 관리 부인에게 내리는 품계.

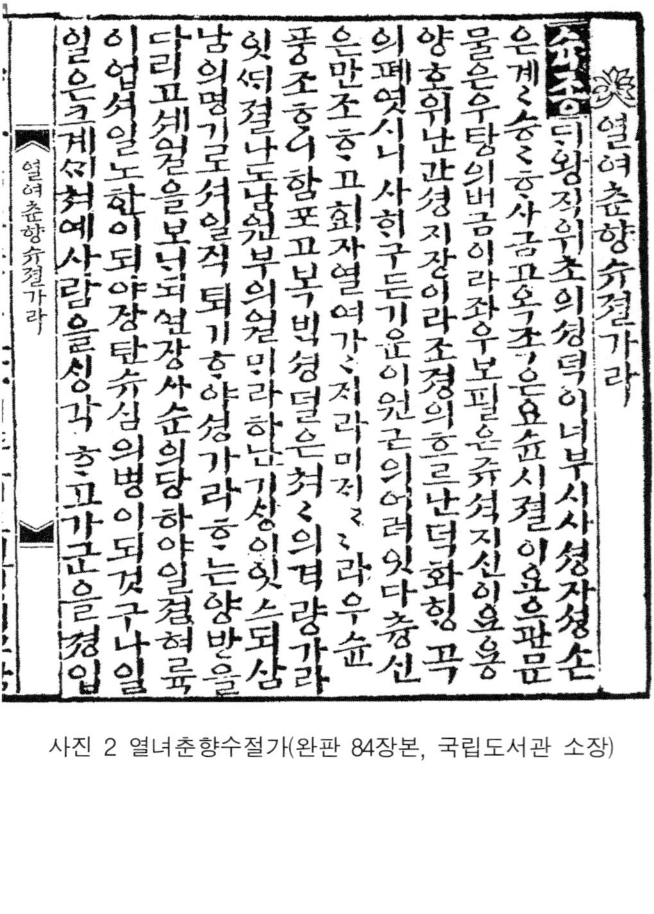

열여춘향슈졀가라

슉종대왕즉위초의셩덕이너부시사셩자셩손은계계승승ᄒᆞ사금고옥조ᄂᆞᆫ요슌시졀이요의관문물은우탕의버금이라좌우보필은쥬셕지신이요용양호위난간셩지장이라조졍의흐르난덕화향곡의폐엿시니사ᄒᆡ구든기운이원근의어려잇다츙신은만조ᄒᆞ고효자열여가가지라미재미재라우슌풍조ᄒᆞ니함포고복빅셩덜은쳐쳐의격량가라잇셔졀나도남원부의월미라ᄒᆞ난기생이잇스되삼남의명기로서일직퇴기ᄒᆞ야셩가라ᄒᆞ는양반을다리고세월을보니되연장사순의당하야일졈혈륙이업서일노한이되야장탄슈심의병이되것구나일일은크게씨쳐예사람을싱각ᄒᆞ고가군을쳥입

열여춘향슈졀가라

사진 2 열녀춘향수절가(완판 84장본, 국립도서관 소장)

# 열녀춘향수절가(烈女春香守節歌)

숙종대왕 즉위 초에 성덕(聖德)이 넓으시사 성자성손[239]은 계계승승(繼繼承承)하니 금고옥적[240]은 요순시절이요 의관문물(衣冠文物)은 우・탕[241]의 버금이라. 좌우보필은 주석지신[242]이요 용양호위[243]는 간성지장[244]이라. 조정에 흐르는 덕화 향곡(鄕曲)에 퍼졌으니 사해(四海) 굳은 기운이 원근에 어려 있다. 충신은 만조(滿朝)하고 효자열녀 가가재(家家在)라. 미재미재(美哉美哉)라. 우순풍조(雨順風調)하니 함포고복[245] 백성들은 처처에 격양가[246]라.

이 때 전라도 남원부에 월매라 하는 기생이 있으되, 삼남의 명기로서 일찍이 퇴기(退妓)하여 성(成)가라 하는 양반을 데리고 세월을 보내되 연장사순(年將四旬)을 당하여 일점혈육(一點血肉)이 없어 일로 한이 되어 장탄수심에 병이 되겠구나.

일일은 크게 깨쳐 옛사람을 생각하고 가군(家君)을 청입하여 여쭈오되,

---

239) 성자성손(聖子聖孫): 왕위를 이어받을 임금의 자손.

240) 금고옥적(金鼓玉笛): 금고는 군중(軍中)에서 치는 쇠붙이와 북이며 옥적은 옥으로 만든 피리로서 모두 임금의 권위를 상징하는 악기.

241) 우・탕(禹湯): 중국 전설상의 왕조인 하(夏)와 은(殷)의 시조(始祖)로서 성군(聖君)으로 일컬어짐.

242) 주석지신(柱石之臣): 한 나라의 기둥과 주춧돌이 되는 중요한 신하.

243) 용양호위(龍驤虎衛): 왕실을 호위하는 두 기관. 좌위(左衛)인 용양위(龍驤衛)와 우위(右衛)인 호분위(虎賁衛)의 무관(武官)을 말함.

244) 간성지장(干城之將): 전쟁 때 방패와 성처럼 나라를 지키는 데 없어서는 안 되는 장수.

245) 함포고복(含哺鼓腹): 배불리 먹고 배를 두드리며 즐거워함.

246) 격양가(擊壤歌): 중국 고대에 농부가 농사일을 하면서 태평한 세월을 읊었다는 노래.

공순히 하는 말이,

"들으시오. 전생에 무슨 은혜 끼쳤던지 이생에 부부 되어 창기(娼妓) 행실 다 버리고 예모도 숭상하고 여공(女工)도 힘썼건만 무슨 죄가 진중하여 일점혈육이 없으니 육친무족[247] 우리 신세 선영향화[248] 누가 하며 사후감장[249] 어이 하리. 명산대찰에 신공(神供)이나 하여 남녀간 낳게 되면 평생 한을 풀 것이니 가군의 뜻이 어떠하오?"

성 참판 하는 말이,

"일생 신세 생각하면 자네 말이 당연하나 빌어서 자식을 낳을진대 무자(無子)한 사람이 있으리오?"

하니 월매 대답하되,

"천하대성(天下大聖) 공부자(孔夫子)도 이구산[250]에 빌으시고, 정나라 정자산[251]은 우성산에 빌어 나 계시고, 우리 동방 강산을 이를진대 명산대천이 없을쏘냐. 경상도 웅천 주천의는 늦도록 자녀 없어 최고봉에 빌었더니 대명천자(大明天子) 나 계시사 대명천지 밝았으니[252] 우리도 정성이나 드려 보사이다."

공든 탑이 무너지며 심은 나무 꺾일쏘냐. 이 날부터 목욕재계 정히 하고 명산승지 찾아갈 제, 오작교 썩 나서서 좌우 산천 둘러보니 서북의 교룡산은 술해방[253]을 막아 있고, 동으로는 장림 수풀 깊은 곳에 선원사는

---

247) 육친무족(六親無族): 가까운 친척이 하나도 없음.

248) 선영향화(先塋香火): 조상의 제사를 받듦.

249) 사후감장(死後勘葬): 죽은 사람의 시신을 장사지냄.

250) 이구산(尼丘山): 중국 산동성 곡부현에 있는 산 이름. 공자의 부모가 이 산에서 빌고 나서 공자를 낳았다고 전함. 공자는 이 산의 이름을 따서 이름을 구(丘)라 하고 자(字)를 중니(仲尼)라 함.

251) 정자산(鄭子産): 춘추시대 정나라의 재상 공손교(公孫僑).

252) 경상도 웅천 ~ 대명천지 밝았으니: 중국 명나라 창업자인 주원장의 조상이 조선에서 건너간 사람이라고 하는 민간 전설이 있어 이러한 말이 나온 듯하나, 역사적 사실은 아님.

253) 술해방(戌亥方): 십이 간지를 이용해 방위를 표시할 때 서북쪽을 가리키는 말.

은은히 보이고, 남으로는 지리산이 웅장한데, 그 가운데 요천수는 일대장강 벽파 되어 동남으로 둘렀으니, 별유건곤[254] 여기로다. 청림(靑林)을 더위잡고 산수를 밟아 들어가니 지리산이 여기로다. 반야봉 올라서서 사면을 둘러보니 명산대천 완연하다. 상봉에 단을 모아 제물을 진설하고 단 아래 엎드리어 천신만고 빌었더니 산신님의 덕이신지, 이 때는 오월 오일 갑자라. 한 꿈을 얻으니 서기반공(瑞氣半空)하고 오채영롱(五彩玲瓏)하더니 일위 선녀 청학을 타고 오는데 머리에 화관(花冠)이요 몸에는 채의(彩衣)로다. 월패(月佩) 소리 쟁쟁하고 손에는 계화일지(桂花一枝)를 들고 당에 오르며 거수장읍[255]하고 공순히 여쭈오되,

"낙포의 딸[256]이더니 반도진상[257] 옥경[258] 갔다 광한전[259]에서 적송자[260] 만나 미진정회(未盡情懷)하올 차에, 시만(時晩)함이 죄가 되어 상제 대로하사 진토(塵土)에 내치시매 갈 바를 모르더니, 두류산[261] 신령께서 부인 댁으로 지시하기로 왔사오니 어여삐 여기소서."

하며 품으로 달려들새 학지고성은 장경고[262]라, 학의 소리 놀라 깨니 남가일몽이라. 황홀한 정신을 진정하여 가군과 몽사를 설화하고 천행으로 남자를 낳을까 기다리더니, 과연 그 달부터 태기 있어 십 삭이 당하매, 일일은 향기 만실하고 채운(彩雲)이 영롱하더니 혼미 중에 생산하니 일개

---

254) 별유건곤(別有乾坤): 이 세상과는 다른 세상. 신선들이 산다는 별세계.

255) 거수장읍(擧手長揖): 두 손을 잡아 높이 들고 허리를 굽혀 올리는 인사.

256) 낙포(洛浦)의 딸: 낙수에 빠져 죽어 신이 되었다는 복희씨(伏羲氏)의 딸 복비(宓妃).

257) 반도진상(蟠桃進上): 요지연에 사는 서왕모가 옥황상제에게 반도를 바친 일. 반도는 선경(仙境)에 있다는 복숭아로 삼천 년에 한번 꽃이 피어 열매가 달린다고 하며, 하나를 먹으면 삼천 년을 산다고 함.

258) 옥경(玉京): 옥황상제가 산다고 하는 가상의 지역.

259) 광한전(廣寒殿): 달나라에 있으며 신선이 산다고 하는 궁전.

260) 적송자(赤松子): 중국 고대의 신선 이름.

261) 두류산(頭流山): 한반도 남쪽에 있는 지리산의 다른 이름.

262) 학지고성장경고(鶴之高聲長頸故): 학의 울음소리가 높은 것은 목이 길기 때문이라는 말.

옥녀(玉女)를 낳았으니, 월매의 일구월심 바라던 마음, 남자는 못 낳았으되 저근듯 풀리는구나. 그 사랑함은 어찌 다 형언하리. 이름을 춘향이라 부르면서 장중보옥같이 길러내니 효행이 무쌍이요 인자함이 기린이라. 칠팔 세 되매 서책(書冊)에 맛을 들여 예모 정절을 일삼으니 효행을 일읍이 칭송 아니할 이 없더라.

이 때 삼청동 이 한림이라 하는 양반이 있으되 세대명가(世代名家)요 충신의 후예라. 일일은 전하께옵서 충효록(忠孝錄)을 올려 보시고 충효자를 택출(擇出)하사 자목지관[263] 임용하실새 이 한림으로 과천 현감에 금산 군수 이배[264]하여 남원 부사 제수하시니, 이 한림이 사은숙배 하직하고 치행차려 남원부에 도임하여 선치민정(善治民情)하니 사방에 일이 없고 방곡의 백성들은 더디 옴을 칭송한다. 강구연월문동요[265]라, 시화연풍[266]하고 백성이 효도하니 요순 시절이라.

이 때는 어느 때뇨. 놀기 좋은 삼춘이라. 호연비조[267] 뭇새들은 농초화답[268] 짝을 지어 쌍거쌍래(雙去雙來) 날아들어 온갖 춘정 다투는데, 남산화발북산홍[269]과 천사만사수양지[270]에 황금조(黃金鳥)는 벗 부른다. 나무 나무 성림(成林)하고 두견 접동 다 지나니 일년지가절(一年之佳節)이라.

이 때 사또 자제 이 도령이 연광(年光)은 이팔(二八)이요 풍채는 두목

263) 자목지관(字牧之官): 백성을 다스리는 고을의 수령.
264) 이배(移拜): 지방 관료를 다른 지방으로 전근시킴.
265) 강구연월문동요(康衢烟月聞童謠): 중국 요임금이 민심을 살피기 위해 골목에서 어린이들의 노랫소리를 들었다는 고사에서 나온 말. 태평한 시대의 평화스러운 모습을 가리킴.
266) 시화연풍(時和年豊): 나라가 태평하고 해마다 풍년이 듦.
267) 호연비조(胡燕翡鳥): 명매기, 자주호반새같이 봄날에 날아다니는 새들.
268) 농초화답(弄草和答): 새들이 풀을 입에 물고 서로 지저귀는 모습.
269) 남산화발북산홍(南山花發北山紅): 남쪽 산에 꽃이 피니 북쪽 산도 붉어짐.
270) 천사만사수양지(千絲萬紗垂楊枝): 천 갈래 만 갈래의 버드나무 가지.

지[271]라. 도량은 창해 같고 지혜 활달하고 문장은 이백이요 필법은 왕희지라. 일일은 방자 불러 말씀하되,

"이 골 경처 어디매냐. 시흥(詩興) 춘흥(春興) 도도하니 절승경처 말하여라."

방자 놈 여쭈오되,

"글공부 하시는 도련님이 경처 찾아 부질없소."

이 도령 이른 말이,

"너, 무식한 말이로다. 자고로 문장재사(文章才士)도 절승강산 구경키는 풍월작문(風月作文) 근본이라. 신선도 두루 놀아 박람(博覽)하니 어이하여 부당하랴. 사마장경[272]이 남으로 강호에 떴다 대강(大江)을 거스를 제 광랑성파[273]에 음풍(陰風)이 노호(怒號)하여 예로부터 가르치니, 천지간 만물지변(萬物之變)이 놀랍고 즐겁고도 고운 것이 글 아닌 게 없느니라. 시중천자 이태백은 채석강에 놀아 있고, 적벽강 추야월에 소동파 놀아 있고, 심양강 명월에 백낙천 놀아 있고, 보은 속리 문장대에 세조대왕 노셨으니 아니 놀든 못하리라."

이 때 방자가 도련님 뜻을 받아 사방 경개 말씀하되,

"서울로 이를진대 자하문 밖 내달아 칠성암, 청련암, 세검정과, 평양 연광정, 대동루 모란봉, 양양 낙선대, 보은 속리 문장대, 안의 수성대, 진주 촉석루, 밀양 영남루가 어떠한지 몰라와도, 전라도로 이를진대 태인 피향정, 무주 한풍루, 전주 한벽루 좋사오나 남원 경처 들으시오. 동문 밖 나가오면 장림 숲 천은사 좋삽고, 서문 밖 나가오면 관왕묘[274]는 천고 영웅

271) 두목지(杜牧之): 당나라 시인 두목(杜牧). 목지(牧之)는 그의 자(字). 빼어난 외모와 함께 강직한 지조를 지킨 선비로 유명함.

272) 사마장경(司馬長卿): 사마상여(司馬相如). 전한(前漢)의 문인. 장경은 그의 자(字).

273) 광랑성파(狂浪盛波): 미친 듯이 거센 물결과 파도.

274) 관왕묘(關王廟): 관우(關羽)의 영정을 모신 사당. 『삼국지』에 나오는 인물 관우는 조선에서 민간신앙의 대상으로 널리 추앙되어 전국에 걸쳐 많은 사당이 건립되어 있음.

엄한 위풍 어제오늘 같삽고, 남문 밖 나가오면 광한루 오작교 영주각 좋삽고, 북문 밖 나가오면 청천삭출[275] 금부용[276] 기벽하여 우뚝 섰으니 기암 둥실 교룡산성 좋사오니 처분대로 가사이다."

도련님 이른 말씀이,

"아, 말로 듣더라도 광한루 오작교가 경개로다. 구경 가자."

도련님 거동 보소. 사또전 들어가서 공순히 여쭈오되,

"금일 일기 화난(和暖)하오니 잠깐 나가 풍월음영 시운목[277]도 생각하고자 싶으오니 순성[278]이나 하여이다."

사또 대희하여 허락하시고 말씀하시되,

"남주(南州) 풍물을 구경하고 돌아오되 시제(詩題)를 생각하라."

도령 대답하되,

"부교(父敎)대로 하오리다."

물러나와,

"방자야, 나귀 안장 지워라."

방자 분부 듣고 나귀 안장 지운다. 나귀 안장 지울 제 홍영,[279] 자개,[280] 산호편,[281] 옥안(玉鞍), 금천,[282] 황금륵,[283] 청홍사(青紅絲) 고운 굴레, 주먹상모[284] 더뻑 달아 층층 다래,[285] 은엽등자,[286] 호피 도담[287]에

---

275) 청천삭출(青天削出): 푸른 하늘에 깎은 듯이 솟아 있는 모습.
276) 금부용(金芙蓉): 햇빛에 비치어 화려한 연꽃. 꽃이 피어 아름다운 산을 이름.
277) 시운목(詩韻目): 한시를 지을 때 같은 운자(韻字)를 끝자로 해서 만든 구절.
278) 순성(巡城): 성을 한 바퀴 돌아봄.
279) 홍영(紅纓): 붉은색 가죽끈으로 된 말의 가슴걸이로, 말 가슴에 걸어 안장에 연결함.
280) 자개: 자공(紫鞚). 자줏빛의 재갈.
281) 산호편(珊瑚鞭): 산호로 만든 좋은 채찍.
282) 금천(錦韉): 비단으로 만들어서 말의 등에 덮어 주는 방석. 그 위에 안장을 얹음.
283) 황금륵(黃金勒): 황금으로 만들거나 황금으로 도금한 좋은 굴레.
284) 주먹상모: 주락상모(珠絡象毛). 벼슬아치가 타던 말머리의 꾸밈새.
285) 다래: 말의 배 양쪽에 달아서 흙이 튀어 옷에 묻는 것을 막는 장치.
286) 은엽등자(銀葉鐙子): 운모 조각을 붙여서 만든 판자. 말의 옆구리에 매달아 두

전후걸이 줄방울을 염불법사 염주 매듯,

"나귀 등대하였소."

도련님 거동 보소. 옥안선풍(玉顔仙風) 고운 얼굴, 전반(剪板) 같은 채머리 곱게 빗어 밀기름에 잠재워, 궁초댕기 석황(石黃) 물려 맵시 있게 잡아 땋고, 성천수주[288] 접동베, 세백저(細白苧) 상침바지, 극상세목[289] 겹버선에 남갑사(藍甲紗) 대님 치고, 육사단(六紗緞) 겹배자[290] 밀화 단추 달아 입고, 통행전[291]을 무릎 아래 넌짓 매고, 영초단[292] 허리띠, 모초단[293] 도리낭을 당팔사[294] 갖은 매듭 고를 내어 넌짓 매고, 쌍문초[295] 긴 동정 중치막[296]에 도포 받쳐 흑사(黑絲) 띠를 흉중에 눌러 매고 육분 당혜(唐鞋) 끌면서,

"나귀를 붙들어라."

등자 딛고 선뜻 올라 뒤를 싸고 나오실 제 통인 하나 뒤를 따라 삼문 밖 나올 적에 쇠금부채[297] 호당선[298]으로 일광(日光)을 가리우고, 관도성남 너른 길에 생기 있게 나갈 제, 취래양주[299]하던 두목지의 풍챌런가, 시

---

었다가 말을 탈 때 두 발을 올려놓는 기구.

287) 호피(虎皮) 도담: 호랑이 가죽으로 만든 안장.

288) 성천수주(成川水紬): 성천 지방에서 나는 질 좋은 비단.

289) 극상세목(極上細木): 최고로 좋은 세목. 세목은 올이 아주 가는 무명을 말함.

290) 겹배자: 마고자 모양으로 되고 소매가 없는 덧저고리를 말함.

291) 통행전(筒行纏): 아래에 귀가 달리지 않은 예사 행전. 행전은 남자들이 바지를 입을 때 아랫단이 벌어지는 것을 막기 위해 무릎 아래 정강이 부분을 감싸는 것.

292) 영초단(英綃緞): 중국에서 나는 비단의 한 가지.

293) 모초단(毛綃緞): 날은 가늘고 씨는 굵은 올로 짠 비단의 한 가지.

294) 당팔사(唐八絲): 중국에서 생산된 실을 사용하여 여덟 가닥으로 드리운 끈.

295) 쌍문초(雙文綃): 중국에서 나는 비단의 한 가지.

296) 중치막: 소매가 넓고 길며 옆이 터지고 네 폭으로 된 남자의 웃옷.

297) 쇠금부채: 가장자리를 금으로 장식한 부채.

298) 호당선(胡唐扇): 중국에서 나는 부채.

299) 취래양주(醉來楊州): 당나라 시인 두목이 풍채가 뛰어났는데, 그가 술에 취해서 수레를 타고 양주를 지났더니 그를 연모하던 여인들이 두목의 눈길을 끌기 위해 귤을 던져 수레에 가득 차게 되었다는 고사에서 나온 말.

시오불[300]하던 주랑[301]의 고움이라.

향가자맥춘성내요
만성견자수불애라.[302]

광한루 섭적 올라 사면을 살펴보니 경개가 장히 좋다. 적성 아침날에 늦은 안개 떠 있고 녹수(綠樹)에 저문 봄은 화류동풍(花柳東風) 둘러 있다. 자각단루분분조요 벽방금전상영롱[303]은 임고대를 일러 있고, 요헌기구하처요[304]는 광한루를 이름이라. 악양루[305] 고소대[306]와 오(吳)·초(楚) 동남수(東南水)는 동정호로 흐르고 연자 서북의 팽택[307]이 완연한데, 또 한 곳 바라보니 백백홍홍(百百紅紅) 난만 중에 앵무 공작 날아들고 산천경개 둘러보니 에굽은 반송솔 떡갈잎은 아주 춘풍 못 이기어 흐늘흐늘, 폭포 유수 시냇가에 계변화(溪邊花)는 뺑긋뺑긋, 낙락장송 울울하고 녹음

300) 시시오불(時時誤拂): 중국의 삼국시대 오나라 장수 주유의 외모가 빼어나 거문고 타던 여자가 그의 관심을 끌기 위하여 일부러 곡조를 잘못 연주했다는 고사에서 나온 말.

301) 주랑(周郞): 주유(周瑜). 삼국 시대 오나라의 무장.

302) 향가자맥춘성내(香街紫陌春城內) 만성견자수불애(滿城見者誰不愛): '향기로운 읍내의 거리 봄날 성 안에 있으니, 이를 보는 사람들이 누군들 사랑하지 않겠는가.' 당나라 시인 금참(岑參)의 시에 나오는 구절.

303) 자각단루분분조(紫閣丹樓紛紛照) 벽방금전상영롱(碧房錦殿相玲瓏): 온갖 붉은 누각들은 어지럽게 빛나고 푸른 가옥과 비단 궁전은 서로 찬란하게 빛난다. 왕발의 시 「임고대편(臨高臺篇)」에 나오는 구절.

304) 요헌기구하처요(瑤軒綺構遐處耀): 아름다운 처마와 서까래가 먼 데서 바라보아도 빛남.

305) 악양루(岳陽樓): 중국 호남성(湖南省) 악양현(岳陽縣) 서문(西門)의 누각. 동정호를 굽어보고 있어 경치가 아름답기로 유명함.

306) 고소대(姑蘇臺): 중국 오(吳)나라 임금 부차(夫差)가 월(越)나라의 미인 서시(西施)를 얻고 그를 위하여 쌓은 누대.

307) 팽택(彭澤): 중국의 지방 이름. 도연명이 벼슬살이를 하다가 버리고 귀거래사를 읊으며 떠나간 곳으로 유명함.

방초승화시[308]라. 계수(桂樹) 자단(紫檀) 모란 벽도(碧桃)에 취한 산색 장강(長江) 요천에 풍덩실 잠겨 있고, 또 한 곳 바라보니 어떠한 일미인이 봉새 울음 한가지로 온갖 춘정(春情) 못 이기어 두견화 질끈 꺾어 머리에도 꽂아 보며 함박꽃도 질끈 꺾어 입에 함쑥 물어 보고, 옥수(玉手) 나삼(羅衫) 반만 걷고 청산유수 맑은 물에 손도 씻고 발도 씻고 물 머금어 양치하며 조약돌 덥석 쥐어 버들가지 꾀꼬리를 희롱하니 타기황앵[309] 이 아니냐. 버들잎도 주루룩 훑어 물에 훨훨 띄워 보고 백설 같은 흰나비 웅봉자접(雄蜂雌蝶)은 화수(花鬚) 물고 너울너울 춤을 춘다. 황금 같은 꾀꼬리는 숲숲이 날아든다. 광한 진경(珍景) 좋거니와 오작교가 더욱 좋다. 방가위지(方可謂之) 호남의 제일성이로다. 오작교 분명하면 견우 직녀 어디 있나. 이런 승지(勝地)에 풍월(風月)이 없을쏘냐. 도련님이 글 두 귀를 지었으되,

고명오작선이요 광한옥계루라.
차문천상수직녀요 지흥금일아견우라.[310]

이 때 내아에서 잡수실 상이 나오거늘 일배주 먹은 후에 통인 방자 물려주고 취흥이 도도하여 담배 피워 입에다 물고 이리저리 거닐 제, 경처에 흥이 겨워,

"충청도 고마 수영(水營) 보련암(寶蓮菴)을 일렀은들 이 곳 경처 당할쏘냐. 붉을 단(丹) 푸를 청(靑) 흰 백(白) 붉을 홍(紅), 고을고을이 단청,

---

308) 녹음방초승화시(綠陰芳草勝花時): 녹음과 향기로운 풀이 꽃보다 나을 때.

309) 타기황앵(打起黃鶯): 꾀꼬리를 돌로 쳐서 날아가게 함.

310) 고명오작선(高明烏鵲船) 까마귀 까치가 단든 배 높고 밝은데
광한옥계루(廣寒玉階樓) 광한루의 옥으로 만든 섬돌이라
차문천상수직녀(借問天上誰織女) 묻노니 하늘의 직녀는 누구인가
지흥금일아견우(至興今日我牽牛) 지극히 흥겨운 오늘은 내가 바로 견우일세.

유막황앵환우성[311]은 나의 춘흥 도와 낸다. 황봉백접(黃蜂白蝶) 왕나비는 향기 찾는 거동이라. 비거비래춘성내[312]요 영주·방장·봉래산[313]이 안하(眼下)에 가까우니, 물은 보니 은하수요 경개는 잠깐 옥경이라. 옥경이 분명하면 월궁항아[314] 없을쏘냐.'

이 때는 삼월이라 일렀으되 오월 단오일(端午日)이렷다. 천중지가절(天中之佳節)이라. 이 때 월매 딸 춘향이도 또한 시서음률(詩書音律)이 능통하니 천중절을 모를쏘냐. 추천[315]을 하려 하고 향단이 앞세우고 내려올 제 난초같이 고운 머리 두 귀를 눌러 곱게 땋아 금봉차[316]를 정제하고, 나군(羅裙)을 두른 허리 미앙의 가는 버들[317] 힘이 없이 드리운 듯, 아름답고 고운 태도 아장 걸어 흐늘 걸어 가만가만 나올 적에, 장림 속으로 들어가니 녹음방초 우거져 금잔디 좌르륵 깔린 곳에 황금 같은 꾀꼬리는 쌍거쌍래 날아들 제, 무성한 버들 백척장고(百尺長高) 높이 매고 추천을 하려 할 제, 수화유문 초록 장옷[318] 남방사[319] 홑단치마 훨훨 벗어 걸어 두고, 자주영초[320] 수주당혜[321]를 썩썩 벗어 던져 두고, 백방사(白紡絲) 잔솔 속곳 턱 밑에 훨씬 추고, 연숙마(軟熟麻) 추천 줄을 섬섬옥수 넌짓 들

---

311) 유막황앵환우성(柳幕黃鶯喚友聲): 버들 장막에서 꾀꼬리가 벗을 부르는 소리.
312) 비거비래춘성내(飛去飛來春城內): 날아가고 날아오니 봄날의 성 안이요.
313) 영주(瀛洲)·방장(方丈)·봉래산(蓬來山): 도가(道家)에서 말하는 삼신산(三神山).
314) 월궁항아(月宮姮娥): 달나라에서 산다는 선녀. 예(羿)의 아내로서 남편이 숨겨 둔 불사약을 훔쳐 먹고 달나라로 달아나 홀로 산다 함.
315) 추천(鞦韆): 그네 또는 그네를 뛰는 일.
316) 금봉차(金鳳釵): 봉황을 새겨 넣은 금비녀.
317) 미앙의 가는 버들: 중국 한나라 미앙궁(未央宮)의 가느다란 수양버들. 여자의 가느다란 몸매를 비유할 때 흔히 쓰임.
318) 수화유문 초록 장옷: 무늬진 비단으로 만든 부녀자의 나들이옷. 머리에 써서 온 몸을 가림.
319) 남방사(藍紡紗): 남빛 누에고치의 실을 켜서 짠 명주.
320) 자주영초(紫朱英綃): 자줏빛 비단.
321) 수당혜(繡唐鞋): 아름답게 수놓은 중국산 가죽신.

어 양수(兩手)에 갈라 잡고, 백릉(白綾) 버선 두 발길로 섭적 올라 발 구를 제, 세류(細柳) 같은 고운 몸을 단정히 놀리는데, 뒷단장 옥비녀 은죽절과 앞치레 볼작시면 밀화장도 옥장도며 광월사[322] 겹저고리 제색 고름에 태가 난다.

"향단아, 밀어라."

한 번 굴러 힘을 주며 두 번 굴러 힘을 주니 발 밑에 가는 티끌 바람 좇아 펄펄, 앞뒤 점점 멀어가니 머리 위의 나뭇잎은 몸을 따라 흔들흔들, 오고 갈 제 살펴보니 녹음 속의 홍상(紅裳) 자락이 바람결에 내비치니 구만장천 백운간(白雲間)에 번갯불이 쐬이는 듯, 첨지재전홀언후[323]라. 앞으로 얼른 하는 양은 가벼운 저 제비가 도화(桃花) 일점 떨어질 제 찾으려 하고 좇는 듯, 뒤로 번듯 하는 양은 광풍에 놀란 호접(胡蝶) 짝을 잃고 가다가 돌이키는 듯, 무산선녀(巫山仙女) 구름 타고 양대(陽臺) 상에 내리는 듯, 나뭇잎도 물어 보고 꽃도 질끈 꺾어 머리에다 실근실근,

"이애, 향단아. 그네 바람이 독하기로 정신이 어질한다. 그넷줄 붙들어라."

붙들려고 무수히 진퇴하며 한창 이리 노닐 적에, 시냇가 반석 상에 옥비녀 떨어져 쟁쟁하고 '비녀 비녀' 하는 소리 산호채를 들어 옥반(玉盤)을 깨치는 듯, 그 태도 그 형용은 세상 인물 아니로다.

연자삼춘비거래[324]라. 이 도령 마음이 울적하고 정신이 어찔하여 별생각이 다 나것다. 혼잣말로 섬어(譫語)[325]하되,

'오호(五湖)에 편주(片舟) 타고 범소백[326]을 좇았으니 서시[327]도 올 리

---

322) 광월사(光月紗): 윤기가 나게 가공하지 않은 비단의 일종.

323) 첨지재전홀언후(瞻之在前忽焉後): 바라보니 앞에 있다가 갑자기 뒤에 가 있다는 뜻.

324) 연자삼춘비거래(燕子三春飛去來): 제비는 봄 내내 날아다닌다.

325) 섬어(譫語): 혼잣말로 중얼거림.

326) 범소백(范少伯): 범여(范蠡). 춘추 시대의 초(楚)나라 사람으로 월(越)나라 왕 구천(勾踐)을 도와 오(吳)나라를 멸망시킴.

327) 서시(西施): 오(吳)나라 임금 부차(夫差)가 총애했던 월(越)나라의 미인. 월나

없고, 해성[328] 월야(月夜)에 옥장비가[329]로 초패왕을 이별하던 우미인도 올 리 없고, 단봉궐[330] 하직하고 백룡퇴[331] 간 연후에 독류청총[332]하였으니 왕소군[333]도 올 리 없고, 장신궁[334] 깊이 닫고 백두음[335]을 읊었으니 반첩여[336]도 올 리 없고, 소양궁[337] 아침날에 시측[338]하고 돌아오니 조비연[339]도 올 리 없고, 낙포선녀(洛浦仙女)인가 무산선녀(巫山仙女)인가.'

도련님 혼비중천(魂飛中天)하여 일신이 고단이라 진실로 미혼지인(迷昏之人)이로다.

"통인아."

"예."

"저 건너 화류 중에 오락가락 희뜩희뜩 어른어른하는 게 무엇인지 자세히 보아라."

---

라가 부차에게 미인계를 위해 바친 미인으로, 오나라가 망한 뒤에 범여를 따라 조각배를 타고 오호로 달아났다고 함.

328) 해성(垓城): 항우가 유방의 군사에게 패하여 죽은 곳.

329) 옥장비가(玉帳悲歌): 장수가 거처하는 장막에서 부른 슬픈 노래.

330) 단봉궐(丹鳳闕): 천자(天子)가 거처하는 대궐.

331) 백룡퇴(白龍堆): 중국 북쪽 오랑캐의 땅. 왕소군이 시집간 곳.

332) 독류청총(獨留靑塚): 사람은 죽고 푸른 무덤만 남아 있음.

333) 왕소군(王昭君): 전한(前漢) 효원제(孝元帝)의 궁녀(宮女)로서 흉노(匈奴)와 화친을 위해 흉노 왕에게 시집가서 불행한 일생을 보냈음.

334) 장신궁(長信宮): 한(漢) 나라 태후(太后)가 거처하던 궁궐. 반첩여가 참소당하여 물러가 태후를 모셨다고 함.

335) 백두음(白頭吟): 악부(樂俯)의 곡(曲) 이름. 한(漢)나라 탁문군(卓文君)이 지음.

336) 반첩여(班婕妤): 한(漢)나라 때의 궁녀로 임금의 총애를 받았으나 후에 조비연(趙飛燕)이 총애를 받게 되자 참소당하여 장신궁으로 물러가 태후를 모시게 되었음. 장신궁에 있는 동안 시부(詩賦)를 지어 애절한 심사를 풀었다고 함.

337) 소양궁(昭陽宮): 한나라의 성제가 세운 궁전. 조비연의 동생인 합덕(合德)이 거처하던 곳.

338) 시측(侍側): 곁에 있으면서 웃어른을 모심.

339) 조비연(趙飛燕): 한나라 성제의 황후(皇后). 태생이 미천하나 가무(歌舞)에 뛰어난 절세의 미인으로서 여동생 합덕과 후궁(後宮)이 되어 임금의 총애를 서로 다투었음.

통인이 살펴보고 여쭈오되,

"다른 무엇 아니오라 이 고을 기생 월매 딸 춘향이란 계집아이로소이다."

도련님이 엉겁결에 하는 말이

"장히 좋다. 훌륭하다."

통인이 아뢰되,

"제 어미는 기생이오나 춘향이는 도도하여 기생 구실 마다하고 백화초엽[340]에 글자도 생각하고 여공 재질이며 문장을 겸전하여 여염 처자와 다름이 없나이다."

도령이 허허 웃고 방자 불러 분부하되,

"들은즉 기생의 딸이라니 급히 가 불러오라."

방자 놈 여쭈오되,

"설부화용(雪膚花容)이 남방에 유명키로 방・첨사[341] 병・부사(兵府使) 군수 현감 관장님네 엄지발가락이 두 뼘 가웃씩 되는 양반 오입쟁이들도 무수히 보려 하되, 장강[342]의 색과 임사[343]의 덕행이며, 이두[344]의 문필이며 태사[345]의 화순심(和順心)과 이비[346]의 정절을 품었으니 금천하지절색(今天下之絶色)이요 만고여중군자(萬古女中君子)오니 황공하온 말씀으로 초래(招來)하기 어렵나이다."

도령이 대소하고,

---

340) 백화초엽(百花草葉): 온갖 종류의 꽃과 풀잎.

341) 방・첨사(方僉使): 조선시대 한 도를 맡아 다스리던 방백(方伯)과 각 진영의 무관직(武官職).

342) 장강(莊姜): 춘추 시대 위장공(衛莊公)의 부인.

343) 임사(任姒): 주(周)나라의 태임(太任)과 태사(太姒). 태임은 문왕(文王)의 어머니이고, 태사는 무왕(武王)의 어머니인데, 모두가 어진 어머니였음.

344) 이두(李杜): 이백(李白)과 두보(杜甫).

345) 태사(太姒). 중국 주(周)나라 무왕(武王)의 어머니. 문왕(文王)의 어머니인 태임(太任)과 함께 어진 어머니[賢母]의 표상으로 일컬어짐.

346) 이비(二妃): 요(堯)임금의 두 딸로서 순(舜)임금의 두 아내가 되었던 아황(娥皇)과 여영(女英)을 말함.

"방자야, 네가 물각유주(物各有主)를 모르는도다. 형산백옥(荊山白玉)과 여수황금(麗水黃金)이 임자 각각 있느니라. 잔말 말고 불러오라."

방자가 분부 듣고 춘향 초래(招來) 건너갈 제, 맵시 있는 방자 녀석 서왕모(西王母) 요지연[347]에 편지 전하던 청조(靑鳥)같이 이리저리 건너가서,

"여봐라, 이애 춘향아."

부르는 소리에 춘향이 깜짝 놀라,

"무슨 소리를 그 따위로 질러 사람의 정신을 놀래느냐?"

"이 애야, 말 마라. 일이 났다."

"일이라니 무슨 일?"

"사또 자제 도련님이 광한루에 오셨다가 너 노는 모양 보고 불러오란 영이 났다."

춘향이 화를 내어,

"네가 미친 자식이로다. 도련님이 어찌 나를 알아서 부른단 말이냐? 이 자식, 네가 내 말을 종달새 열씨[348] 까듯 하였나 보다."

"아니다. 내가 네 말을 할 리가 없으되 네가 그르지 내가 그르냐? 너 그른 내력을 들어보아라. 계집아이 행실로 추천을 할 양이면 네 집 후원 담장 안에 줄을 매고 남이 알까 모를까 은근히 매고 추천하는 게 도리에 당연함이라. 광한루 멀잖고, 또한 이 곳을 논할진대 녹음방초승화시라 방초는 푸르렀는데, 앞내 버들은 초록장(草綠帳) 두르고 뒷내 버들은 유록장(柳綠帳) 둘러 한 가지 늘어지고 또 한 가지 펑퍼져 광풍을 겨워 흐늘흐늘 춤을 추는데, 광한루 구경처에 그네를 매고 네가 뛸 제, 외씨 같은 두 발길로 백운간에 노닐 적에 홍상 자락이 펄펄, 백방사(白紡紗) 속곳 갈래 동남풍에 펄렁펄렁, 박속 같은 네 살결이 백운간에 희뜩희뜩, 도련님이 보

---

347) 요지연(瑤池宴): 요지에서 벌이던 잔치. 요지는 주(周)나라 목왕(穆王)이 서왕모와 만났다는 선경(仙境).

348) 열씨: 삼베의 자료가 되는 대마(大麻)의 씨앗.

시고 너를 부르실 제 내가 무슨 말을 한단 말가. 잔말 말고 건너가자."

춘향이 대답하되,

"네 말이 당연하나 오늘이 단오일이라, 비단 나뿐이랴. 다른 집 처자들도 예 와 함께 추천하였으되, 그럴 뿐 아니라, 설혹 내 말을 할지라도 내가 지금 시사[349]가 아니거든 여염 사람을 호래촉거[350]로 부를 리도 없고 부른대도 갈 리도 없다. 당초에 네가 말을 잘못 들은 바라."

방자가 이면에 볶이어[351] 광한루로 돌아와 도련님께 여쭈오니 도련님 그 말 듣고,

"기특한 사람이로다. 언즉시야[352]로되 다시 가 말을 하되, 이리이리 하여라."

방자가 전갈 모아 춘향에게 건너가니 그 새에 제 집으로 돌아갔거늘 저의 집을 찾아가니 모녀간 마주 앉아 점심밥이 방장[353]이라. 방자 들어가니,

"너 왜 또 오느냐?"

"황송타. 도련님이 다시 전갈하라시더라. 내가 너를 기생으로 앎이 아니라, 들으니 네가 글을 잘 한다기로 청하노라. 여가(閭家)에 있는 처자 불러 보기 청문(聽聞)에 고이하나 혐의로 알지 말고 잠깐 와 다녀가라 하시더라."

춘향의 도량(度量)한 뜻이 연분 되려고 그러한지 홀연이 생각하니 갈 마음이 나되 모친의 뜻을 몰라 침음양구[354]에 말 않고 앉았더니, 춘향모 썩 나앉아 정신없게 말을 하되,

---

349) 시사(時仕): 아전이나 기생 등이 그 매인 관아에서 맡은 일을 치르는 것.
350) 호래촉거(呼來促去): 다른 사람을 마음대로 오라 가라 하는 일.
351) 이면(裏面)에 볶이어: 아는 사람의 체면이나 재촉 때문에 마음이 성가시어.
352) 언즉시야(言則是也): 말인즉 바른 말이다.
353) 방장(方將): 무슨 일을 금방 시작하려고 함.
354) 침음양구(沈吟良久): 한참 동안 무엇을 깊이 생각하고 있음.

"꿈이라 하는 것이 전수이 허사가 아니로다. 간밤에 꿈을 꾸니 난데없는 청룡 하나 벽도지[355]에 잠겨 보이거늘 무슨 좋은 일이 있을까 하였더니 우연한 일 아니로다. 또한 들으니 사또 자제 도련님 이름이 몽룡이라 하니 꿈 몽(夢)자 용 룡(龍)자 신통하게 맞추었다. 그러나 저러나 양반이 부르시는데 아니 갈 수 있겠느냐. 잠깐 가서 다녀오라."

춘향이가 그제야 못 이기는 체로 겨우 일어나 광한루 건너갈 제 대명전(大明殿) 대들보의 명매기 걸음으로, 양지 마당의 씨암탉 걸음으로, 백모래 바탕 금자라 걸음으로, 월태화용(月態花容) 고운 태도 완보(緩步)로 건너갈새 흐늘흐늘 월서시 토성습보[356]하던 걸음으로 흐늘거려 건너올 제, 도련님 난간에 절반만 빗겨 서서 완완히 바라보니 춘향이가 건너오는데 광한루에 가까운지라. 도련님 좋아라고 자세히 살펴보니 요요정정[357]하여 월태화용이 세상에 무쌍이라. 얼굴이 조촐하니 청강(淸江)에 노는 학이 설월(雪月)에 비침 같고, 단순호치(丹脣皓齒) 반개(半開)하니 별도 같고 옥도 같다. 연지를 품은 듯 자하상[358] 고운 빛은 어린 안개 석양에 비치는 듯 취군[359]이 영롱하여 문채(文彩)는 은하수 물결 같다. 연보[360]를 정히 옮겨 천연히 누에 올라 부끄러이 서 있거늘 통인 불러,

"앉으라고 일러라."

춘향의 고운 태도 염용(斂容)하고 앉는 거동 자세히 살펴보니 백색창파 새 비 뒤에 목욕하고 앉은 제비 사람을 보고 놀라는 듯, 별로 단장한

---

355) 벽도지(碧桃池): 가장자리에 신선의 지역에 산다고 하는 복숭아나무가 서 있는 연못.

356) 월서시 토성습보(越西施土城習步): 월(越)나라 왕 구천이 서시를 오(吳)나라 왕 부차에게 미인계로 바치기 위해 예의범절을 가르치면서 토성에서 걸음걸이를 연습시켰다 한 데서 나온 말.

357) 요요정정(夭夭貞靜): 나이가 젊어 얼굴에 화색이 도는 한편 정숙한 모양.

358) 자하상(紫霞裳): 자줏빛 색깔이 나는 비단 치마.

359) 취군(翠裙): 푸른 치마.

360) 연보(蓮步): 아름다운 여인의 고운 걸음걸이.

일 없이 천연한 국색(國色)이라. 옥안(玉顔)을 상대하니 여운간지명월(如雲間之明月)이요 단순(丹脣)을 반개(半開)하니 약수중지연화(若水中之蓮花)로다. 신선을 내 몰라도 영주(瀛州)에 놀던 선녀 남원에 적거[361]하니 월궁(月宮)에 모시던 선녀 벗 하나를 잃었구나. 네 얼굴 네 태도는 세상 인물 아니로다.

이 때 춘향이 추파[362]를 잠깐 들어 이 도령을 살펴보니 금세의 호걸이요 진세간(塵世間) 기남자라. 천정[363]이 높았으니 소년공명 할 것이요 오악[364]이 조귀[365]하니 보국충신(輔國忠臣) 될 것이매 마음에 흠모하여 아미(蛾眉)를 숙이고 염슬단좌[366]뿐이로다. 이 도령 하는 말이,

"성현도 불취동성[367]이라 일렀으니, 네 성은 무엇이며 나이는 몇 살이뇨?"

"성은 성(成)가옵고 연세는 십육 세로소이다."

이 도령 거동 보소,

"허허, 그 말 반갑도다. 네 연세 들어보니 나와 동갑 이팔이라. 성자(姓字)를 들어보니 천정(天定)일시 분명하다. 이성지합[368] 좋은 연분 평생동락하여 보자. 너의 부모 구존[369]하냐?"

"편모하[370]로소이다."

---

361) 적거(謫居): 귀양살이를 함.
362) 추파(秋波): 여인의 눈길. 사랑의 정을 담은 은근한 눈빛.
363) 천정(天庭): 관상 보는 사람들이 사람의 이마를 가리키는 말.
364) 오악(五嶽): 중국의 천자가 지방을 돌아보면서 수렵을 하고 제후들과 회동하던 다섯 명산, 동(東)의 태산(泰山), 서(西)의 화산(華山), 남(南)의 형산(衡山), 북(北)의 항산(恒山), 중(中)의 숭산(崇山)을 가리키는 말. 여기서는 사람의 얼굴에 솟아 있는 이마, 턱, 코, 좌우 광대뼈 등 다섯 봉우리를 가리킴.
365) 조귀(朝歸): 제후가 천자에게 순종하여 조공을 바친다는 말이나, 여기서는 얼굴에 솟은 봉우리가 조화와 균형을 갖추고 있음을 말함.
366) 염슬단좌(斂膝端坐): 무릎을 가지런히 모으고 단정히 앉음.
367) 불취동성(不取同姓): 같은 성끼리는 결혼하지 아니함.
368) 이성지합(二姓之合): 두 개의 성씨가 결합하여 혼인함.
369) 구존(俱存): 부모가 모두 살아 계심.

"몇 형제나 되느냐?"

"육십 당년 나의 모친 무남독녀 나 하나요."

"너도 남의 집 귀한 딸이로다. 천정하신 연분으로 우리 둘이 만났으니 만년락(萬年樂)을 이뤄 보자."

춘향이 거동 보소, 팔자청산[371] 찡그리며 주순(朱脣)을 반개하여 가는 목 겨우 열어 옥성(玉聲)으로 여쭈오되,

"충신은 불사이군[372]이요 열녀불경이부절[373]은 옛글에 일렀으니, 도련님은 귀공자요 소녀는 천첩이라. 한 번 탁정(託情)한 연후에 인하여 버리시면 일편단심 이 내 마음 독수공방 홀로 누워 우는 한은 이내 신세 내 아니면 누구일꼬. 그런 분부 마옵소서."

이 도령 이른 말이,

"네 말을 들어 보니 어이 아니 기특하랴. 우리 둘이 인연 맺을 적에 금석뇌약[374] 맺으리라. 네 집이 어디메냐?"

춘향이 여쭈옵되,

"방자 불러 물으소서."

이 도령 허허 웃고,

"내 너더러 묻는 일이 허황하다. 방자야."

"예."

"춘향의 집을 네 일러라."

방자 손을 넌지시 들어 가리키는데,

"저기 저 건너 동산은 울울하고 연당(蓮塘)은 청청한데 양어생풍[375]하

---

370) 편모하(偏母下): 홀어머니를 모시고 있음.
371) 팔자청산(八字青山): 미인의 고운 눈썹.
372) 충신불사이군(忠臣不事二君): 충성스러운 신하는 두 임금을 섬기지 않음.
373) 열녀불경이부절(烈女不更二夫節): 열녀는 두 남편을 섬기지 않고 정절을 지킴.
374) 금석뇌약(金石牢約): 쇠나 돌처럼 굳은 약속.
375) 양어생풍(養魚生風): 연못에 기르는 물고기가 뛰놀아 바람을 일으킴.

고 그 가운데 기화요초[376] 난만하여 나무나무 앉은 새는 호사(豪奢)를 자랑하고, 암상(巖上)의 굽은 솔은 청풍이 건듯 부니 노룡(老龍)이 굼니는 듯, 문 앞의 버들 유사무사양유지[377]요 들쭉 측백 전나무며, 그 가운데 은행목은 음양을 좇아 마주 서고,[378] 초당 문전 오동, 대추나무, 깊은 산중 물푸레나무, 포도 다래 으름 넝쿨 휘휘친친 감겨 단장(短墻) 밖에 우뚝 솟았는데, 송정(松亭) 죽림(竹林) 두 사이로 은은히 보이는 게 춘향의 집입니다."

도련님 이른 말이,

"장원(牆垣)이 정결하고 송죽이 울밀하니 여자 절행(節行) 가지(可知)로다."

춘향이 일어나며 부끄러이 여쭈오되,

"시속인심[379] 고약하니 그만 놀고 가겠네다."

도련님 그 말을 듣고,

"기특하다, 그럴듯한 일이로다. 오늘 밤 퇴령[380] 후에 너의 집에 갈 것이니 괄시나 부디 마라."

춘향이 대답하되,

"나는 몰라요."

"네가 모르면 쓰겠느냐? 잘 가거라, 금야(今夜)에 상봉하자."

누(樓)에 내려 건너가니 춘향모 마주 나와,

---

376) 기화요초(琪花瑤草): 선경(仙境)에 있다고 하는 아름다운 꽃과 신기한 풀.

377) 유사무사양유지(有絲無絲楊柳枝): 봄날에 잎이 피기 시작한 수양버드나무 가지가 가늘고 연한 빛으로 보일 듯 말 듯한 모양.

378) 음양을 좇아 마주 서고: 은행나무는 암수의 구별이 있어 서로 마주 심어 놓아 열매를 맺게 하는 데서 나온 말.

379) 시속인심(時俗人心): 평범한 세상 사람들의 마음. 남의 일에 쓸데없이 간여하고 말을 하는 세상 사람들의 태도를 가리킴.

380) 퇴령(退令): 지방 관아에서 아전이나 심부름꾼 등에게 일과가 끝나 퇴근을 알리는 명령.

"애고, 내 딸 다녀오냐? 도련님이 무엇이라 하시더냐?"

"무엇이라 하여요. 조금 앉았다가 가겠노라 일어나니 저녁에 우리 집에 오시마 하옵디다."

"그래 어찌 대답하였느냐?"

"모른다 하였지요."

"잘 하였다."

이 때 도련님이 춘향을 애연히 보낸 후에 미망(未忘)이 둘 데 없어 책실[381]로 돌아와 만사에 뜻이 없고 다만 생각이 춘향이라. 말소리 귀에 쟁쟁, 고운 태도 눈에 삼삼. 해 지기를 기다릴새 방자 불러,

"해가 어느 때나 되었느냐?"

"동에서 아귀 트나이다."

도련님 대로하여,

"이 놈 괘씸한 놈, 서쪽으로 지는 해가 동으로 도로 가랴. 다시금 살펴보라."

이윽고 방자 여쭈오되,

"일락함지[382] 황혼 되고 월출동령(月出東嶺) 하옵내다."

석반이 맛이 없어 전전반측[383] 어이 하리. 퇴령을 기다리려 하고 서책을 보려 할 제 책상을 앞에 놓고 서책을 상고[384]하는데 중용(中庸), 대학(大學), 논어(論語), 맹자(孟子), 시전(詩傳), 서전(書傳), 주역(周易), 고문진보(古文眞寶), 통사략(通史略),[385] 이백(李白), 두시(杜詩), 천자(千字)까

381) 책실(冊室): 지방 관아에 설치된 책방으로, 고을 원의 아들이 독서하는 방소로 이용되었음.

382) 일락함지(日落咸池): 저녁이 되어 해가 서쪽 바다로 떨어짐. 함지는 해가 목욕한다고 하는 가상의 연못.

383) 전전반측(輾轉反側): 근심이나 걱정으로 잠이 오지 않아 누워서 엎치락뒤치락함.

384) 상고(詳考): 어떤 일을 자세히 살펴 연구함.

385) 통사략(通史略): 중국의 역사를 기술한 『십팔사략(十八史略)』을 간략하게 요약한 책 이름.

지 내어 놓고 글을 읽을새,

"시전(詩傳)이라. 관관저구재하지주로다.[386] 요조숙녀는 군자호구로다.[387] 아서라 그 글도 못 읽겠다."

대학을 읽을새,

"대학지도는 재명명덕하며 재신민하며[388] 재춘향(在春香)이로다. 그 글도 못 읽겠다."

주역을 읽는데,

"원은 형코 정코[389] 춘향이 코 딱댄 코 좋고 하니라. 그 글도 못 읽겠다."

"등왕각[390]이라. 남창은 고군이요 홍도는 신부로다.[391] 옳다. 그 글 되었다."

"맹자를 읽을새, '맹자 견양혜왕하신대 왕왈 수불원천리이래하시니.'[392] 춘향이 보시러 오시니까?"

사략을 읽는데,

"태고라, 천황씨(天皇氏)는 이쑥덕으로 왕하여 세기섭제하니 무위이화(無爲而化)이라 하여 형제 십이 인이 각 일만 팔천 세하다."[393]

---

386) 관관저구재하지주(關關雎鳩在河之洲): 암수 정다운 징경이새 물가에 노닐다.

387) 요조숙녀(窈窕淑女) 군자호구(君子好逑): 아름다운 여인은 군자의 좋은 짝이로다.

388) 대학지도(大學之道) 재명명덕재신민(在明明德在新民): 대학의 도는 밝은 덕을 밝히는 데 있고 백성을 새롭게 하는 데 있다.(『대학』 삼구(三句))

389) 원형이정(元亨利貞): 『주역』의 건괘(乾卦)에 나오는 말로, 만물이 자연의 이치에 따라 생기고 자라서 사라지는 현상을 이야기한 것.

390) 등왕각(滕王閣): 「등왕각서(滕王閣序)」. 『고문진보』에 실려 있는 왕발(王勃)의 작품.

391) 남창고군(南昌故郡) 홍도신부(洪都新府): 「등왕각서」에 나오는 구절로, 남창이라는 곳은 옛 고을이고 홍도라는 곳은 새 고을이라는 말.

392) 맹자견양혜왕(孟子見梁惠王) 왕왈수불원천리이래(王曰叟不遠千里而來): '맹자가 양혜왕을 뵈니 왕이 말하기를 노인장께서 천릿길을 멀다 않고 찾아주시니'. 『맹자(孟子)』 「양혜왕편(梁惠王篇)」의 첫머리.

방자 여쭈오되,

"여보 도련님. 천황씨가 목덕(木德)으로 왕이란 말은 들었으되 쑥떡으로 왕이란 말은 금시초문이오."

"이 자식, 네 모른다. 천황씨 일만 팔천 세를 살던 양반이라 이가 단단하여 목떡을 잘 자셨거니와 시속 선비들은 목떡을 먹겠느냐? 공자님께옵서 후생을 생각하사 명륜당에 현몽하고 시속 선비들은 이가 부족하여 목떡을 못 먹기로 물씬물씬한 쑥떡으로 하라 하여 삼백육십 주 향교에 통문(通文)하고 쑥떡으로 고쳤느니라."

방자 듣다가 말을 하되,

"여보, 하느님이 들으시면 깜짝 놀라실 거짓말도 듣겠소."

또 적벽부를 들여 놓고

"임술지추칠월기망에 소자 여객으로 범주유어적벽지하할새 청풍은 서래하고 수파는 불흥이라.[394] 아서라 그 글도 못 읽겠다."

천자를 읽을새

"하늘 천, 따 지."

방자 듣고,

"여보, 도련님. 점잖이 천자는 웬일이요?"

"천자라 하는 글이 칠서[395]의 본문이라. 양(梁)나라 주사봉(周捨奉) 주

---

393) 태고라, 천황씨는 ~ 각 일만 팔천 세하다: '옛날 천황씨가 임금이 되어 섭제에서 일으키니 일부러 힘을 쓰지 않아도 백성이 감화되어 나라가 잘 다스려졌다.'고 하는 『사략』의 첫머리를 우스갯소리로 바꾸어 놓은 말.

394) 임술지추칠월기망(壬戌之秋七月旣望) 소자여객범주유어적벽지하(蘇子與客泛舟遊於赤壁之下)할새 청풍(淸風)은 서래(徐來)하고 수파(水波)는 불흥(不興)이라: '임술년 가을 칠월 십육일에 내가 나그네와 더불어 적벽 밑에서 배를 띄우고 노닐 때 맑은 바람은 가볍게 불어오고 물결은 잔잔하였다.' 소동파가 지은 「적벽부(赤壁賦)」의 첫머리.

395) 칠서(七書): 삼경(三經)과 사서(四書). 『주역(周易)』, 『서경(書經)』, 『시경(詩經)』, 『논어(論語)』, 『맹자(孟子)』, 『중용(中庸)』, 『대학(大學)』 등을 말함.

홍사[396]가 하룻밤에 이 글을 짓고 머리가 희었기로 책 이름을 백수문(白首文)이라. 낱낱이 새겨 보면 뼈똥 쌀 일이 많지야."

"소인놈도 천자 속은 아옵니다."

"네가 알더란 말이냐?"

"알기를 이르겠소."

"안다 하니 읽어 봐라."

"예, 들으시오. 높고 높은 하늘 천, 깊고 깊은 따 지, 쾌쾌친친 감을 현, 불타겠다 누루 황."

"예 이놈, 상놈은 적실하다. 이놈, 어디서 장타령 하는 놈의 말을 들었구나. 내 읽을 게 들어라. 천개자시생천[397]하니 태극(太極)이 광대 하늘 천, 지벽어축시[398]하니 오행(五行) 팔괘(八卦)로 따 지, 삼십삼천(三十三天) 공부공(空復空)의 인심지시(人心指示) 감을 현, 이십팔수[399] 금목수화토지정색[400] 누를 황, 우주 일월 중화(重華)하니 옥우(玉宇) 쟁영(崢嶸) 집 우(宇), 연대(年代) 국도(國都) 흥성쇠(興盛衰) 왕고래금(往古來今)에 집 주(宙), 우치홍수(禹治洪水) 기자[401] 초에 홍범구주[402] 넓을 홍(洪), 삼황오제(三皇五帝) 붕(崩)하신 후 난신적자[403] 거칠 황(荒), 동방이 장차 계명(啓明)키로 고고천변일륜홍[404] 번듯 솟아 날 일(日), 억조창생 격양

---

396) 주흥사(周興嗣): 『천자문』을 만들었다는 중국의 학자.

397) 천개자시생천(天開子時生天): 하늘이 자시(子時)에 열려 하늘이 생김.

398) 지벽어축시(地闢於丑時): 땅은 축시(丑時)에 열림.

399) 이십팔수(二十八宿): 옛날 천문학에서 말하는 하늘의 스물여덟 별자리 수.

400) 금목수화토지정색(金木水火土之正色): 금목수화토를 가리키는 색깔. 청(靑), 적(赤), 황(黃), 백(白), 흑(黑)의 다섯 색깔을 말함.

401) 기자(箕子): 은(殷)나라 주왕(紂王)의 숙부로서 주왕을 자주 간하다가 잡히어 종이 됨. 은나라가 망한 후 조선에 도망하여 기자조선을 창업하였다 함.

402) 홍범구주(洪範九疇): 천하를 다스리는 아홉 가지 대법(大法). 본래 우왕이 하늘의 계시를 받아 만든 것인데 대대로 전하여 기자에 이르러 무왕(武王)의 물음에 대답한 후 세상에 알려졌다 함.

403) 난신적자(亂臣賊子): 나라를 어지럽게 하고 임금을 거역하는 악인.

404) 고고천변일륜홍(杲杲天邊日輪紅): 눈부신 하늘가에 솟아오르는 붉은 해.

가에 강구연월에 달 월(月), 한심 미월(微月) 시시(時時) 불어 삼오일야(三五日夜)에 찰 영(盈), 세상만사 생각하니 달빛과 같은지라 십오야(十五夜) 밝은 달이 기망[405]부터 기울 측(仄), 이십팔수 하도낙서[406] 벌인 법(法) 일월성신(日月星辰) 별 진(辰), 가련금야숙창가[407]라 원앙금침에 잘 숙(宿), 절대가인(絶代佳人) 좋은 풍류 나열춘추(羅列春秋)에 벌일 렬(列), 의의월색(依依月色) 야삼경(夜三更)에 만단정회 베풀 장(張), 금일한풍소소래[408]하니 침실에 들거라 찰 한(寒), 베개가 높거든 내 팔을 베어라, 이만큼 오너라 올 래(來), 에후리쳐 질끈 안고 임 각(脚)[409]에 드니 설풍(雪風)에도 더울 서(暑), 침실이 덥거든 음풍을 취하여 이리저리 갈 왕(往), 불한불열(不寒不熱) 어느 때냐 엽락오동(葉落梧桐)에 가을 추(秋), 백발이 장차 우거지니 소년 풍도(風度)를 거둘 수(收), 낙목한풍(落木寒風) 찬 바람 백설강산(白雪江山)에 겨울 동(冬), 오매불망 우리 사랑 규중심처에 갈물 장(藏), 부용 작야(昨夜) 세우(細雨) 중에 광윤유태[410] 부를 윤(潤), 이러한 고운 태도 평생을 보고도 남을 여(餘), 백년기약(百年期約) 깊은 맹서 만경창파 이룰 성(成), 이리저리 노닐 적에 부지세월 해 세(歲), 조강지처불하당[411] 아내 박대 못 하나니 대전통편[412] 법중 율(律), 군자호구 이

405) 기망(旣望): 음력으로 보름이 지난 다음 날. 가득 찬 보름달이 기울기 시작하는 날.

406) 하도낙서(河圖洛書): 하도는 복희씨(伏羲氏) 때 황하에서 용마(龍馬)가 등에 지고 나왔다는 그림으로서 주역 팔괘(八卦)의 근원이 된 것. 낙서는 하우씨(夏禹氏)가 9년 동안 홍수를 다스릴 때 낙수(洛水)에서 나온 신령스러운 거북이의 등에 있었다는 글로서 『서경(書經)』 중의 홍범구주의 기원이 된 것.

407) 가련금야숙창가(可憐今夜宿娼家): '애닯게도 오늘 밤에는 창기 집에서 자겠구나.' 왕발(王勃)의 시 「임고대편(臨高臺篇)」에 나오는 구절.

408) 금일한풍소소래(今日寒風蕭蕭來): 오늘은 찬바람이 쓸쓸히 불어온다.

409) 임 각(脚): 임의 다리 사이. 여자의 음부를 가리킴.

410) 광윤유태(光潤有態): 윤기가 몸에 흐름.

411) 조강지처불하당(糟糠之妻不下堂): 『후한서(後漢書)』에 나오는 말로, '고생을 같이 한 아내는 내쫓을 수 없다.'는 뜻.

412) 대전통편(大典通編): 조선시대 법률을 한데 모아 편찬한 책.

아니냐. 춘향 입 내 입을 한테다 대고 쪽쪽 빠니 법중 려(呂)자 이 아니냐. 애고애고 보고지고."

소리를 크게 질러 놓으니, 이 때 사또 저녁 진지를 잡수시고 식곤증이나 계옵셔 평상에 취침하시다 '애고 보고지고' 소리에 깜짝 놀래어,

"이리 오너라."

"예."

"책방에서 누가 생침을 맞느냐, 신 다리를 주물렀냐. 알아 들여라."

통인이 들어가,

"도련님 웬 목통이오. 고함소리에 사또 놀라시사 염문하라 하옵시니 어찌 아뢰리까?"

"딱한 일이로다. 남의 집 늙은이는 이농증[413]도 있느니라마는 귀 너무 밝은 것도 예삿일 아니로다." - 그러하다 하지마는 그럴 리가 왜 있을꼬. -

도련님 대경하여,

"이대로 여쭈어라. 내가 논어라 하는 글을 보다가 '차호라, 오로의구의라 몽불견주공'[414]이란 대문을 보다가 나도 주공을 보면 그리하여 볼까 하여 흥치로 소리가 높았으니 그대로만 여쭈어라."

통인이 들어가 그대로 여쭈오니 사또 도련님 승벽[415] 있음을 크게 기뻐하여,

"이리 오너라. 책방에 가 목낭청[416]을 가만히 오시대라."

---

413) 이농증(耳聾症): 귀가 어두워 소리를 듣지 못하는 증세.

414) 차호 오로의구의 몽불견주공(嗟乎 吾老矣久矣 夢不見周公): 『논어』에 나오는 구절. '아아, 슬프다. 내가 늙어서 꿈에서 오랫동안 주공을 보지 못했도다.'라는 뜻. 주공(周公)은 중국 주(周)나라의 정치가. 문왕(文王)의 아들이며 무왕(武王)의 동생으로 나이 어린 조카인 성왕(成王)을 도와 주왕조의 기초를 확립하였다. 중국 고대의 정치, 사상, 문화 등 다방면에 공헌하여 공자가 평소에 흠모하고 존경하였으며 후대 유교학자에 의해 성인으로 존숭되고 있다.

415) 승벽(勝癖): 남에게 지기 싫어하는 버릇. 좋은 일을 보면 꼭 해내고자 하는 버릇.

416) 목낭청(睦郎廳): 목씨 성(姓)을 가진 낭청. 낭청은 조선조 관아에 딸린 당하관

낭청이 들어오는데 이 양반이 어찌 고리게[417] 생겼던지 만지 거름쏙한지[418] 근심이 담쏙 들었던 것이었다.

"사또 그 새 심심하지요?"

"아, 게 앉소. 할 말 있네. 우리 피차 고우(故友)로서 동문수업하였거니와 아시(兒時)에 글읽기같이 싫은 것이 없건마는 우리 아이 시흥(詩興) 보니 어이 아니 기쁠쏜가."

이 양반은 지여부지간에[419] 대답하것다.

"아이 때 글읽기같이 싫은 게 어디 있으리오."

"읽기가 싫으면 잠도 오고 꾀가 무수하지. 이 아이는 글읽기를 시작하면 읽고 쓰고 불철주야하지."

"예, 그럽디다."

"배운 바 없어도 필재(筆才) 절등(絶等)하지."

"그렇지요. 점 하나만 툭 찍어도 고봉추석[420] 같고, 한 일(一)을 그어놓으면 천리진운[421]이요, 갓머리는 작규첨[422]이요 필법 논지(論之)하면 풍랑뇌전[423]이요 내리 그어 채는 획은 노송도괘절벽[424]이라. 창 과(戈)로 이를진대 마른 등 넌출같이 뻗어갔다 도로 채는 데는 성난 쇠뇌[425]끝 같고 기운이 부족하면 발길로 툭 차올려도 획은 획대로 되나니 글씨를 가만

---

을 가리키는 말.

417) 고리게: 고리타분하게. 하는 짓이 용렬하고 더럽게.

418) 거름쏙한지: 마음이 편하지 못하고 거림칙한지.

419) 지여부지간(知與不知間)에: 아는 일이냐 모르는 일이냐를 가리지 않고 적당히 상대방의 비위를 맞추어.

420) 고봉추석(高峯墜石): 높은 산봉우리에서 돌을 떨어뜨림.

421) 천리진운(千里陣雲): 천리에 구름이 뭉게뭉게 올라 진(陣)을 모양을 이룸.

422) 작규첨(雀窺添): 작규첨단(雀窺添端). 새가 처마에서 엿봄.

423) 풍랑뇌전(風浪雷電): 풍랑이 일고 천둥과 번개가 치는 것 같이 변화무상한 모습.

424) 노송도괘절벽(老松到掛絶壁): 늙은 소나무가 절벽에 거꾸로 매달려 있는 것 같이 멋있는 모습.

425) 쇠뇌: 여러 개의 화살이나 돌을 잇달아 쏘게 만든 큰 활.

히 보면 획은 획대로 되옵디다."

"글쎄 듣게. 저 아이 아홉 살 먹었을 제 서울 집 뜰에 늙은 매화 있는 고로 매화 나무를 두고 글을 지어라 하였더니 잠시 지었으되 정성들인 것과 용사비등[426]하니 일람첩기[427]라. 묘당[428]의 당당한 명사 될 것이니 남면이북고[429]하고 부춘추어일수[430]하였데."

"장래 정승하오리다."

사또 너무 감격하여,

"정승이야 어찌 바라겠나마는 내 생전에 급제는 쉬 하리마는. 급제만 쉽게 하면 출륙[431]이야 범연히 지나겠나."

"아니요. 그리 할 말씀이 아니라, 정승을 못 하오면 장승이라도 되지요."

사또 호령하되,

"자네 뉘 말로 알고 대답을 그리 하나?"

"대답은 하였사오나 뉘 말인지 몰라요."

- 그렇다고 하였으되 그게 또 다 거짓말이었다. -

이 때 이 도령은 퇴령 놓기를 기다릴 제,

"방자야."

"예."

"퇴령 놓았나 보아라."

"아직 아니 놓았소."

---

426) 용사비등(龍蛇飛騰): 용이 되어 하늘을 날아감. 글이나 글씨가 잘 된 모습.
427) 일람첩기(一覽輒記): 한번 들으면 문득 기억할 정도로 좋은 기억력.
428) 묘당(廟堂): 나라의 일을 맡은 조정(朝廷).
429) 남면이북고(南眄而北顧): 남쪽을 곁눈질하며 북쪽을 돌아봄. 이것저것 살피고 간여함.
430) 부춘추어일수(賦春秋於一首): 봄가을의 경치를 그리는 시 한 수를 지음.
431) 출륙(出六): 과거 합격자가 경력을 쌓아 육품의 벼슬인 지방의 수령으로 나가는 것.

조금 있더니 '하인 물리라.' 퇴령 소리 길게 나니

"좋다 좋다, 옳다 옳다, 방자야, 등롱(燈籠)에 불 밝혀라."

통인 하나 뒤를 따라 춘향의 집 건너갈 제 자취 없이 가만가만 걸으면서,

"방자야, 상방(上房)에 불 비친다. 등롱을 옆에 껴라."

삼문 밖 썩 나서서 협로지간(夾路之間)에 월색이 영롱하고 화간(花間) 푸른 버들 몇 번이나 꺾었으며 투계[432] 소년 아이들은 야입청루(夜入青樓)하였으니 지체 말고 어서 가자. 그렁저렁 당도하니 가련금야(可憐今夜) 요적(寥寂)한데 가기물색[433] 이 아니냐. 가소롭다, 어주사[434]는 도원(桃源)길을 모르던가. 춘향 문전 당도하니 인적 야심한데 월색은 삼경이라. 어약(魚躍)은 출몰하고 대접 같은 금붕어는 임을 보고 반기는 듯, 월하(月下)의 두루미는 흥을 겨워 짝 부른다.

이 때 춘향이 칠현금(七絃琴)을 비껴 안고 남풍시[435]를 희롱타가 침석(寢席)에 졸더니 방자가 안으로 들어가되 개가 짖을까 염려하여 자취 없이 가만가만 춘향 방 영창 밑에 가만히 살짝 들어가서,

"이애 춘향아, 잠 들었냐?"

춘향이 깜짝 놀래어,

"네 어찌 오냐?"

"도련님이 와 계시다."

춘향이가 이 말을 듣고 가슴이 월렁월렁 속이 답답하여 부끄럼을 못 이기어 문을 열고 나오더니 건넌방 건너가서 저의 모친 깨우는데,

---

432) 투계(鬪鷄): 닭을 싸움붙이는 놀이로서 옛날에 명절을 당하여 젊은 아이들이 자주 하였다 함.

433) 가기물색(佳期物色): 애인을 만나는 아름다운 시기.

434) 어주사(魚舟師): 도연명의 「도화원기(桃花源記)」에 나오는 어부. 물에 떠오는 복숭아꽃을 보고 물을 거슬러 올라가 신선들이 사는 무릉도원(武陵桃源)을 찾아 갔으나 한번 다녀온 뒤에 다시 찾아갔을 때는 길을 잃어 찾지 못했다 함.

435) 남풍시(南風詩): 중국 순임금이 천하가 잘 다스려져 백성이 잘사는 것을 보고 지었다는 노래.

"애고 어머니, 무슨 잠을 이다지 깊이 주무시오."

춘향의 모 잠을 깨어,

"아가, 무엇을 달라고 부르느냐?"

"누가 무엇 달래었소."

"그러면 어찌 불렀느냐?"

엉겁결에 하는 말이,

"도련님이 방자 모시고 오셨다오."

춘향의 모 문을 열고 방자 불러 묻는 말이,

"뉘가 와야?"

방자 대답하되,

"사또 자제 도련님이 와 계시오."

춘향 어미 그 말 듣고,

"향단아."

"예."

"뒤 초당에 좌석 등촉(燈燭) 신칙436)하여 포진하라."

당부하고 춘향모가 나오는데 세상 사람이 다 춘향모를 일컫더니 과연이로다. 자고로 사람이 외탁437)을 많이 하는 고로 춘향 같은 딸을 낳았구나. 춘향모 나오는데 거동을 살펴보니 반백438)이 넘었는데 소탈한 모양이며 단정한 거동이 표표정정439)하고 기부440)가 풍영441)하여 복이 많은지라. 숫스럽고 점잔하게 발막442)을 끌어 나오는데 가만가만 방자 뒤를 따라온다.

---

436) 신칙(申飭): 단단히 타일러 일이 어긋나지 않게 함.
437) 외탁(外託): 용모와 재질 등이 외가 쪽을 닮음.
438) 반백(斑白): 나이가 들어 머리털이 세어서 흰색과 검은색이 반씩 섞인 모습.
439) 표표정정(表表亭亭): 굳세고 강건한 모양.
440) 기부(肌膚): 피부.
441) 풍영(豊盈): 살이 쪄서 토실토실한 모양.
442) 발막: 신분이 높은 남녀 늙은이가 신는 마른 신의 한 가지.

이 때 도련님이 배회고면[443]하여 무료히 서 있을 제, 방자 나와 여쭈오되,

"저기 오는 게 춘향의 모로소이다."

춘향의 모가 나오더니 공수[444]하고 우뚝 서며,

"그 새에 도련님 문안이 어떠하오?"

도련님 반만 웃고,

"춘향의 모이라지. 평안한가?"

"예, 겨우 지내옵니다. 오실 줄 진작 몰라 영접이 불민하오니다."

"그럴 리가 있나."

춘향모 앞을 서서 인도하여 대문 중문 다 지나서 후원을 돌아가니 연구(年久)한 별초당(別草堂)에 등롱을 밝혔는데, 버들가지 늘어져 불빛을 가린 모양 구슬발이 갈공이에 걸린 듯하고, 우편의 벽오동은 맑은 이슬이 뚝뚝 떨어져 학의 꿈을 놀래는 듯, 좌편에 섰는 반송(盤松) 광풍이 건듯 불면 노룡(老龍)이 굼니는 듯, 창전(窓前)에 심은 파초 일난초 봉미장은 속잎이 빼어나고, 수심여주[445] 어린 연꽃 물 밖에 겨우 떠서 옥로(玉露)를 받쳐 있고, 대접 같은 금붕어는 어변성룡[446]하려 하고 때때마다 물결쳐서 출렁 툼벙 굼실 놀 때마다 조롱하고, 새로 나는 연잎은 받을 듯이 벌어지고, 급연삼봉[447] 석가산[448]은 층층이 쌓였는데 계하(階下)의 학 두루미 사람을 보고 놀래어 두 죽지를 떡 벌리고 긴 다리로 징검징검 '끼룩 뚜르르' 소리하며, 계화(桂花) 밑에 삽살개 짖는구나. 그 중에 반가올사 못 가운데 쌍오리는 손님 오시노라 둥덩실 떠서 기다리는 모양이요, 처마에 다다르니 그제야 저의 모친 영을 디디어서 사창(紗窓)을 반개하고 나오는

443) 배회고면(徘徊顧眄): 한가하게 이리저리 거닐며 좌우를 돌아봄.
444) 공수(拱手): 어른이나 신분이 높은 사람 앞에서 공경하는 뜻을 표하기 위해 두 손을 가슴에 올려 마주잡음.
445) 수심여주(水心驪珠): 연못 중앙의 귀한 구슬.
446) 어변성룡(魚變成龍): 물고기가 변하여 용이 됨.
447) 급연삼봉(岌然三峯): 높이 솟아 있는 세 봉우리.
448) 석가산(石假山): 뜰에 돌로 쌓아 놓은 산.

데, 모양을 살펴보니 뚜렷한 일륜명월(一輪明月) 구름 밖에 솟아난 듯 황홀한 저 모양은 측량키 어렵도다. 부끄러이 당에 내려 천연히 섰는 거동은 사람의 간장을 다 녹인다.

도련님 반만 웃고 춘향더러 묻는 말이,

"곤치 아니하며 밥이나 잘 먹었냐?"

춘향이 부끄러워 대답치 못하고 묵묵히 서 있거늘, 춘향의 모가 먼저 당에 올라 도련님을 자리로 모신 후에 차를 들어 권하고 담배 붙여 올리오니, 도련님이 받아 물고 앉았을 제 도련님 춘향의 집 오실 때는 춘향에게 뜻이 있어 와 계시지 춘향의 세간 기물(器物) 구경 온 바 아니로되, 도련님 첫 외입이라 밖에서는 무슨 말이 있을 듯하더니 들어가 앉고 보니 별로이 할 말이 없고, 공연히 천촉기[449]가 있어 오한증[450]이 들면서, 아무리 생각하되 별로 할 말이 없는지라. 방중을 둘러보며 벽상(壁上)을 살펴보니 여간 기물 놓였는데 용장(龍欌) 봉장(鳳欌) 가께수리[451] 이렁저렁 벌였는데, 무슨 그림장도 붙여 있고 그림을 그려 붙였으되 서방 없는 춘향이요 학(學)하는 계집아이가 세간기물과 그림이 왜 있을까마는 춘향 어미가 유명한 명기라 그 딸을 주려고 장만한 것이었다.

조선의 유명한 명필 글씨 붙여 있고 그 사이에 붙인 명화(名畵) 다 후리쳐 던져 두고 월선도[452]란 그림 붙였으되 월선도 제목이 이렇던 것이었다. 상제고거강절조[453]에 군신조회(君臣朝會) 받던 그림, 청련거사(靑蓮居士) 이태백이 황학전(黃鶴殿) 꿇어 앉아 황정경[454] 읽던 그림, 백옥루(白玉樓) 지은 후에 자기 불러 올려 상량문(上樑文) 짓던 그림, 칠월 칠

---

449) 천촉기(喘促氣): 숨이 차서 헐떡거리고 기침이 나는 증세.
450) 오한증(惡寒症): 오슬오슬 춥고 괴로운 증세.
451) 가께수리: 서랍이 많이 달린 궤.
452) 월선도(月仙圖): 달이나 신선을 소재로 하여 그린 격조 높은 그림.
453) 상제고거강절조(上帝高居絳節朝): 두보의 「옥대관시(玉臺觀詩)」에 나오는 구절로, '옥황상제가 부절을 가지고 조정에 높이 앉아 신하들의 조회를 받는다.'는 뜻.
454) 황정경(黃庭經): 도교(道敎)의 경전.

석 오작교에 견우직녀 만나는 그림, 광한전 월명야에 도약[455]하던 항아 그림, 층층이 붙였으되 광채가 찬란하여 정신이 산란한지라. 또 한 곳 바라보니 부춘산(富春山) 엄자릉[456]은 간의태후[457] 마다하고 백구(白鷗)로 벗을 삼고 원학(猿鶴)으로 이웃삼아 양구[458]를 떨쳐 입고 추(秋) 동강[459] 칠리탄[460]에 낚싯줄 던진 경을 역력히 그려 있다. 방가위지 선경(仙境)이라. 군자호구 놀 데로다.

춘향이 일편단심 일부종사(一夫從事) 하려 하고 글 한 수를 지어 책상 위에 붙였으되,

대운춘풍죽이요
분향야독서라.[461]

기특하다 이 글 뜻은 목란[462]의 절(節)이로다. 이렇듯 치하할 제 춘향 어미 여쭈오되,

"귀중하신 도련님이 누지에 욕림[463]하시니 황공감격하옵니다."

---

455) 도약(搗藥): 약을 찧음. 항아는 달에서 약을 찧고 있다고 함.

456) 엄자릉(嚴子陵): 후한(後漢) 사람 엄광(嚴光). 자릉은 그의 자(字). 젊었을 때 광무제(光武帝)와 같이 공부를 했는데 광무제가 즉위한 후에 간의대부로 불렀지만 응하지 않고 부춘산에서 농사를 짓다 팔십여 세로 세상을 떠났다.

457) 간의태후: 간의대부(諫議大夫)의 잘못. 임금에게 바른 말로 충고하는 벼슬.

458) 양구(羊裘): 양의 가죽으로 만든 옷. 엄자릉이 양의 가죽으로 옷을 만들어 입고 낚시질을 하고 살았다 함.

459) 동강(桐江): 절강성(浙江省) 동로현(桐盧縣) 경계에 있는 강으로 엄자릉이 낚시질을 했던 곳.

460) 칠리탄(七里灘): 동강에서 칠 리쯤 떨어져 있는 여울.

461) 대운춘풍죽(帶韻春風竹)　운치 있는 봄바람의 대나무 곁에서
분향야독서(焚香夜讀書)　향을 피워 밤에 책을 읽네.

462) 목란(木蘭): 중국 양(梁)나라 때의 효녀. 남장을 하고 부친을 대신하여 전쟁에 나가 이기고 열두 해 만에 돌아온 것으로 유명함.

463) 누지욕림(陋地辱臨): 비천한 곳에 오셔서 황송하다는 말. 고귀한 사람이 낮은

도련님 그 말 한 마디에 말 궁기가 열리었지.

"그럴 리가 왜 있는가. 우연히 광한루에서 춘향을 잠깐 보고 연연히 보내기로 탐화봉접 취한 마음 오늘 밤에 오는 뜻은 춘향 어미 보러 왔거니와, 자네 딸 춘향과 백년언약을 맺고자 하니 자네의 마음이 어떠한가?"

춘향 어미 여쭈오되,

"말씀은 황송하오나 들어 보오. 자하골 성 참판(成參判) 영감이 보후[464]로 남원에 좌정하였을 때, 소리개를 매로 보고[465] 수청을 들라 하옵기로 관장의 영을 못 어기어 모신 지 삼삭(三朔) 만에 올라가신 후로 뜻밖에 포태하여 낳은 게 저것이라. 그 연유로 고목[466]하니 젖줄 떨어지면 데려가련다 하시더니 그 양반이 불행하여 세상을 버리시니 보내질 못하옵고 저것을 길러낼 제, 어려서 잔병조차 그리 많고 칠 세에 소학(小學) 읽혀 수신제가 화순심(和順心)을 낱낱이 가르치니, 씨가 있는 자식이라 만사를 달통이요, 삼강행실[467] 뉘라서 내 딸이라 하리오. 가세(家勢)가 부족하니 재상가 부당이요, 사서인[468] 상하불급(上下不及) 혼인이 늦어 가매 주야로 걱정이나, 도련님 말씀은 잠시 춘향과 백년기약한단 말씀이오나 그런 말씀 말으시고 놀으시다 가옵소서."

이 말이 참말이 아니라 이 도련님 춘향을 얻는다 하니 내두사[469]를 몰라 뒤를 눌러 하는 말이었다. 이 도령 기가 막혀,

"호사(好事)에 다마(多魔)로세. 춘향도 미혼전(未婚前)이요 나도 미장

---

사람의 집을 방문한 것을 일컫는 말.

464) 보후(補後): 내직(內職)에 들어가기 전에 임시로 지방의 관리로 일하는 것.

465) 소리개를 매로 보고: 솔개를 매인 줄 잘못 알고. 별로 좋지 않은 것을 겉모양이 비슷하다고 하여 잘못 알고.

466) 고목(告目): 옛날에 천한 사람이 존귀한 사람에게 보내는 편지.

467) 삼강행실(三綱行實): 유교에서 부모와 자식, 임금과 신하, 남편과 아내 사이에 지켜야 할 도리를 규정한 가르침.

468) 사서인(士庶人): 사대부와 서인. 곧, 관리와 농공상인(農工商人).

469) 내두사(來頭事): 앞으로 닥쳐올 일.

전(未丈前)이라 피차 언약이 이러하고 육례[470]는 못 할망정 양반의 자식이 일구이언 할 리 있나."

춘향 어미 이 말 듣고,

"또 내 말 들으시오. 고서(古書)에 하였으되, '지신은 막여주요 지자는 막여부라.'[471] 하니 지녀(知女)는 모(母) 아닌가. 내 딸 심곡(心曲) 내가 알지. 어려서부터 절곡한[472] 뜻이 있어 행여 신세를 그르칠까 의심이요. 일부종사하려 하고 사사로이 하는 행실 철석같이 굳은 뜻이 청송, 녹죽, 전나무 사시절을 다투는 듯, 상전벽해[473] 될지라도 내 딸 마음 변할쏜가. 금은(金銀), 오촉지백[474]이 적여구산[475]이라도 받지 아니할 터이요, 백옥 같은 내 딸 마음 청풍(淸風)인들 미치리요. 다만 고의(古義)를 효칙(效則)코자 할 뿐이온데, 도련님은 욕심부려 인연을 맺었다가, 미장전 도련님이 부모 몰래 깊은 사랑 금석같이 맺었다가, 소문 어려 버리시면 옥결 같은 내 딸 신세 문채 좋은 대모(玳瑁) 진주 고운 구슬 구멍노리 깨어진 듯, 청강(淸江)에 놀던 원앙조가 짝 하나를 잃었은들 어이 내 딸 같을쏜가. 도련님 내정[476]이 말과 같을진대 심량(深量)하여 행하소서."

도련님 더욱 답답하여,

"그는 두 번 염려할라 마소. 내 마음 헤아리니 특별 간절 굳은 마음 흉중에 가득하니 분의(分義)는 다를망정 저와 내가 평생기약 맺을 제 전안 납폐 아니 한들 창파(滄波) 같이 깊은 마음 춘향 사정 모를쏜가."

---

470) 육례(六禮): 혼인의 여섯 가지 의식 절차. 납채(納采), 문명(問明), 납길(納吉), 납징(納徵), 청기(請期), 친영(親迎).

471) 지신막여주(知臣莫如主) 지자막여부(知子莫如父): 신하의 속내를 아는 데 있어서는 임금만한 이가 없고 자식의 속내를 아는 데 있어서는 부모만한 이가 없음.

472) 절곡(切曲): 얼굴이나 마음이 곧고 깨끗함.

473) 상전벽해(桑田碧海): 뽕나무밭이 푸른 바다로 변함. 세상의 변화가 심한 것을 비유한 말.

474) 오촉지백(吳蜀之帛): 오나라와 촉나라에서 나는 비단.

475) 적여구산(積如丘山): 언덕이나 산처럼 많이 쌓여 있다는 뜻.

476) 내정(內情): 속마음.

이렇듯이 이같이 설화하니 청실홍실 육례 갖춰 만난대도 이 위에 더 뾰족할까.

"내 저를 초취(初娶)같이 여길 테니 시하[477]라고 염려 말고 미장전도 염려 마소. 대장부 먹는 마음 박대 행실 있을쏜가. 허락만 하여 주소."

춘향 어미 이 말 듣고 이윽히 앉았더니 몽조(夢兆)가 있는지라 연분인 줄 짐작하고 흔연히 허락하며

"봉(鳳)이 나매 황(凰)이 나고, 장군 나매 용마(龍馬) 나고, 남원에 춘향 나매 이화 춘풍 꽃다웁다. 향단아, 주반(酒盤) 등대하였느냐?"

"예."

대답하고 주효(酒肴)를 차릴 적에 안주 등물 볼작시면 괴임새도 정결하고, 대양푼 가래찜, 소양푼 제육찜, 풀풀 뛰는 숭어찜, 포도동 나는 메추리탕에, 동래 울산 대전복 대모 장도(長刀) 드는 칼로 맹상군의 눈썹처럼 어슷비슷 오려 놓고, 염통산적, 양볶이와 춘치자명[478] 생치(生雉) 다리, 적벽 대접 분원기[479]에 냉면조차 비벼 놓고, 생률 숙률(熟栗) 잣송이며 호도 대추 석류 유자 준시[480] 앵두, 탕기[481] 같은 청술레[482]를 치수 있게 괴었는데, 술병 치레 볼작시면 티끌 없는 백옥병과 벽해수상(碧海水上) 산호병과 엽락금정[483] 오동병과 목 긴 황새병, 자라병, 당화병,[484] 쇄금병,[485] 소상동정 죽절병,[486] 그 가운데 천은 알안자,[487] 적동자,[488] 쇄금

---

477) 시하(侍下): 부모님이 살아 계셔서 같이 모시고 지냄.

478) 춘치자명(春雉自鳴): 봄철의 꿩이 스스로 운다는 뜻으로, 남의 명령이나 요구에 의하지 아니하고 자발적으로 이르는 말.

479) 분원기(分院器): 경기도 광주군 분원에서 만든 사기.

480) 준시(蹲柹): 꼬챙이에 꿰지 않고 말린 감.

481) 탕기(湯器): 탕을 담는 그릇.

482) 청술레: 껍질 색이 푸르며 물기가 많아서 맛이 좋은 배의 한 가지.

483) 엽락금정(葉落金井): 우물가에 선 오동나무 잎이 우물에 떨어짐.

484) 당화병(唐畵甁): 그림을 그려 넣은 중국의 술병.

485) 쇄금병(鎖金甁): 겉에다 금으로 도금한 술병.

486) 소상동정 죽절병(瀟湘洞庭竹節甁): 중국 동정호 남쪽의 소상 지방에서 나는

자를 차례로 놓았는데 구비함도 갖을씨고.

술 이름을 이를진대, 이적선 포도주와 안기생[489] 자하주(紫蝦酒)와 산림처사(山林處士) 송엽주(松葉酒)와 과하주,[490] 방문주,[491] 천일주(天日酒), 백일주(百日酒), 금로주(金露酒), 팔팔 뛰는 화주,[492] 약주, 그 가운데 향기로운 연엽주[493] 골라내어 알안자 가득 부어 청동화로 백탄 불에 남비 냉수 끓는 가운데 알안자 둘러 불한불열(不寒不熱) 데워 내어 금잔 옥잔 앵무배를 그 가운데 띄웠으니, 옥경(玉京) 연화(蓮花) 피는 꽃이 태을선녀[494] 연엽선(蓮葉船) 뜨듯, 대광보국(大匡輔國) 영의정 파초선(芭焦船) 뜨듯, 둥덩실 띄워 놓고 권주가 한 곡조에 일배일배부일배(一杯一杯復一杯)라.

이 도령 이른 말이,

"금야(今夜)에 하는 절차 보니 관청이 아니거든 어이 그리 구비한가?"

춘향모 여쭈오되,

"내 딸 춘향 곱게 길러 요조숙녀 군자호구 가리어서 금슬우지[495] 평생동락(平生同樂)하올 적에 사랑에 노는 손님 영웅호걸 문장들과 죽마고우 벗님네 주야로 즐기실 제, 내당(內堂)의 하인 불러 밥상 술상 재촉할 제, 보고 배우지 못하고는 어이 곧 등대하리. 내자(內子)가 불민하면 가장(家長) 낯을 깎음이라. 내 생전 힘써 가르쳐 아무쪼록 본받아 행하라고 돈 생기면 사 모아서 손으로 만들어서 눈에 익고 손에도 익히라고 일시 반 때

---

대나무로 만든 병.

487) 천은(天銀) 알안자: 품질이 좋은 은으로 만든 주전자.

488) 적동자(赤銅子): 적동으로 만든 주전자.

489) 안기생(安期生): 진(秦)나라 때 사람으로 도술을 배워 장수하였다 함.

490) 과하주(過夏酒): 술을 담궈 여름 한 철을 지내고 먹는 술.

491) 방문주(方文酒): 특별한 재료와 비법으로 담근 술.

492) 화주(火酒): 술의 도수가 높아 급히 취하게 하는 술.

493) 연엽주(蓮葉酒): 찹쌀과 누룩을 버무려 연잎에 싸서 빚은 술.

494) 태을선녀(太乙仙女): 태을이라는 별에서 사는 선녀.

495) 금슬우지(琴瑟友之): 부부간의 정이 깊은 모양.

놓지 않고 시킨 바라. 부족타 말으시고 구미(口味)대로 잡수시오."

앵무배 술 가득 부어 도련님께 드리오니 도령이 잔 받아 손에 들고 탄식하여 하는 말이,

"내 마음대로 할진대는 육례를 행할 터나 그러질 못하고 개구멍서방[496]으로 들고 보니 이 아니 원통하랴. 이애, 춘향아. 그러나 우리 둘이 이 술을 대례(大禮) 술로 알고 먹자."

일배주 부어 들고,

"너, 내 말 들어봐라. 첫째 잔은 인사주요, 둘째 잔은 합환주[497]라. 이 술이 다른 술 아니라 근원근본 삼으리라. 대순[498]의 아황(娥皇) 여영(女英) 귀히귀히 만난 연분 지중타 하였으되, 월로[499]의 우리 연분 삼생가약(三生佳約) 맺은 연분 천만년이라도 변치 아니할 연분, 대대로 삼태육경[500] 자손이 많이 번성하여 자손(子孫) 증손(曾孫) 고손(高孫)이며 무릎 위에 앉혀 놓고 죄암죄암 달강달강 백세상수(百歲上壽)하다가서 한날 한시 마주 누워 선후 없이 죽게 되면 천하에 제일 가는 연분이지."

술잔 들어 잡순 후에,

"향단아, 술 부어 너의 마누라[501]께 드려라. 장모, 경사 술이니 한 잔 먹소."

춘향 어미 술잔 들고 일희일비하는 말이,

"오늘이 여식의 백년지고락(百年之苦樂)을 맡기는 날이라 무슨 슬픔 있으리까마는, 저것을 길러낼 제 애비 없이 설이 길러 이 때를 당하오니 영감 생각이 간절하여 비창(悲愴)하여이다."

---

496) 개구멍서방: 정식 절차를 거치지 않고 몰래 사통한 남편. 간부(姦夫).

497) 합환주(合歡酒): 혼례 때 신랑 신부가 서로 잔을 바꾸어 마시는 술.

498) 대순(大舜): 순임금.

499) 월로(月老): 월하노인(月下老人). 남녀의 인연을 맺어 주는 신(神).

500) 삼태육경(三台六卿): 조정에서 나라 일을 맡아 보는 높은 관리. 세 정승과 여섯 판서.

501) 마누라: 중년이 넘은 여자를 높여 부르는 말.

도련님 이른 말이,

"이왕지사 생각 말고 술이나 먹소."

춘향모 수삼 배(杯) 먹은 후에 도련님 통인 불러 상 물려주면서,

"너도 먹고 방자도 먹여라."

통인 방자 상 물려 먹은 후에 대문 중문 다 닫고, 춘향 어미 향단이 불러 자리 포진 시킬 제, 원앙금침 잣베개와 샛별 같은 요강 대야 자리 포진을 정히 하고,

"도련님 평안히 쉬옵소서. 향단아, 나오너라. 나하고 함께 자자."

둘이 다 건너갔구나.

춘향과 도련님 마주 앉아 놓았으니 그 일이 어찌 되겠느냐. 사양(斜陽)을 받으면서 삼각산 제일봉 봉학(鳳鶴) 앉아 춤추는 듯 두 활개를 에구부시[502] 들고 춘향의 섬섬옥수 바드드시[503] 검쳐잡고 의복을 공교하게 벗기는데, 두 손길 썩 놓더니 춘향의 가는 허리를 담쏙 안고,

"나삼(羅衫)을 벗어라."

춘향이가 처음 일일 뿐 아니라 부끄러워 고개를 숙여 몸을 틀 제, 이리 곰실 저리 곰실 녹수(綠水)에 홍련화(紅蓮花) 미풍 만나 굼이는 듯, 도련님이 치마 벗겨 제쳐 놓고 바지 속옷 벗길 적에 무한히 실랑된다. 이리 굼실 저리 굼실 동해 청룡이 굽이를 치는 듯,

"아이고 놓아요, 좀 놓아요."

"에라, 안 될 말이로다."

실랑 중 옷끈 끌러 발가락에 딱 걸고서 끼어안고 진득이 누르며 기지개켜니, 발길 아래 떨어진다. 옷이 활딱 벗어지니 형산의 백옥덩이 이 위에 비할쏘냐. 옷이 활씬 벗어지니 도련님 거동을 보려 하고 슬그머니 놓으면서,

---

502) 에구부시: 조금 휘우듬하게 굽어서.

503) 바드드시: 바듯이. 겨우.

"아차차, 손 빠졌다."

춘향이가 침금(寢衿) 속으로 달려든다. 도련님 왈칵 좇아 드러누워 저고리를 벗겨내어 도련님 옷과 모두 한데다 둘둘 뭉쳐 한편 구석에 던져두고, 둘이 안고 마주 누웠으니 그대로 잘 리가 있나. 골즙[504] 낼 제 삼승이불 춤을 추고 샛별 요강은 장단을 맞추어 '청그렁 쟁쟁', 문고리는 '달랑달랑', 등잔불은 가물가물, 맛이 있게 잘 자고 났구나. 그 가운데 진진한 일이야 오죽하랴.

하루 이틀 지나가니 어린 것들이라 신맛이 간간 새로워 부끄럼은 차차 멀어지고 그제는 기롱(譏弄)도 하고 우스운 말도 있어 자연 사랑가가 되었구나. 사랑으로 노는데 똑 이 모양으로 놀던 것이었다.

"사랑 사랑 내 사랑이야,
동정칠백(洞庭七百) 월하초(月下初)에 무산(巫山)같이 높은 사랑,
목단무변수(目斷無邊水)에 여천창해(如天滄海)같이 깊은 사랑,
옥산전[505] 달 밝은데 추산천봉(秋山千峰) 완월(玩月) 사랑,
증경학무[506]하올 적 차문취소[507]하던 사랑,
유유낙일월렴간[508]의 도리화개[509] 비친 사랑,
섬섬초월[510] 분백(粉白)한데 함소함태[511] 숱한 사랑,
월하에 삼생 연분 너와 나와 만난 사랑,

---

504) 골즙(骨汁): 뼈에서 짜낸 즙. '골즙 내다'는 무척 힘들거나 재미있는 일을 함을 가리킴.
505) 옥산전(玉山顚): 옥산이라는 산의 머리.
506) 증경학무(曾經學舞): 일찍이 춤을 배움.
507) 차문취소(借問吹簫): 퉁소를 불 줄 아느냐고 물어 봄.
508) 유유낙일월렴간((悠悠落日月簾間): 느릿느릿 해가 지고 구슬발 사이로 달빛이 스며듦.
509) 도리화개(桃李花開): 복숭아꽃과 오얏꽃이 피어남.
510) 섬섬초월(纖纖初月): 가늘고 고운 초생달.
511) 함소함태(含笑含態): 미소를 머금고 고운 자태를 지님.

허물없는 부부 사랑,
화우동산[512] 목단화같이 펑퍼지고 고운 사랑,
연평 바다 그물같이 얽히고 맺힌 사랑,
은하 직녀 직금[513]같이 올올이 이은 사랑,
청루미녀 침금(枕衾)같이 혼솔[514]마다 감친 사랑,
시냇가 수양같이 청처지고[515] 늘어진 사랑,
남창북창(南倉北倉) 노적같이 다물다물 쌓인 사랑,
은장 옥장[516] 장식같이 모모이 잠긴 사랑,
영산홍록[517] 봄바람에 넘노나니 황봉백접(黃蜂白蝶) 꽃을 물고 즐긴 사랑,
녹수청강 원앙조 격으로 마주 둥실 떠 노는 사랑,
연년 칠월 칠석야에 견우직녀 만난 사랑,
육관대사 성진이가 팔 선녀와 노는 사랑,
역발산[518] 초패왕(楚霸王)이 우미인(虞美人)을 만난 사랑,
당나라 당명황이 양귀비 만난 사랑,
명사십리 해당화같이 연연히 고운 사랑,
네가 모두 사랑이로구나,
어화 둥둥 내 사랑아,
어화 내 간간 내 사랑이로구나.

---

512) 화우동산(花雨東山): 동산에 내리는 꽃비.
513) 직금(織錦): 비단을 짬.
514) 혼솔: 홈질한 옷의 솔기.
515) 청처지고: 꽉 조이지 않게 느슨하고.
516) 은장(銀欌) 옥장(玉欌): 은이나 옥으로 장식한 옷장.
517) 영산홍록(映山紅綠): 산을 붉게 물들인 꽃나무.
518) 역발산(力拔山): 역발산혜기개세(力拔山兮氣蓋世). 산을 뽑고 세상을 덮을 만한 웅대한 기력을 형용한 말. 초패왕이 한(漢)나라 고조(高祖)와 결전하여 해하(垓下)에서 패하였을 때의 노래의 일절.

여봐라 춘향아, 저리 가거라, 가는 태도를 보자.
이만큼 오너라, 오는 태도를 보자.
빵긋 웃고 아장아장 걸어라, 걷는 태도 보자.
너와 나와 만난 사랑,
연분을 팔자 한들 팔 곳이 어디 있어.
생전 사랑 이러하고 어찌 사후 기약 없을쏘냐.
너는 죽어 될 것 있다.
너는 죽어 글자 되되,
따 지(地)자, 그늘 음(陰)자, 아내 처(妻)자, 계집 녀(女)자 변이 되고,
나는 죽어 글자 되되,
하늘 천(天)자, 하늘 건(乾), 지아비 부(夫), 사내 남(男), 아들 자(子) 몸이 되어,
계집 녀 변에다 딱 붙이면 좋을 호(好)자로 만나 보자.
사랑 사랑 내 사랑.

또 너 죽어 될 것 있다.
너는 죽어 물이 되되,
은하수 폭포수 만경창해수 청계수(清溪水) 옥계수(玉溪水) 일대장강 던져 두고,
칠년대한 가물 때도 일상 진진 추져 있는 음양수(陰陽水)란 물이 되고,
나는 죽어 새가 되되,
두견조도 될라 말고,
요지[519] 일월(日月) 청조 청학 백학이며 대붕조[520] 그런 새가 될라 말고,

---

519) 요지(瑤池): 주(周)나라 목(穆)왕이 서왕모(西王母)와 만났다는 선경.
520) 대붕조(大鵬鳥): 가상의 큰 새.

쌍거쌍래 떠날 줄 모르는 원앙조란 새가 되어,
녹수에 원앙 격으로 어화둥둥 떠 놀거든 나인 줄 알려무나.
사랑 사랑 내 간간 내 사랑이야."

"아니 그것도 나 아니 될라오."

"그러면 너 죽어 될 것 있다.
너는 죽어 경주 인경[521]도 될라 말고,
전주 인경도 될라 말고,
송도 인경도 될라 말고,
장안 종로 인경 되고,
나는 죽어 인경 망치 되어,
삼십삼천(三十三千) 이십팔수(二十八宿)를 응하여,
길마재 봉화(烽火) 세 자루 꺼지고 남산 봉화 두 자루 꺼지면,
인경 첫마디 치는 소리 그저 뎅뎅 칠 때마다,
다른 사람 듣기에는 인경소리로만 알아도,
우리 속으로는 '춘향 뎅' '도련님 뎅'이라 만나 보자꾸나.
사랑 사랑 내 간간 내 사랑이야."

"아니 그것도 나는 싫소."

"그러면 너 죽어 될 것 있다.
너는 죽어 방아확이 되고,
나는 죽어 방아고가 되어,
경신년 경신월 경신일 경신시에 강태공 조작 방아,[522]

---

521) 인경: 조선 시대에 통행금지를 알리기 위하여 치던 큰 종.

그저 '떨꾸덩 떨꾸덩' 찧거들랑 나인 줄 알려무나.
사랑 사랑 내 사랑, 내 간간 사랑이야."

춘향이 하는 말이,
"싫소. 그것도 내 아니 될라요."
"어찌하여 그 말이냐?"
"나는 항시 어찌 이생이나 후생이나 밑으로만 되라니까 재미없어 못 쓰겠소."

"그러면 너 죽어 위로 가게 하마.
너는 죽어 맷돌 윗짝이 되고,
나는 죽어 밑짝 되어,
이팔청춘 홍안미색(紅顔美色)들이 섬섬옥수로 맷대를 잡고 슬슬 두르면,
천원지방[523]격으로 휘휘 돌아가거든,
나인 줄 알려무나."

"싫소, 그것도 아니 될라오. 위로 생긴 것이 부아나게만 생기었소. 무슨 년의 원수로서 일생 한 구멍이 더하니 아무것도 나는 싫소."

"그러면 너 죽어 될 것 있다.
너는 죽어 명사십리 해당화가 되고,
나는 죽어 나비 되어,

---

522) 경신년 경신월 경신일 경신시(庚申年庚申月庚申日庚申時) 강터공 조작(姜太公造作) 방아: 옛날 방아를 만들 때 방아에다 지신(地神)의 재앙을 방지하기 위하여 쓴 말. 강태공은 주(周)나라 사람으로 문왕(文王)의 스승으로 방아를 처음 만들었다 함.

523) 천원지방(天圓地方): 하늘은 둥글고 땅은 네모진 모양이라는 말

나는 네 꽃송이 물고,
너는 내 수염 물고,
춘풍이 건듯 불거든 너울너울 춤을 추고 놀아 보자.
사랑 사랑 내 사랑이야, 내 간간 사랑이지.

이리 보아도 내 사랑 저리 보아도 내 사랑.
이 모두 내 사랑 같으면 사랑 걸려 살 수 있나.
어화둥둥 내 사랑, 내 예쁜 내 사랑이야.
방긋방긋 웃는 것은
화중왕(花中王) 모란화가 하룻밤 세우(細雨) 뒤에 반만 피고자 한 듯
아무리 보아도 내 사랑 내 간간이로구나."

"그러면 어쩌잔 말이냐. 너와 나와 유정(有情)하니 정(情)자로 놀아보자. 음상동(音相同)하여 정자 노래나 불러보세."

"들읍시다."

"내 사랑아 들어봐라.

너와 나와 유정하니
어이 아니 다정하리.
담담장강수[524] 유유에 원객정[525]
하교에 불상송 강수 원함정[526]
송군남포불승정[527]

---

524) 담담장강수(澹澹長江水): 출렁대는 긴 강물.

525) 유유 원객정(悠悠遠客情): 먼 곳에서 온 나그네의 정.

526) 하교불상송(河橋不相送) 강수원함정(江樹遠含情): 강의 다리에서 서로 보내지 못하니 다만 강가의 나무가 멀리 정을 머금었도다.

527) 송군남포불승정(送君南浦不勝情): 임을 남포로 보내며 정을 이기지 못하도다.

무인불견송아정[528]
한태조[529] 희우정[530]
삼태육경(三台六卿) 백관조정,
도량 청정, 각씨 친정, 친고 통정, 난세 평정.
우리 둘이 천년인정(千年人情),
월명성희 소상동정(瀟湘洞庭),
세상만물 조화정 근심걱정, 소지 원정, 주어 인정,
음식 투정, 복 없는 저 방정,
송정 관정 내정 외정,
애송정 천양정, 양귀비 침향정,
이비(二妃)의 소상정, 한송정,
백화만발 호춘정, 기린토월 육모정,
너와 나와 만난 정(情),
일정 실정 논지하면 내 마음은 원형이정(元亨利貞),
네 마음은 일편탁정.
이같이 다정타가 만일 즉 파정(破情)하면
복통 절정 걱정되니
진정으로 원정(原情)하잔 그 정(情)자다."

춘향이 좋아라고 하는 말이,

"정(情) 속은 도저하오. 우리 집 재수 있게 안택경[531]이나 좀 읽어 주오."

도련님 허허 웃고,

---

528) 무인불견송아정(無人不見送我情): 임은 가고 없어 내 마음만 보내네.
529) 한태조(漢太祖): 한나라 태조 유방(劉邦).
530) 희우정(喜雨亭): 소식(蘇軾)의 「희우정기(喜雨亭記)」에서 나온 정자 이름.
531) 안택경(安宅經): 무당이 터주를 위로할 때 읽는 경문.

"그뿐인 줄 아느냐? 또 있지야. 궁(宮)자 노래를 들어 보아라."

"애고 얄궂고 우습다. 궁자 노래가 무엇이오?"

"네 들어 보아라. 좋은 말이 많으니라.

좁은 천지 개탁궁,[532]

뇌성벽력 풍우 속에 서기(瑞氣) 삼광(三光) 풀려 있는 엄장(嚴莊)하다 창합궁,[533]

성덕이 넓으시사 조림[534]이 어인 일고. 주지객[535] 운성(雲盛)하던 은왕(殷王)의 대정궁(大庭宮),

진시황 아방궁,

문천하득(問天下得)하실 적에 한태조(漢太祖) 함양궁,

그 곁에 장락궁,

반첩여의 장신궁,

당명황제 상춘궁,

이리 올라 이궁,

저리 올라서 별궁,

용궁 속의 수정궁,

월궁(月宮) 속의 광한궁(廣寒宮),

너와 나와 합궁(合宮)하니 평생 무궁이라.

이 궁 저 궁 다 버리고 네 양각(兩脚) 새 수룡궁(水龍宮)에

나의 심줄 방망치로 길을 내자꾸나."

춘향이 반만 웃고,

---

532) 개탁궁(開坼宮): 좁은 천지가 열리는 궁.

533) 창합궁(閶闔宮): 하늘에 있는 궁전 이름.

534) 조림(照臨): 군주가 국토와 백성을 다스리는 일.

535) 주지객(酒池客): 술이 연못을 이룰 만큼 굉장하게 차린 술잔치에 온 손님들.

"그런 잡담은 말으시오."

"그게 잡담 아니로다. 춘향아, 우리 둘이 업음질이나 하여 보자."

"애고, 참 잡상스러워라. 업음질을 어떻게 하여요?"

업음질 여러 번 한성 부르게[536] 말하던 것이었다.

"업음질 천하 쉬우니라. 너와 나와 활씬 벗고 업고 놀고 안고도 놀면 그게 업음질이지야."

"애고, 나는 부끄러워 못 벗겠소."

"예라, 요 계집아이야, 안 될 말이로다. 내 먼저 벗으마."

버선 대님 허리띠 바지 저고리 훨씬 벗어 한편 구석에 밀쳐 놓고 우뚝 서니, 춘향이 그 거동을 보고 빵긋 웃고 돌아서다 하는 말이,

"영락없는 낮도깨비 같소."

"오냐, 네 말 좋다. 천지만물이 짝 없는 게 없느니라. 두 도깨비 놀아 보자."

"그러면 불이나 끄고 노사이다."

"불이 없으면 무슨 재미있겠느냐? 어서 벗어라, 어서 벗어라."

"애고, 나는 싫어요."

도련님, 춘향 옷을 벗기려 할 제 넘놀면서 어룬다. 만첩청산 늙은 범이 살진 암캐를 물어다 놓고 이는 없어 먹든 못하고 '흐르릉, 흐르릉 아웅' 어루는 듯, 북해 흑룡(黑龍)이 여의주를 입에다 물고 채운간(彩雲間)에 넘노는 듯, 단산 봉황이 죽실[537] 물고 오동(梧桐) 속에 넘노는 듯, 구고[538] 청학이 난초를 물고서 오송간(梧松間)에 넘노는 듯, 춘향의 가는 허리를 후리쳐다 담쏙 안고 기지개 아드득 떨며 귓밥도 쪽쪽 빨며 입술도 쪽쪽 빨면서 주홍 같은 혀를 물고 오색단청 순금장 안에 쌍거쌍래 비둘기같이

---

536) 한성 부르게: 어떤 일을 한 적이 있는 것처럼.

537) 죽실(竹實): 대나무 열매의 씨.

538) 구고(九皐): 으슥한 늪지.

'꾹꿍 끙끙' 으흥거려 뒤로 돌려 담쏙 안고 젖을 쥐고 발발 떨며, 저고리 치마 바지 속곳까지 활씬 벗겨 놓으니, 춘향이 부끄러워 한편으로 잡치고 앉았을 제, 도련님 답답하여 가만히 살펴보니 얼굴이 복짐[539]하여 구슬땀이 송실송실 앉았구나.

"이애 춘향아, 이리 와 업히거라."

춘향이 부끄러하니,

"부끄럽기는 무엇이 부끄러워. 이왕에 다 아는 바니 어서 와 업히거라."

춘향을 업고 추키시며,

"어따, 그 계집아이 똥집 장히 무겁다. 네가 내 등에 업히니까 마음이 어떠하냐?"

"한껏나게 좋소이다."

"좋냐?"

"좋아요."

"나도 좋다. 좋은 말을 할 것이니 네가 대답만 하여라."

"말씀 대답하올 테니, 하여 보옵소서."

"네가 금(金)이지야?"

"금이라니 당치 않소. 팔년 풍진 초한 시절에 육출기계[540] 진평[541]이가 범아부[542]를 잡으려고 황금 사만(四萬)을 흩었으니 금이 어이 남으리까."

"그러면 진옥(眞玉)이냐?"

"옥이라니 당치 않소. 만고영웅 진시황이 형산의 옥을 얻어 이사[543]의

---

539) 복짐: 심한 운동으로 얼굴이 상기되고 좀 부어오른 듯이 보이는 모습.

540) 육출기계(六出奇計): 여섯 번의 기이한 계책을 냄.

541) 진평(陳平): 한(漢)나라의 창업을 도운 공신(功臣)으로, 지모(智謀)가 뛰어나 한고조 유방을 도와 천하를 통일함.

542) 범아부(范亞父): 범증(范曾). 초나라 항우의 모사(謀士).

543) 이사(李斯): 진시황을 도와 천하를 통일하고 군현제(郡縣制)를 창시한 인물.

명필로 '수명우천기수영창'[544]이라 옥새(玉璽)를 만들어서 만세유전을 하였으니 옥이 어이 되오리까."

"그러면 네가 무엇이냐, 해당화냐?"

"해당화라니 당치 않소. 명사십리 아니어든 해당화가 되오리까."

"그러면 네가 무엇이냐? 밀화 금패[545] 호박(琥珀) 진주냐?"

"아니, 그것도 당치 않소. 삼태육경 대신 재상 팔도 방백 수령님네 갓끈 풍잠[546] 다하고서 남은 것은 경향의 일등 명기 지환(指環) 벌 허다히 다 만드니 호박 진주 부당하오."

"네가 그러면 대모 산호냐?"

"아니 그것도 내 아니오. 대모간 큰 병풍 산호로 난간하여 광리왕[547] 상량문(上樑文)에 수궁(水宮) 보물 되었으니 대모 산호가 부당이오."

"네가 그러면 반달이냐?"

"반달이라니 당치 않소. 금야 초생 아니어든 벽공에 돋은 명월 내가 어찌 기오리까."

"네가 그러면 무엇이냐?
날 호려 먹는 불여우냐?
네 어머니 너를 낳아 곱도 곱게 길러내어
나만 호려 먹으라고 생겼느냐?
사랑 사랑 사랑이야, 내 간간 내 사랑이야.
네가 무엇을 먹으려느냐?
생률 숙률을 먹으려느냐?
둥글둥글 수박 웃봉자 대모 장도 드는 칼로 뚝 떼고

---

544) 수명우천기수영창(受命于天旣壽永昌): 명을 하늘로부터 받았으니 오래 살 것이며 길이 번창하리로다.
545) 금패(錦貝): 누르고 투명한 호박(琥珀)의 한 가지.
546) 풍잠(風簪): 망건의 앞이마에 대는 장식품.
547) 광리왕(廣利王): 남해(南海)를 맡아 다스린다고 하는 해신(海神).

강릉 백청[548]을 두루 부어
은수저 반간자로 붉은 점 한 점을 먹으려느냐?"

"아니, 그것도 내사 싫소."

"그러면 무엇을 먹으려느냐? 시금털털 개살구를 먹으려느냐?"

"아니, 그것도 내사 싫소."

"그러면 무엇을 먹으려나? 돌 잡아 주랴 개 잡아 주랴. 내 몸통채 먹으려느냐?"

"여보 도련님, 내가 사람 잡아먹는 것 보았소?"

"예라, 요것 안 될 말이로다. 어화둥둥, 내 사랑이지. 이 애 그만 내리려무나. 백사만사가 다 품앗이가 있느니라. 내가 너를 업었으니 너도 나를 업어야지."

"애고, 도련님은 기운이 세어서 나를 업었거니와 나는 기운이 없어 못 업겠소."

"업는 수가 있느니라. 나를 돋워 업으려 말고 발이 땅에 자운자운하게 뒤로 잦은 듯하게 업어다고."

도련님을 업고 툭 추어 놓으니 대중이 틀렸구나.

"애고 잡상스러워라."

이리 흔들 저리 흔들,

"내가 네 등에 업혀 놓으니 마음이 어떠하냐? 나도 너를 업고 좋은 말을 하였으니 너도 나를 업고 좋은 말을 하여야지."

"좋은 말을 하오리다 들으시오.

부열[549]이를 업은 듯,

---

548) 백청(白淸): 희고 품질이 좋은 꿀.
549) 부열(傅說): 은(殷)나라의 어진 재상.

여상[550]이를 업은 듯,
흉중대략(胸中大略) 품었으니 명만일국(名滿一國) 대신 되어
주석지신 보국충신 모두 헤아리니,
사육신을 업은 듯, 생육신을 업은 듯,
일(日)선생 월(月)선생 고운[551] 선생을 업은 듯,
제봉[552]을 업은 듯, 요동백[553]을 업은 듯,
정송강을 업은 듯, 충무공을 업은 듯,
우암 퇴계 사계 명재를 업은 듯,
내 서방이지 내 서방.
알뜰 간간 내 서방.
진사 급제 대 받쳐 직부주서[554] 한림학사
이렇듯이 된 연후 부승지 좌승지 도승지로 당상(堂上)하여
팔도 방백 지낸 후
내직(內職)으로 각신(閣臣) 대교[555] 복상(卜相)
대제학 대사성 판서 좌상 우상 영상 규장각 하신 후에
내삼천 외팔백[556] 주석지신,
내 서방 알뜰 간간 내 서방이지."

---

550) 여상(呂尙): 강태공(姜太公). 주(周)나라 초기의 어진 재상.

551) 고운(孤雲): 최치원(崔致遠)의 호. 신라 말기의 한학자로, 우리나라 한학계의 시조라 함.

552) 제봉(霽峰): 고경명(高敬命)의 호. 임진왜란 때 의병을 일으켜 금산(錦山)에서 싸우다가 아들과 함께 전사함.

553) 요동백(遼東伯): 광해군 때의 무사(武士) 김응하(金應河). 건주위(建州衛)의 반란을 평정하는 데 공을 세우고 전사하였는데 명나라 황제로부터 요동백에 봉함을 받았음.

554) 직부주서(直赴注書): 급제한 후 다른 관직을 거치지 않고 바로 승정원(承政院)의 정칠품(正七品)인 주서로 제수받음.

555) 대교(待敎): 규장각의 정칠품으로부터 정구품까지의 벼슬.

556) 내삼천(內三千) 외팔백(外八百): 내직이 삼천이고 외직이 팔백이라는 말.

제 손수 농즙(濃汁) 나게 문질렀구나.

"춘향아, 우리 말놀음이나 좀 하여 보자."

"애고 참 우스워라. 말놀음이 무엇이오?"

말놀음 많이 하여 본성 부르게,

"천하 쉽지야. 너와 나와 벗은 김에 너는 온 방바닥을 기어다녀라. 나는 네 궁둥이에 딱 붙어서 네 허리를 잔뜩 끼고 볼기짝을 내 손바닥으로 탁 치면서 이리 하거든 호홍거려 퇴김질로 물러서며 뛰어라. 알심있게 뛰거드면 탈 승(乘)자 노래가 있느니라."

"타고 놀자 타고 놀자.
헌원씨[557] 습용간과[558] 능작대무,[559] 치우[560] 탁녹야[561]에 사로잡고,
승전고(勝戰鼓)를 울리면서 지남거(指南車)를 높이 타고,
하우씨[562] 구년지수(九年之水) 다스릴 제 육행승거[563] 높이 타고,
적송자[564] 구름 타고,
여동빈[565] 백로(白鷺) 타고,
이적선(李謫仙) 고래 타고,

---

557) 헌원씨(軒轅氏): 삼황오제 중 하나인 황제의 이름. 헌원의 언덕에서 태어났다 하여 헌원씨로 불림.
558) 습용간과(習用干戈): 방패와 창 다루는 법을 익힘.
559) 능작대무(能作大霧): 사방에 안개가 자욱하게 끼도록 만드는 재주를 부림.
560) 치우(蚩尤): 고대 제후의 이름. 병란(兵亂)을 좋아하였기 때문에 황제에게 죽임을 당하였음.
561) 탁녹야(涿鹿野): 중국 하북성(河北省) 탁록현으로 황제가 치우를 죽인 곳.
562) 하우씨(夏禹氏): 하(夏)나라를 세운 임금. 순(舜)임금의 자리를 물려받아 천자가 됨.
563) 육행승거(陸行乘車): 육로에서 타는 수레.
564) 적송자(赤松子): 고대의 신선(神仙) 이름.
565) 여동빈(呂洞賓): 당나라 때의 사람으로 종남산에 들어가 신선이 되었다 함.

맹호연[566] 나귀 타고,
태을선인(太乙仙人) 학을 타고,
대국천자(大國天子) 코끼리 타고,
우리 전하는 연(輦)을 타고,
삼정승은 평교자[567]를 타고,
육판서는 초헌(軺軒) 타고,
훈련대장은 수레 타고,
각읍 수령은 독교(獨轎) 타고,
남원부사는 별연(別輦)을 타고,
일모장강[568] 어옹(漁翁)들은 일엽편주 도도 타고,
나는 탈 것 없었으니
금야(今夜) 삼경 깊은 밤에 춘향 배를 넌짓 타고,
홑이불로 돛을 달아
내 기계로 노를 저어 오목섬을 들어가되,
순풍에 음양수(陰陽水)를 시름없이 건너갈 제,
말을 삼아 탈 양이면 걸음걸이 없을쏘냐.
마부는 내가 되어 네 구종을 넌지시 잡아
구종걸음 반부새[569]로 화장[570]으로 걸어라.
기총마(騎驄馬) 뛰듯 뛰어라."

온갖 장난을 다 하고 보니 이런 장관이 또 있으랴. 이팔(二八) 이팔 둘

566) 맹호연(孟浩然): 당나라의 시인. 자연의 정취를 사랑하여 그것을 읊은 시를 많이 남김.
567) 평교자(平轎子): 높은 벼슬아치가 타던 수레.
568) 일모장강(日暮長江): 양자강의 해지는 모습.
569) 반부새: 말이 좀 부산하게 내닫는 일.
570) 화장: 화장걸음. 팔을 벌리고 뚜벅뚜벅 걷는 걸음.

이 만나 미친 마음 세월 가는 줄 모르던가 보더라.

이 때 뜻밖에 방자 나와,

"도련님, 사또께옵서 부르시오."

도련님 들어가니 사또 말씀하시되,

"여봐라, 서울서 동부승지[571] 교지(敎旨)가 내려왔다. 나는 문부사정[572]하고 갈 것이니 너는 내행(內行)을 배행(陪行)하여 명일로 떠나거라."

도련님 부교(父敎) 듣고 일변은 반갑고 일변은 춘향을 생각하니 흉중이 답답하여 사지의 맥이 풀리고 간장이 녹는 듯 두 눈으로 더운 눈물이 펄펄 솟아 옥면(玉面)을 적시거늘, 사또 보시고,

"너 왜 우느냐? 내가 남원을 일생 살 줄로 알았더냐? 내직(內職)으로 승차[573]되니 섭섭히 생각 말고 금일부터 치행등절[574]을 급히 차려 명일 오전으로 떠나거라."

겨우 대답하고 물러나와 내아에 들어가 사람이 무론상중하[575]하고 모친께는 허물이 적은지라. 춘향의 말을 울며 청하다가 꾸중만 실컷 듣고 춘향의 집으로 나오는데 설움은 기가 막히나 노상에서 울 수 없어 참고 나오는데 속에서 두부장 끓듯 하는지라. 춘향 문전 당도하니 통채 건더기째 보째 왈칵 쏟아져 놓으니,

"어푸 어푸 어허!"

춘향이 깜짝 놀래어 왈칵 뛰어 내달아

"애고 이게 웬일이오? 안으로 들어가시더니 꾸중을 들으셨소? 노상에 오시다가 무슨 분함 당해 겨소? 서울서 무슨 기별이 왔다더니 중복[576]을

571) 동부승지(同副承旨): 승정원(承政院)의 정삼품 벼슬.
572) 문부사정(文簿査定): 문서나 장부상의 일을 조사하고 처리함.
573) 승차(陞差): 같은 관청에서 윗자리 벼슬로 오름.
574) 치행등절(治行等節): 행장을 차리는 등의 절차.
575) 무론상중하(毋論上中下): 사람의 신분이 높고 낮음을 가릴 것 없이.

입어 계시오? 점잖으신 도련님이 이것이 웬일이오?"

춘향이 도련님 목을 담쏙 안고 치맛자락을 걷어잡고 옥안(玉顔)에 흐르는 눈물 이리 씻고 저리 씻으면서,

"울지 마오. 울지 마오."

도련님 기가 막혀 울음이란 게 말리는 사람이 있으면 더 울던 것이었다. 춘향이 화를 내어,

"여보 도련님, 아굴지 보기 싫소. 그만 울고 내력 말이나 하오."

"사또께옵서 동부승지하여 계시단다."

춘향이 좋아하여,

"댁의 경사요. 그래서, 그러면 왜 운단 말이오?"

"너를 버리고 갈 터이니 내 아니 답답하냐?"

"언제는 남원 땅에서 평생 살으실 줄로 알았겠소. 나와 어찌 함께 가기를 바라리오. 도련님 먼저 올라가시면 나는 예서 팔 것 팔고 추후에 올라갈 것이니 아무 걱정 말으시오. 내 말대로 하였으면 군색잖고 좋을 것이요. 내가 올라가더라도 도련님 큰댁으로 가서 살 수 없을 것이니 큰댁 가까이 조그마한 집 방이나 두엇 되면 족하오니 염탐하여 사두소서. 우리 권구[577] 가더라도 공밥 먹지 아니할 터이니 그렁저렁 지내다가 도련님 나만 믿고 장가 아니 갈 수 있소. 부귀영총 재상가의 요조숙녀 가리어서 혼정신성[578]할지라도 아주 잊든 마옵소서. 도련님 과거하여 벼슬 높아 외방(外方) 가면 신래마마[579] 치행할 제 마마로 내세우면 무슨 말이 되오리까? 그리 알아 조처하오."

"그게 이를 말이냐? 사정이 그렇기로 네 말을 사또께는 못 여쭈고 대부인전 여쭈오니 꾸중이 대단하시며 양반의 자식이 부형 따라 하향(遐鄕)

576) 중복(重複): 가까운 친척이 죽어서 입는 상복.
577) 권구(眷口): 한 집에 같이 사는 식구.
578) 혼정신성(昏定晨省): 아침 저녁으로 부모의 거처를 찾아 안부를 살핌.
579) 신래마마((新來媽媽): 새로 부임하는 지방 수령의 부인을 높여 부르는 말.

에 왔다 화방작첩(花房作妾)하여 데려간단 말이 전정(前程)에도 괴이하고 조정에 들어 벼슬도 못 한다더구나. 불가불 이별이 될 밖에 수 없다."

춘향이 이 말을 듣더니 고닥기 발연변색이 되며 요두전목[580]에 붉으락 푸르락 눈을 간잔조롬하게 뜨고 눈썹이 꼿꼿하여지면서 코가 발심발심하며 이를 뽀도독 뽀도독 갈며 온몸을 쑤신 입 틀 듯하며 매 꿩 차는 듯하고 앉더니,

"허허, 이게 웬말이오?"

왈칵 뛰어 달려들며 치맛자락도 와드득 좌르륵 찢어 버리며 머리도 와드득 쥐어뜯어 싹싹 비벼 도련님 앞에다 던지면서,

"무엇이 어쩌고 어째요. 이것도 쓸데없다."

면경 체경 산호죽절(珊瑚竹節)을 두루쳐 방문 밖에 탕탕 부딪치며 발도 동동 굴러 손뼉치고 돌아앉아 자탄가로 우는 말이,

"서방 없는 춘향이가 세간살이 무엇하며 단장하여 뉘 눈에 괴일꼬? 몹쓸 년의 팔자로다. 이팔청춘 젊은 것이 이별 될 줄 어찌 알랴. 부질없는 이내 몸을 허망하신 말씀으로 전정 신세 버렸구나. 애고 애고 내 신세야."

천연히 돌아앉아,

"여보 도련님, 인자 막 하신 말씀 참말이요 농말이요? 우리 둘이 처음 만나 백년언약 맺을 적에 대부인 사또께옵서 시키시던 일이오니까? 빙자가 웬일이요. 광한루서 잠깐 보고 내 집에 찾아와서 침침무인 야삼경에 도련님은 저기 앉고 춘향 나는 여기 앉아 날더러 하신 말씀 구맹불여천맹이요 산맹불여천맹이라고.[581] 전년 오월 단오야에 내 손길 부여잡고 우둥퉁퉁 밖에 나와 당중(堂中)에 우뚝 서서 경경(耿耿)히 맑은 하늘 천 번이

580) 요두전목(搖頭轉目): 머리를 흔들고 눈을 희번덕거려 행동이 침착하지 않은 모습.

581) 구맹불여천맹(丘盟不如天盟) 산맹불여천맹(山盟不如天盟): 언덕을 두고 맹세하는 것은 하늘을 두고 맹세하는 것만 같지 못하며, 산을 두고 맹세하는 것은 하늘을 두고 맹세하는 것만 같지 못함.

나 가리키며 만 번이나 맹세키로 내 정녕 믿었더니, 말경에 가실 때는 톡 떼어 버리시니 이팔청춘 젊은 것이 낭군 없이 어찌 살꼬? 침침공방 추야장에 시름 상사 어이할꼬? 애고애고 내 신세야. 모질도다 모질도다, 도련님이 모질도다. 독하도다 독하도다, 서울 양반 독하도다. 원수로다 원수로다, 존비귀천 원수로다. 천하에 다정한 게 부부정 유별컨만 이렇듯 독한 양반 이 세상에 또 있을까. 애고 애고 내 일이야. 여보 도련님, 춘향 몸이 천하다고 함부로 버리셔도 그만인 줄 아지 마오. 첩지박명[582] 춘향이가 식불감(食不甘) 밥 못 먹고 침불안(寢不安) 잠 못 자면 며칠이나 살 듯하오. 상사(相思)로 병이 들어 애통하다 죽게 되면 애원한 내 혼신 원귀(怨鬼)가 될 것이니 존중하신 도련님이 근들 아니 재앙이요. 사람의 대접을 그리 마오. 인물 거천[583]하는 법이 그런 법이 왜 있을꼬? 죽고지고 죽고지고. 애고 애고 설운지고."

한참 이리 자진(自盡)하여 설이 울 제 춘향모는 물색도 모르고,

"애고 저것들, 또 사랑쌈이 났구나. 어 참 아니꼽다. 눈구석 쌍가래톳 설 일 많이 보네."

하고 아무리 들어도 울음이 장차 길구나. 하던 일을 밀쳐 놓고 춘향 방 영창 밖으로 가만가만 들어가며 아무리 들어도 이별이로구나.

"허허, 이것 별일 났다."

두 손뼉 땅땅 마주 치며,

"허허, 동네 사람 다 들어 보오. 오늘날로 우리 집에 사람 둘 죽습네."

이간 마루 섭적 올라 영창문을 뚜드리며 우루룩 달려들어 주먹으로 겨누면서,

"이년 이년, 썩 죽거라. 살아서 쓸데없다. 너 죽은 신체라도 저 양반이 지고 가게. 저 양반 올라가면 뉘 간장을 녹이려나? 이년 이년, 말 듣거라.

582) 첩지박명(妾之薄命): 첩, 즉 자신의 좋지 못한 팔자를 말함.
583) 거천(擧薦): 인물을 추천함.

내 일상 이르기를 후회되기 쉽느니라. 도도한 마음 먹지 말라고 여염 사람 가리어서 형세 지체 너와 같고 재주 인물이 모두 너와 같은 봉황의 짝을 얻어 내 앞에 노는 양을 내 안목에 보았으면 너도 좋고 나도 좋지. 마음이 도도하여 남과 별로 다르더니 잘 되고 잘 되었다."

두 손뼉 꽝꽝 마주 치면서 도련님 앞에 달려들어,

"나와 말 좀 하여 봅시다. 내 딸 춘향을 버리고 간다 하니 무슨 죄로 그러시오? 춘향이 도련님 모신 지 거진 일 년 되었으되 행실이 그르던가, 예절이 그르던가, 침선(針線)이 그르던가, 언어가 불순턴가, 잡스런 행실 가져 노류장화 음란턴가? 무엇이 그르던가? 이 봉변이 웬일인가? 군자 숙녀 버리는 법 칠거지악 아니면은 못 버리는 줄 모르는가. 내 딸 춘향 어린 것을 밤낮으로 사랑할 제 안고 서고 눕고 지며 백 년 삼만육천 일에 떠나 살지 말자 하고 주야장천 어루더니, 말경에 가실 제는 뚝 떼어 버리시니 양류천만사(楊柳千萬絲)인들 가는 춘풍 어이하며 낙화낙엽 되거드면 어느 나비가 다시 올까? 백옥 같은 내 딸 춘향 화용신[584]도 부득이 세월에 장차 늙어져 홍안(紅顔)이 백수(白首) 되면 시호시호부재래[585]라, 다시 젊든 못 하나니. 무슨 죄가 진중하여 허송백년 하오리까? 도련님 가신 후에 내 딸 춘향 임 그릴 제 월정명[586] 야삼경에 첩첩수심 어린 것이 가장 생각 절로 나서 초당전(草堂前) 화계상(花階上) 담배 피워 입에다 물고 이리저리 다니다가 불꽃 같은 시름 상사 흉중으로 솟아나 손 들어 눈물 씻고 후유 한숨 길게 쉬고 북편을 가리키며 한양 계신 도련님도 나와 같이 그리신지 무정하여 아주 잊고 일장 편지 아니 하신가?

긴 한숨에 듣는 눈물 옥안홍상(玉顔紅裳) 다 적시고 저의 방으로 들어가서 의복도 아니 벗고 외로운 베개 위에 벽만 안고 돌아누워 주야장탄

---

584) 화용신(花容身): 꽃같이 아름다운 얼굴과 몸.
585) 시호시호부재래(時乎時乎不再來): 시절이여, 시절이여, 다시 오지 않는구나.
586) 월정명(月正明): 달이 맑고 밝음.

우는 것은 병 아니고 무엇이오? 시름 상사 깊이 든 병, 너 구하지 못하고서 원통히 죽게 되면 칠십 당년 늙은 것이 딸 잃고 사위 잃고 태백산 갈가마귀 게발 물어다 던지듯이 혈혈단신 이 내 몸이 뉘를 믿고 살잔 말고? 남 못 할 일 그리 마오. 애고 애고 설운지고. 못하지요, 몇 사람 신세를 망치려고 아니 데려가오? 도련님 대가리가 둘 돋쳤소? 애고 애고 무서워라, 이 쇠땡땡아."

왈칵 뛰어 달려드니, 이 말이 만일 사또께 들어가면 큰 야단이 나겠거든,

"여보소 장모. 춘향만 데려갔으면 그만 두겠네."

"그래, 아니 데려가고 견뎌낼까?"

"너무 거세우지 말고 여기 앉아 말 좀 듣소. 춘향을 데려간대도 가마 쌍교(雙轎) 말을 태워 가자 하니 필경에 이 말이 날 것인즉 달리는 변통할 수 없고, 내 이 기가 막히는 중에 꾀 하나를 생각하고 있네마는, 이 말이 입 밖에 나서는 양반 망신만 하는 게 아니라 우리 선조 양반이 모두 망신할 말이로세."

"무슨 말이 그리 그른 말이 있단 말인가?"

"내일 내행이 나오실 제 내행 뒤에 사당(祠堂)이 나올 테니 배행은 내가 하겠네."

"그래서요."

"그만하면 알지."

"나는 그 말 모르것소."

"신주는 모셔내어 내 창옷587) 소매에다 모시고 춘향은 요여588)에다 태워 갈 밖에 수가 없네. 걱정 말고 염려 마소."

춘향이 그 말 듣고 도련님을 물끄러미 바라보더니,

"마소, 어머니. 도련님 너무 조르지 마소. 우리 모녀 평생 신세 도련님

---

587) 창옷: 웃옷의 한 가지.

588) 요여(腰輿): 장사 뒤에 혼백과 신주를 모시고 돌아오는 상여 .

장중(掌中)에 매었으니 알아 하라 당부나 하오. 이번은 아마도 이별할 밖에 수가 없네. 이왕에 이별이 될 바는 가시는 도련님을 왜 조르리까마는 우선 갑갑하여 그러하지. 내 팔자야. 어머니, 건넌방으로 가옵소서. 내일은 이별이 될 텐가 보오. 애고 애고 내 신세야. 이별을 어찌할꼬? 여보, 도련님."

"왜야?"

"여보, 참으로 이별을 할 테요?"

촛불을 돋우 켜고 둘이 서로 마주앉아 갈 일을 생각하고 보낼 일을 생각하니 정신이 아득 한숨질, 눈물겨워 경경오열[589]하여 얼굴도 대어 보고 수족도 만져 보며,

"날 볼 날이 몇 밤이오. 애달파 나쁜 수작 오늘 밤이 망종이니 나의 설운 원정 들어보오. 연근육순(年近六旬) 나의 모친 일가친척 바이 없고 다만 독녀 나 하나라. 도련님께 의탁하여 영귀할까 바랐더니 조물이 시기하고 귀신이 작해(作害)하여 이 지경이 되었구나. 애고 애고, 내 일이야. 도련님 올라가면 나는 뉘를 믿고 사오리까? 천수만한(千愁萬恨) 나의 회포 주야 생각 어이 하리. 이화 도화 만발할 제 수변행락[590] 어이하며 황국(黃菊) 단풍 늦어갈 제 고절숭상(孤節崇尙) 어이할꼬? 독수공방 긴긴 밤에 전전반측 어이 하리? 쉬느니 한숨이요 뿌리느니 눈물이라. 적막강산 달 밝은 밤에 두견성을 어이 하리? 상풍고절[591] 만리변(萬里邊)에 짝 찾는 저 홍안성[592]을 뉘라서 금하오며, 춘하추동 사시절에 첩첩이 쌓인 경물(景物) 보는 것도 수심이요 듣는 것도 수심이라."

애고 애고, 설이 울 제 이 도령 이른 말이,

---

589) 경경오열(哽哽嗚咽): 슬픔으로 목메어 욺.
590) 수변행락(水邊行樂): 물가에서의 놀이.
591) 상풍고절(霜風高節): 바람과 서리. 즉, 어떠한 어려운 곤경에 처해도 굽히지 않는 높은 절개.
592) 홍안성(鴻雁聲): 기러기 울음소리.

"춘향아, 울지 마라. 부수소관첩재오[593]라. 소관의 부수들과 오나라 정부[594]들도 동서(東西) 임 그리워서 규중심처 늙어 있고, 정객관산로기중[595]에 관산의 정객[596]이며 녹수부용[597] 채련녀[598]도 부부신정(夫婦新情) 극중(極重)타가 추월강산(秋月江山) 적막한데 연을 키워 상사하니 나 올라간 뒤라도 창전에 명월커든 천리 상사 부디 마라. 너를 두고 가는 내가 일일 평분(平分) 십이시(十二時)를 낸들 어이 무심하랴? 울지 마라 울지 마라."

춘향이 또 우는 말이,

"도련님 올라가면 행화춘풍(杏花春風) 거리거리 취하는 게 장진주(將進酒)요, 청루미색(青樓美色) 집집마다 보시느니 미색이요, 처처에 풍악소리 간 곳마다 화월(花月)이라. 호색하신 도련님이 주야 호강 놀으실 제 나 같은 하방천첩이야 손톱만큼치나 생각하오리까? 애고 애고 내 일이야."

"춘향아, 울지 마라. 한양성 남북촌에 옥녀가인(玉女佳人) 많건마는 규중심처 깊은 정 너밖에 없었으니 이 아무리 대장부들 일각이나 잊을쏘냐?"

서로 피차 기가 막혀 연연 이별 못 떠날지라. 도련님 모시고 갈 후배사령[599]이 나올 적에 헐떡헐떡 들어오며,

"도련님, 어서 행차하옵소서. 안에서 야단났소. 사또께옵서 도련님 어디 가셨느냐 하옵기에 소인이 여쭙기를 놀던 친구 작별차로 문 밖에 잠깐 나가셨노라 하였사오니 어서 행차하옵소서."

---

593) 부수소관첩재오(夫戍蕭關妾在吳): '남편은 소관이라는 곳에서 수자리 살고 아내는 오나라에 있네.' 당나라 왕가(王駕)의 시구.
594) 정부(征婦): 타향에 군사로 나가 있는 사람의 아내.
595) 정객관산로기중(征客關山路幾重): '남편이 수자리 살러 가 있는 관산은 얼마나 먼 곳에 있는가.' 왕발(王勃)의 「채련곡(採蓮曲)」에 나오는 말.
596) 정객(征客): 타향에 군대 가 있거나 여행하는 사람.
597) 녹수부용(綠水芙蓉): 푸른 물과 연꽃. 아름다운 여인을 형용하는 말.
598) 채련녀(採蓮女): 연밥을 따는 여인.
599) 후배사령(後陪使令): 뒤따르는 하인.

"말 대령하였느냐?"

"말 마침 대령하였소."

백마욕거장시하고 청아석별견의로다.[600] 말은 가자고 네 굽을 치는데, 춘향은 마루 아래 툭 떨어져 도련님 다리를 부여잡고,

"날 죽이고 가면 가지 살리고는 못 가고 못 가느니."

말 못 하고 기절하니 춘향모 달려들어,

"향단아, 찬물 어서 떠오너라. 차를 달여 약 갈아라. 네 이 몹쓸 년아, 늙은 어미 어쩌려고 몸을 이리 상하느냐?"

춘향이 정신 차려,

"애고, 갑갑하여라."

춘향의 모 기가 막혀,

"여보 도련님, 남의 생때같은 자식을 이 지경이 웬일이오. 절곡한 우리 춘향 애통하여 죽게 되면 혈혈단신 이내 신세 뉘를 믿고 살잔 말고."

도련님 어이없어,

"이봐 춘향아, 네가 이게 웬일이냐? 나를 영영 안 보려느냐? 하량낙일수운기[601]는 소통국[602]의 모자 이별, 정객관산로기중에 오희월녀[603] 부부 이별, 편삽수유소일인[604]은 용산의 형제 이별, 서출양관무고인[605]은 위성의 붕우 이별. 그런 이별 많아도 소식 들을 때가 있고 상면할 날 있

---

600) 백마욕거장시(白馬欲去長嘶) 청아석별견의(青娥惜別牽衣): 백마는 떠나자고 길게 우는데 여인은 안타까운 이별에 옷을 잡는구나.

601) 하량낙일수운기(河梁落日愁雲起): 강에 놓인 다리에 해질 무렵 수심어린 구름이 일어나네.

602) 소통국(蘇通國): 한나라 소무(蘇武)의 아들로, 흉노에게 잡혀 갔다 돌아옴.

603) 오희월녀(吳姬越女): 오나라와 월나라의 미인.

604) 편삽수유소일인(徧挿茱萸少一人): '모두들 머리에 수유열매를 꽂고 즐기는데 나 한 사람만 고향 생각에 그것을 꽂지 못하고 있네.' 왕유(王維)의 시에 나오는 구절.

605) 서출양관무고인(西出陽關無故人): (이별하는 벗에게 술을 권하면서) '서쪽으로 양관을 나서면 친구가 없으리라.' 왕유의 시에 나오는 구절.

었으니 내가 이제 올라가서 장원급제 출신(出身)하여 너를 데려갈 것이니 울지 말고 잘 있거라. 울음을 너무 울면 눈도 붓고 목도 쉬고 골머리도 아프니라. 돌이라도 망두석[606]은 천만년이 지나가도 광석[607] 될 줄 몰라 있고, 나무라도 상사목(相思木)은 창 밖에 우뚝 서서 일년춘절 다 지나되 잎이 필 줄 몰라 있고, 병이라도 훼심병(毁心病)은 오매불망 죽느니라. 네가 나를 보려거든 설워 말고 잘 있거라."

춘향이 하릴없어,

"여보 도련님, 내 손에 술이나 망종 잡수시오. 행찬[608] 없이 가실진대 나의 찬합 갊았다가 숙소참[609] 잘 자리에 날 본 듯이 잡수시오. 향단아, 찬합 술병 내오너라."

춘향이 일배주 가득 부어 눈물 섞어 드리면서 하는 말이,

"한양성 가시는 길에 강수(江樹) 청청 푸르거든 원함정[610]을 생각하고, 천시가절(天時佳節) 때가 되어 세우(細雨)가 분분커든 노상행인욕단혼[611]이라. 마상(馬上)에 곤핍하여 병이 날까 염려오니 방초무초[612] 저문 날에 일찍 들어 주무시고 아침날 풍우상(風雨上)에 늦게야 떠나시며, 한 채찍 천리마에 모실 사람 없사오니 부디부디 천금귀체 시사[613] 안보 하옵소서. 녹수진경도[614]에 평안히 행차하옵시고 일자(一字) 음신(音信) 듣사이다. 종종 편지나 하옵소서."

---

606) 망두석(望頭石): 무덤 앞에 세우는 두 개의 돌기둥.
607) 광석(壙石): 무덤 속에 묻는 지석(誌石).
608) 행찬(行饌): 여행할 때 집에서 마련해 가는 반찬.
609) 숙소참(宿所站): 관원이 출장할 때 묵던 집.
610) 원함정(遠含情): 먼 곳에서 정을 품고 있는 사람.
611) 노상행인욕단혼(路上行人欲斷魂): '좋은 경치가 길 가는 사람의 애를 태우네.' 두목지의 시에 나오는 구절.
612) 방초무초(芳草茂草): 풀이 향기롭고 무성함.
613) 시사(時事): 살아가면서 겪게 되는 일.
614) 녹수진경도(綠樹秦京道): 푸른 나무가 있는 진나라 서울이라는 뜻으로, 한양을 말함.

도련님 하는 말이,

"소식 듣기 걱정 마라. 요지(瑤地)의 서왕모(西王母)도 주목왕(周穆王)을 만나려고 일쌍 청조 자래(自來)하여 수천 리 먼먼 길에 소식 전송하여 있고, 한무제 중랑장[615]은 상림원[616] 군부전(君父前)에 일척금서[617] 보았으니 백안(白雁) 청조 없을망정 남원 인편 없을쏘냐? 슬퍼 말고 잘 있거라."

말을 타고 하직하니 춘향이 기가 막혀 하는 말이,

"우리 도련님이 가네 가네 하여도 거짓말로 알았더니 말 타고 돌아서니 참으로 가는구나."

춘향이가 마부 불러,

"마부야. 내가 문 밖에 나설 수가 없는 터니 말을 붙들어 잠깐 지체하여 서라. 도련님께 한 말씀 여쭐란다."

춘향이 내달아,

"여보 도련님, 인제 가시면 언제나 오시려오.
사절 소식 끊어질 절(絶),
보내나니 아주 영절(永絶),
녹죽(綠竹) 창송(蒼松) 백이숙제(伯夷叔齊) 만고충절,
천산에 조비절,[618]
와병(臥病)에 인사절(人事絶),
죽절(竹節), 송절(松節), 춘하추동 사시절,
끊어져 단절, 분절(分絶), 훼절(毁節),
도련님은 날 버리고 박절히 가시니 속절없는 나의 정절,
독수공방 수절할 제 어느 때에 파절(破節)할꼬?

615) 중랑장(中郎將): 부대를 지휘하는 장군에 버금가는 장수.
616) 상림원(上林苑): 진시황이 만들었다고 하는 궁중의 동산.
617) 일척금서(一尺錦書): 한 자 되는 비단에 쓴 편지.
618) 천산조비절(千山鳥飛絶): 온 산에 새의 나는 자취가 끊어짐.

첩의 원정(寃情) 슬픈 고절(苦節),
주야 생각 미절(未絶)할 제 부디 소식 돈절 마오."

대문 밖에 거꾸러져 섬섬한 두 손길로 땅을 꽝꽝 치며,
"애고 애고, 내 신세야."

애고 일성(一聲) 하는 소리 황애산만풍소삭이요 정기무광일색박이라.[619] 엎더지며 자빠질 제 서운찮게 갈 양이면 몇 날 며칠 될 줄 모를레라. 도련님 타신 말은 준마가편[620] 이 아니냐. 도련님 낙루(落淚)하고 훗기약을 당부하고 말을 채쳐 가는 양은 광풍에 편운(片雲)일레라.

619) 황애산만풍소삭(黃埃散漫風蕭索) 정기무광일색박(旌旗無光日色薄): '누른 티끌이 흩어지니 바람은 쓸쓸하고 깃발에 빛이 없으니 햇빛조차 엷도다.' 백락천의「장한가(長恨歌)」에 나오는 구절.

620) 준마가편(駿馬加鞭): 잘 달리는 말에 채찍을 가함.

## 춘향전 하권이라

이 때 춘향이 하릴없어 자던 침방으로 들어가서,

"향단아, 주렴 걷고 안석 밑에 베개 놓고 문 닫아라. 도련님을 생시는 만나 보기 망연하니 잠이나 들면 꿈에 만나 보자. 예로부터 이르기를, '꿈에 와 보이는 임은 신(信)이 없다.' 일렀건만 답답히 그릴진댄 꿈 아니면 어이 보리."

꿈아 꿈아, 네 오너라.
수심 첩첩 한이 되어 몽불성(夢不成)에 어이하랴.
애고 애고, 내 일이야. 인간 이별 만사 중에 독수동방 어이하리.
상사불견(相思不見) 나의 심경 그 뉘라서 알아주리.
미친 마음 이렁저렁 흐트러진 근심 후려쳐 다 버리고,
자나 누우나 먹고 깨나 임 못 보아 가슴 답답,
어린 양기 고운 소리 귀에 쟁쟁.
보고지고 보고지고, 임의 얼굴 보고지고.
듣고지고 듣고지고 임의 소리 듣고지고.
전생에 무슨 원수로 우리 둘이 생겨나서,
그린 상사 한데 만나 잊지 말자 처음 맹세,
죽지 말고 한데 있어 백년기약 맺은 맹세.
천금주옥(千金珠玉) 꿈 밖이요 세사일관621) 관계하랴.
근원 흘러 물이 되고 깊고 깊고 다시 깊고,
사랑 모여 뫼가 되어 높고 높고 다시 높아,
끊어질 줄 모르거든 무너질 줄 어이 알리.

---

621) 세사일관(世事一款): 세상사 모든 것.

귀신이 작해하고 조물이 시기로다.
일조(一朝) 낭군 이별하니 어느 날에 만나 보리.
천수만한(千愁萬恨) 가득하여 끝끝내 느끼워라.
옥안운빈공로한[622]이 일월이 무정이라.
오동추야 달 밝은 밤은 어이 그리 더디 새며,
녹음방초 비낀 곳에 해는 어이 더디 간고.
이 상사 알으시면 임도 나를 그리련만,
독수공방 홀로 누워 다만 한숨 벗이 되고,
구곡간장 굽이 썩어 솟아나니 눈물이라.
눈물 모여 바다 되고 한숨지어 청풍 되면,
일엽주 물어 타고 한양 낭군 찾으련만,
어이 그리 못 보는고.
우수명월(憂愁明月) 달 밝은 때,
설심조군[623] 느끼오니 소연(昭然)한 꿈이로다.
현야월[624] 두우성[625]은 임 계신 곳 비치련만,
심중에 앉은 수심 나 혼자뿐이로다.
야색(夜色) 창망(滄茫)한데
경경(耿耿)이 비치는 게 창외(窓外)의 형화[626]로다.
밤은 깊어 삼경인데
앉았은들 임이 올까 누웠은들 잠이 오랴.

622) 옥안운빈공로한(玉顔雲鬢空老恨): 아름다운 얼굴과 구름처럼 탐스러운 머리채를 가진 젊은 몸이 헛되이 늙어 가는 한.
623) 설심조군(爇心竈君): 마음을 불살라 부엌신에게 빈다는 말로, 임을 그리는 애틋한 마음.
624) 현야월(懸夜月): 높이 걸려 있는 달빛 아래.
625) 두우성(斗牛星): 북두칠성과 견우성.
626) 형화(螢火): 반딧불.

임도 잠도 아니 온다.
이 일을 어이 하리.
아마도 원수로다.

홍진비래 고진감래 예로부터 있건마는,
기다림도 적지 않고 기룬 지도 오래건만,
일촌간장 굽이굽이 맺힌 한을, 임 아니면 뉘라 풀꼬.
명천(明天)은 하감(下鑑)하사 수이 보게 하옵소서.
미진인정(未盡人情) 다시 만나
백발이 다 진토록 이별 없이 살고지고.
묻노라 녹수청산,
우리 임 초췌행색
애연히 일별(一別) 후에 소식조차 돈절하다.
인비목석 아닐진대 임도 응당 느끼리라.
애고 애고 내 신세야.

앙천자탄(仰天自嘆)에 세월을 보내는데, 이 때 도련님은 올라갈 제 숙소마다 잠 못 이뤄,

"보고지고 나의 사랑 보고지고 주야불망 우리 사랑, 날 보내고 기룬 마음 속히 만나 풀으리라."

일구월심 굳게 먹고 등과(登科) 외방(外方) 바라더라.

이 때 수삭(數朔) 만에 신관 사또 났으되 자하골 변학도라 하는 양반이 오는데 문필도 유여(有餘)하고 인물 풍채 활달하고 풍류 속에 달통하여 외입 속이 넉넉하되, 한갓 흠이 성정 괴팍한 중에 사증[627]을 겸하여 혹시

627) 사증(邪症): 멀쩡한 사람이 때때로 미친 듯이 하는 짓.

실덕(失德)도 하고 외결[628]하는 일이 간다[629] 고로 세상에 아는 사람은 다 고집불통이라 하것다.

신연하인[630] 현신할 제,

"사령 등 현신이요."

"이방이요."

"감상[631]이요."

"수배[632]요."

"이방 부르라."

"이방이요."

"그 새 너희 골에 일이나 없느냐?"

"예. 아직 무고합니다."

"네 골 관노(官奴)가 삼남에 제일이라지?"

"예. 부림직하옵니다."

"또 네 골에 춘향이란 계집이 매우 색이라지?"

"예."

"잘 있냐?"

"무고하옵니다."

"남원이 예서 몇 린고?"

"육백삽십 리로소이다."

마음이 바쁜지라,

"급히 치행(治行)하라."

---

628) 외결: 오결(誤決). 일을 잘못 처결함.

629) 간다(間多): 간간이 많음.

630) 신연하인(新延下人): 지방 관아의 장교나 아전이 신임 수령을 그 집에 가서 맞아오는 일.

631) 감상(監床): 귀인에게 드리는 음식상을 미리 검사해 보는 사람.

632) 수배(首陪): 후배사령(後陪使令)의 우두머리.

신연하인 물러나와,

"우리 골에 일이 났다."

이 때 신관 사또 출행 날을 급히 받아 도임차로 내려올 제 위의도 장할 씨고. 구름 같은 별연(別輦) 독교(獨轎) 좌우 청장[633] 떡 벌이고 좌우편 부축 급창, 물색 진한 모시 철릭[634] 백저 전대 고를 늘여 엇비슷이 눌러 매고, 대모 관자 통영갓을 이마 눌러 숙여 쓰고 청장줄 검쳐 잡고,

"에라 물러섰다. 나 있거라."

혼금(閽禁)이 지엄하고,

"좌우 구종 긴 경마에 뒷채잡이 힘써라."

통인 한 쌍 착전립[635]에 행차 배행 뒤를 따르고, 수배(首陪) 감상(監床) 공방이며 신연이방 가선하다.[636] 노자[637] 한 쌍 사령 한 쌍 일산보종[638] 전배[639]하여 대로변에 갈라 서고, 백방수주[640] 일산 복판 남수주[641] 선을 둘러 주석(朱錫) 고리 어른어른, 호기 있게 내려올 제 전후의 혼금소리 청산이 상응하고, 권마성[642] 높은 소리 백운이 담담이라. 전주에 득달하여 경기전[643] 객사 연명[644]하고, 영문(營門)에 잠깐 다녀 좁은목 썩 내달아, 만마관[645] 노구바위[646] 넘어 임실 얼른 지내여 오수 들러 중화[647]하고

---

633) 청장(靑杖): 의식 때 쓰는 푸른 막대기.

634) 철릭(天翼): 무관(武官)이 입던 공복(公服)의 한 가지.

635) 착전립(着戰笠): 하급 군사가 전립을 머리에 씀. 전립은 옛날 병졸이 쓰던 모자.

636) 가선하다: 위엄 있어 보이다.

637) 노자(奴子): 남자 종.

638) 일산보종(日傘步從): 귀인이 행차할 때 자루가 긴 양산을 받들고 따라가는 종.

639) 전배(前陪): 앞쪽에서 모시는 사람.

640) 백방수주(白方水紬): 백방사로 만든 좋은 비단.

641) 남수주(藍水紬): 남방사로 만든 좋은 비단.

642) 권마성(勸馬聲): 귀한 사람이 말이나 가마를 타고 행차할 때 위세를 더하기 위하여 행렬 앞에서 목청을 길게 빼서 부르던 소리.

643) 경기전(慶基殿): 태조의 영정(影幀)을 봉안한 곳으로 전주에 있음.

644) 연명(延命): 감사나 수령이 부임할 때에 왕명을 전포하는 의식.

645) 만마관(萬馬關): 전주와 임실의 도중에 있는 큰 고개.

즉일 도임할새, 오리정(五里亭)으로 들어갈 제 천총[648]이 영솔하고, 육방(六房) 하인 청도도로[649] 들어올 제 청도(淸道) 한 쌍, 홍문기[650] 한 쌍, 주작[651] 남동각(南東角) 남서각(南西角) 홍초남문[652] 한 쌍, 청룡[653] 동남각(東南角) 서남각(西南角) 남초[654] 한 쌍, 현무[655] 북동각(北東角) 북서각(北西角) 흑초홍문[656] 한 쌍, 등사[657] 순시[658] 한 쌍, 영기[659] 한 쌍, 집사 한 쌍, 기패관[660] 한 쌍, 군노(軍奴) 열두 쌍, 좌우가 요란하다. 행군 취타(吹打) 풍악 소리 성동(城東)에 진동하고 삼현육각(三絃六角)[661] 권마성은 원근에 낭자하다. 광한루에 포진하여 개복(改服)하고 객사에 연명차로 남여[662] 타고 들어갈새, 백성 소시(所視) 엄숙하게 보이려고 눈을 별양 궁글궁글, 객사에 연명하고 동헌(東軒)에 좌기[663]하고 도임상(到任床)

646) 노구바위: 만마관과 임실 사이에 있는 지명.
647) 중화(中火): 길을 가다가 먹는 점심.
648) 천총(千摠): 각 영문 장관의 정삼품 벼슬.
649) 청도도로(淸道導路): 관리가 행차할 때 깃발을 앞세워 길을 인도함.
650) 홍문기(紅門旗): 충신이나 효자 열녀 등을 표창하기 위하여 그 집에 세운 붉은 문에 다는 기.
651) 주작(朱雀): 주작기(朱雀旗). 붉은 봉황을 그려 진영의 남쪽에 세웠던 깃발.
652) 홍초남문(紅綃藍紋): 붉은 비단에 남색 무늬를 그렸음.
653) 청룡(靑龍): 청룡기(靑龍旗). 푸른 용을 그려 진중의 왼편에 세웠던 깃발.
654) 남초(藍綃): 남색 비단.
655) 현무(玄武): 현무기(玄武旗). 검은 바탕에 구름과 거북의 모양을 그려 진영의 뒤편에 세웠던 깃발.
656) 흑초홍문(黑綃紅紋): 검은색 비단에 붉은 무늬를 그림.
657) 등사(騰蛇): 등사기(騰蛇旗). 황색 바탕에 구름 위를 나르는 뱀을 그려 진영의 중앙에 세웠던 깃발.
658) 순시(巡視): 군중을 순시할 때 사용하던 깃발.
659) 영기(令旗): 군중에서 영(令)이란 글자를 새겨 붙인 깃발로, 군령을 전할 때 가지고 감.
660) 기패관(旗牌官): 훈련도감에 소속되어 군기(軍旗)에 관한 일을 맡아 보던 무관.
661) 삼현육각(三絃六角): 거문고·가야금·향비파의 세 현악기와, 북·장고·해금·대평소 한 쌍·피리 등의 여섯 관악기.
662) 남여(藍輿): 앞뒤 각각 두 사람이 어깨에 메게 되어 있는 뚜껑이 없는 작은 가마.
663) 좌기(坐起): 관청에 우두머리로 있는 사람이 공무를 처리하는 일.

을 잡순 후,

"행수는 문안이요."

행수군관 집례(執禮) 받고 육방 관속 현신 받고, 사또 분부하되,

"수노(首奴) 불러 기생점고하라."

호장(戶長)이 분부 듣고 기생안책(妓生案冊) 들여 놓고 호명을 차례로 부르는데, 낱낱이 글귀로 부르던 것이었다.

"우후동산(雨後東山) 명월이."

명월이가 들어를 오는데 나군[664] 자락을 거듬거듬 걷어다가 세요흉당[665]에 딱 붙이고 아장아장 들어를 오더니,

"점고 맞고 나오."

"어주축수애산춘[666]에 양편 난만 고운 춘색(春色)이 이 아니냐, 도홍(桃紅)이."

도홍이가 들어를 오는데 홍상 자락을 걷어 안고 아장아장 조촘 걸어 들어를 오더니,

"점고 맞고 나오."

"단산에 저 봉이 짝을 잃고 벽오동에 깃들이니 산수지영이요 비충지정[667]이라. 기불탁속[668] 굳은 절개 만수문전(萬壽門前) 채봉(彩鳳)이."

채봉이가 들어오는데 나군 두른 허리 맵시 있게 걷어 안고 연보를 정히 옮겨 아장 걸어 들어와,

"점고 맞고 좌부진퇴로 나오."

---

664) 나군(羅裙): 얇은 비단 치마.

665) 세요흉당(細腰胸膛): 가는 허리와 가슴.

666) 어주축수애산춘(漁舟逐水愛山春): '고기잡이배는 강물을 따라 떠가며 산의 봄을 사랑하네.'

667) 산수지영(山水之靈) 비충지정(飛蟲之精): 산수의 신령스러움과 날아다니는 새의 정기.

668) 기불탁속(飢不啄粟): 독수리는 굶주려도 마당에 떨어진 좁쌀을 쪼아 먹지는 않음.

“청정지연불개절[669]에 묻노라 저 연화(蓮花), 어여쁘고 고운 태도 화중군자(花中君子) 연심(蓮心)이.”

연심이가 들어오는데 나상[670]을 걷어 안고 나말[671] 수혜[672] 끌면서 아장 걸어 가만가만 들어오더니,

“좌부진퇴로 나오.”

“화씨[673]같이 밝은 달 벽해(碧海)에 들었나니 형산백옥(荊山白玉) 명옥(明玉)이.”

명옥이가 들어오는데 기하상 고운 태도 이행[674]이 진중한데 아장 걸어 가만가만 들어를 오더니,

“점고 맞고 좌부진퇴로 나오.”

“운담풍경근오천[675]에 양류편금[676]에 앵앵(鶯鶯)이.”

앵앵이가 들어오는데 홍상 자락을 에후리쳐 세요흉당에 딱 붙이고 아장 걸어 가만가만 들어오더니,

“점고 맞고 좌부진퇴로 나오.”

사또 분부하되,

“자주 부르라.”

“예.”

호장이 분부 듣고 넉자 화두(話頭)로 부르는데,

“광한전 높은 집에 헌도[677]하던 고운 선비(仙妃) 반겨 보니 계향(桂香)

---

669) 청정지연불개절(淸淨之蓮不改節): 깨끗하여 속되지 않은 연꽃은 절개를 지켜 마음을 고치지 않음.

670) 나상(羅裳): 비단 치마.

671) 나말(羅襪): 비단 버선.

672) 수혜(繡鞋): 수놓은 가죽신.

673) 화씨(和氏): 춘추 시대의 초나라 사람으로, 산에서 얻은 귀한 옥(玉)을 왕에게 바쳤음.

674) 이행(履行): 걸음걸이.

675) 운담풍경근오천(雲淡風輕近午天): 구름은 엷고 바람은 가벼워 거의 한낮일 때.

676) 양류편금(楊柳片金): 버들가지 사이를 날아다니는 꾀꼬리.

이.”

“예, 등대하였소.”

“송하(松下)에 저 동자야. 묻노라 선생 소식. 수첩청산(數疊靑山)에 운심(雲心)이.”

“예, 등대하였소.”

“월궁(月宮)에 높이 올라 계화(桂花)를 꺾어 애절(愛折)이.”

“예, 등대하였소.”

“차문주가하처재요 목동요지 행화.”[678]

“예, 등대하였소.”

“아미산월반륜추 영입평강[679]에 강선(江仙)이.”

“예, 등대하였소.”

“오동 복판 거문고 타고 나니 탄금(彈琴)이.”

“예, 등대하였소.”

“팔월 부용(芙蓉) 군자 용(容)은 만당추수[680] 홍련(紅蓮)이.”

“예, 등대하였소.”

“주홍당사[681] 갖은 매듭 차고 나니 금낭(錦囊)이.”

“예, 등대하였소.”

사또 분부하되,

“한숨에 열두서넛씩 부르라.”

호장이 분부 듣고 자주 부르는데,

---

677) 헌도(獻桃): 신선의 땅에서 난다고 하는 반도(蟠桃)를 옥황상제에게 바침.

678) 차문주가하처재(借問酒家何處在) 목동요지행화촌(牧童遙指杏花村): ‘술집이 어디냐고 물으니 목동이 아득히 멀리 살구나무 선 마을을 가리키네.’ 왕유의 시에 나오는 구절.

679) 아미산월반륜추(蛾眉山月半輪秋) 영입평강(影入平羌): ‘아미산 위에는 상현의 가을달이 걸려 있고, 그 그림자 평강의 강물에 흐르는도다.’

680) 만당추수(滿塘秋水): 가을에 못에 가득찬 물.

681) 주홍당사(朱紅唐絲): 주홍빛의 중국에서 나는 명주실.

"양대선, 월중선, 화중선이."

"예, 등대하였소."

"금선이, 금옥이, 금련이."

"예, 등대하였소."

"농옥이, 난옥이, 홍옥이."

"예, 등대하였소."

"바람맞은 낙춘이."

"예, 등대 들어를 가오."

낙춘이가 들어를 오는데 제가 잔뜩 맵시 있게 들어오는 체하고 들어오는데 시면[682]한단 말은 듣고 이마빡에서 시작하여 귀 뒤까지 파제치고, 분성적[683]한단 말은 들었던가 개분[684] 석 냥 일곱 돈어치를 무지금[685]하고 사다가 성(城) 겉에 회칠하듯 반죽하여 온 낯에다 맥질[686]하고 들어오는데, 키는 사그내 장승만한 년이 치맛자락을 훨씬 추어다 턱 밑에 딱 붙이고, 무논의 고니 걸음으로 낄룩 껑쭝 엉금엉금 섭적 들어오더니 점고 맞고,

"나오."

연연히 고운 기생 그 중에 많건마는 사또께옵서는 근본 춘향의 말을 높이 들었는지라, 아무리 들으시되 춘향 이름 없는지라, 사또가 수노 불러 묻는 말이,

"기생점고 다 되어도 춘향은 안 부르니 퇴기(退妓)냐?"

수노 여쭈오되,

"춘향모는 기생이되 춘향은 기생이 아니다."

---

682) 시면: 예쁘게 보이기 위해 얼굴에 난 털을 뽑음.

683) 분성적(粉成赤): 연지는 많이 쓰지 않고 분으로만 화장을 함.

684) 개분: 품질이 좋지 않은 분(粉).

685) 무지금(無知金): 값은 따지지 않고 무작정.

686) 맥질: 매흙질. 매흙 즉, 잿빛의 보드라운 흙을 벽 거죽에 바르는 일.

사또 문 왈,

"춘향이가 기생이 아니면 어찌 규중에 있는 아이 이름이 높이 난다?"

수노 여쭈오되,

"근본 기생의 딸이옵고 덕색(德色)이 장한 고로 권문세족(權門勢族) 양반네와 일등재사(一等才士) 한량(閑良)들과 내려오신 등내687)마다 구경코자 간청하되, 춘향 모녀 불청(不聽)키로 양반 상하 물론하고 액내지간688) 소인등도 십년일득대면689)하되 언어 수작 없었더니, 천정하신 연분인지 구관 사또 자제 이도련님과 백년기약 맺사옵고 도련님 가실 때에 입장후690)에 데려가마 당부하고 춘향이도 그리 알고 수절하여 있습니다."

사또 분을 내어,

"이놈, 무식한 상놈인들 그게 어떠한 양반이라고 엄부시하(嚴父侍下)요 미장전 도련님이 화방(花房)에 작첩(作妾)하여 살자 할꼬? 이놈, 다시는 그런 말을 입 밖에 내어서는 죄를 면치 못하리라. 이미 내가 저 하나를 보려다가 못 보고 그저 말랴. 잔말 말고 불러오라."

춘향을 부르란 청령691)이 나는데 이방 호장 여쭈오되,

"춘향이가 기생도 아닐 뿐 아니오라 구등 사또 자제 도련님과 맹약이 중하온데 연치(年齒)는 부동(不同)이나 동반(同班)의 분의(分義)로 부르라기 사또 정체(正體)가 손상할까 저어하옵니다."

사또 대로하여,

"만일 춘향을 시각 지체하다가는 공형692) 이하로 각청 두목을 일병태거693)할 것이니 빨리 대령 못 시킬까?"

---

687) 등내(等內): 고을의 수령을 달리 이르는 말.
688) 액내지간(額內之間): 액내는 한 집안의 사람을 뜻함. 한 패에 든 사람이라는 뜻.
689) 십년일득대면(十年一得對面): 십 년에 한 번 정도 대면할 수 있음.
690) 입장후(入丈後): 장가 든 후에.
691) 청령(廳令): 관청의 명령.
692) 공형(公兄): 삼공형(三公兄). 각 고을의 호장, 이방, 수형리(首刑吏).
693) 일병태거(一竝汰去): 모두 내쫓아 버림.

육방이 소동, 각청 두목이 넋을 잃어,

“김 번수야, 이 번수야. 이런 별일이 또 있느냐? 불쌍하다 춘향 정절 가련케 되기 쉽다. 사또 분부 지엄하니 어서 가자 바삐 가자.”

사령 관노 뒤섞여서 춘향 문전 당도하니, 이 때 춘향이는 사령이 오는지 군노가 오는지 모르고 주야로 도련님만 생각하여 우는데 망칙한 환(患)을 당하려거든 소리가 화평할 수 있으며 한때라도 공방살이[694] 할 계집아이라, 목소리에 철성(鐵聲)이 끼어 자연 슬픈 애원성(哀怨聲)이 되어 보고 듣는 사람의 심장인들 아니 상할쏘냐. 임 기루워 설운 마음 식불감(食不甘) 밥 못 먹어 침불안석(寢不安席) 잠 못 자고 도련님 생각 적상[695] 되어 피골(皮骨)이 모두 다 상련(相連)이라. 양기(陽氣)가 쇠진하여 진양조[696]란 울음이 되어

“갈까보다 갈까보다.
임을 따라 갈까보다.
천리라도 갈까보다 만리라도 갈까보다.
풍우도 쉬어 넘고
날진, 수진,[697] 해동청,[698] 보라매도 쉬어 넘는
고봉정상(高峰頂上) 동선령[699]고개라도
임이 와 날 찾으면
나는 발 벗어 손에 들고
나는 아니 쉬어 가지.

694) 공방(空房)살이: 여자가 남편 없이 혼자 지내는 생활.
695) 적상(積傷): 어떤 일로 오래 마음을 썩임.
696) 진양조: 가곡의 곡조 가운데 아주 느린 가락.
697) 날진, 수진: 길들이지 않은 매와 길들인 매.
698) 해동청(海東青): 송골매.
699) 동선령(洞仙嶺): 황해도 황주 남쪽에 있는 고개.

한양 계신 우리 낭군
나와 같이 그리는가.
무정하여 아주 잊고
나의 사랑 옮겨다가
다른 임을 괴이는가."[700]

한참 이리 설이 울 제 사령 등이 춘향의 애원성을 듣고 인비목석(人非木石) 아니거든 감심(感心) 아니 될 수 있냐. 육천 마디 사대(四大) 삭신이 낙수춘빙(落水春氷) 얼음 녹듯 탁 풀리어,

"대체 이 아니 불쌍하냐? 이애 외입한 자식들이 저런 계집을 추앙(推仰) 못 하면은 사람이 아니로다."

이 때에 재촉 사령 나오면서,

"오너라."

웨는 소리에 춘향이 깜짝 놀래어 문틈으로 내다보니 사령 군노 나왔구나.

"아차차, 잊었네. 오늘이 그 삼일점고(三日點考)라 하더니 무슨 야단이 났나 보다."

밀창문 여닫으며,

"허허 번수님네, 이리 오소, 이리 오소. 오시기 뜻밖이네. 이번 신연(新延) 길에 노독(路毒)이나 아니 나며, 사또 정체 어떠하며, 구관댁(舊官宅)에 가 계시며, 도련님 편지 한 장도 아니 하던가? 내가 전일은 양반을 모시기로 이목이 번거하고 도련님 정체 유달라서 모르는 체하였건만 마음조차 없을쏜가. 들어가세 들어가세."

김 번수며 이 번수며 여러 번수 손을 잡고 제 방에 앉힌 후에 향단이 불러,

---

700) 괴이는가: 사랑하는가.

"주반상 들여라."

취토록 먹인 후에 궤문 열고 돈 닷 냥을 내어 놓으며,

"여러 번수님네, 가시다가 술이나 잡숫고 가옵셔 뒷말 없게 하여 주소."

사령 등이 약주를 취하여 하는 말이,

"돈이라니 당치 않다. 우리가 돈 바라고 네게 왔냐?"

하며,

"들여놓아라."

"김 번수야. 네가 차라."

"불가하다마는 잎수[701]나 다 옳으냐?"

돈 받아 차고 흐늘흐늘 들어갈 제 행수기생[702]이 나온다. 행수기생이 나오며 두 손뼉 땅땅 마주 치면서,

"여봐라 춘향아, 말 듣거라. 너만한 정절은 나도 있고 너만한 수절은 나도 있다. 너라는 정절이 왜 있으며 너라는 수절이 왜 있느냐? 정절부인 애기씨 수절부인 애기씨, 조그마한 너 하나로 만연[703]하여 육방이 소동, 각청 두목이 다 죽어난다. 어서 가자 바삐 가자."

춘향이 할 수 없어 수절하던 그 태도로 대문 밖 썩 나서며,

"형님 형님, 행수 형님. 사람의 괄시를 그리 마소. 거기는 대대 행수며 나라고 대대 춘향인가. 인생일사도무사[704]지, 한 번 죽지 두 번 죽나."

이리 비틀 저리 비틀 동헌에 들어가,

"춘향이 대령하였소."

사또 보시고 대희하여,

---

701) 잎수(脩): 돈의 숫자. 잎은 동전을 세는 단위.

702) 행수기생(行首妓生): 기생 중의 우두머리로서, 관아에 속한 기생들을 관리하는 일을 함.

703) 만연(蔓延): 일이 얽히고 설킴.

704) 인생일사도무사(人生一死都無事): 사람은 한 번 죽으면 그만이다.

"춘향일시 분명하다. 대상(臺上)으로 오르거라."

춘향이 상방(上房)에 올라가 염슬단좌[705]뿐이로다. 사또 대혹하여,

"책방에 가 회계(會計) 나리님을 오시래라."

회계 생원이 들어오던 것이었다. 사또 대희하여,

"자네 보게. 저게 춘향일세."

"하, 그 년 매우 예쁜데. 잘 생겼소. 사또께서 서울 계실 때부텀 '춘향 춘향' 하시더니 한번 구경할 만하오."

사또 웃으며,

"자네 중신[706]하겠나?"

이윽히 앉았더니,

"사또가 당초에 춘향을 부르시지 말고 매파(媒婆)를 보내어 보시는 게 옳은 것을, 일이 좀 경(輕)히 되었소마는 이미 불렀으니 아마도 혼사할 밖에 수가 없소."

사또 대희하여 춘향더러 분부하되,

"오늘부터 몸단장 정히 하고 수청으로 거행하라."

"사또 분부 황송하나 일부종사 바라오니 분부시행 못 하겠소."

사또 웃어 왈,

"미재미재라, 계집이로다. 네가 진정 열녀로다. 네 정절 굳은 마음 어찌 그리 어여쁘냐? 당연한 말이로다. 그러나 이수재(李秀才)는 경성 사대부의 자제로서 명문귀족 사위가 되었으니 일시 사랑으로 잠깐 노류장화하던 너를 일분 생각하겠느냐? 너는 근본 정행 있어 전수일절[707]하였다가 홍안이 낙조(落照) 되고 백발이 난수[708]하면 무정세월약류파[709]를 탄식

---

705) 염슬단좌(斂膝端坐): 무릎을 가지런히 모으고 단정하게 앉음.
706) 중신(仲身): 중매(中媒). 남자와 여자를 이어 혼인을 이루게 함.
707) 전수일절(專守一節): 오로지 한 가지 정절만을 지킴.
708) 난수(亂垂): 머리카락 같은 것이 어지럽게 흩어져 드리움.
709) 무정세월약류파(無情歲月若流波): 무정한 세월은 흐르는 물결과 같다.

할 제 불쌍코 가련한 게 너 아니면 뉘가 기랴? 네 아무리 수절한들 열녀 포양(褒揚) 뉘가 하랴? 그는 다 버려 두고 네 골 관장에게 매임이 옳으냐, 동자 놈에게 매인 게 옳으냐? 네가 말을 좀 하여라."

춘향이 여쭈오되,

"충신불사이군이요 열불경이부 절[710]을 본받고자 하옵는디 수차 분부 이러하니 생불여사(生不如死)이옵고 열불경이부오니 처분대로 하옵소서."

이 때 회계 나리가 썩 하는 말이,

"네 여봐라. 어, 그년 요망한 년이로고. 부유일생소천하[711]에, 일색(一色)이라 네 여러 번 사양할 게 무엇이냐? 사또께옵서 너를 추앙하여 하시는 말씀이지 너 같은 창기배에게 절이 무엇이며 정절이 무엇인가? 구관은 전송하고 신관 사또 영접함이 법전(法典)에 당연하고 사례에도 당당커든 고이한 말 내지 말라. 너희 같은 천기배에게 충렬이자(忠烈二字) 왜 있으랴?"

이 때 춘향이 하 기가 막혀 천연히 앉아 여쭈오되,

"충효열녀 상하 있소. 자상히 들으시오. 기생으로 말합시다. 충효열녀 없다 하니 낱낱이 아뢰리다. 해서(海西) 기생 농선이는 동선령(洞仙嶺)에 죽어 있고, 선천(宣川) 기생 아이로되 칠거학문[712] 들어 있고, 진주 기생 논개는 우리나라 충렬로서 충렬문(忠烈門)에 모셔 놓고 천추향사[713] 하여 있고, 청주 기생 화월이는 삼층각(三層閣)에 올라 있고, 평양 기생 월선이도 충렬문에 들어 있고, 안동 기생 일지홍은 생열녀문[714] 지은 후에

---

710) 충신불사이군(忠臣不事二君) 열불경이부(烈不更二夫) 절(節): 충신은 왕조가 다른 두 임금을 섬기지 않고 열녀는 두 남편을 받들지 않는다는 절개와 지조.

711) 부유일생소천하(浮游一生小天下): 하루살이 같은 인생에게도 세상은 좁다.

712) 칠거학문(七去學問): 칠거지악(七去之惡)을 깨우쳐 여성의 도리를 다한 학문.

713) 천추향사(千秋享祀): 길이 제사를 받들어 끊어지지 않음.

714) 생열녀문(生烈女門): 열녀문은 열녀의 행적을 기리기 위하여 세운 정문(旌門)이며 이것은 일반적으로 죽은 다음에 세우는 것이 관례인데, 특별히 정절이 대단

정경[715] 가자[716] 있사오니 기생 해폐(害弊) 마옵소서."

춘향이 다시 사또 전에 여쭈오되,

"당초에 이수재 만날 때에 태산 서해 굳은 마음, 소첩 일심정절(一心貞節) 맹분[717] 같은 용맹인들 빼어내지 못할 터요, 소진[718] 장의[719] 구변(口辯)인들 첩의 마음 옮겨가지 못할 터요, 공명 선생 높은 재조 동남풍은 빌었으되 일편단심 소녀 마음 굴복치 못하리라. 기산(箕山)의 허유[720]는 부족수요거천[721]하고 서산(西山)의 백숙[722] 양인은 불식주속[723]하였으니, 만일 허유 없었으면 고도지사[724] 뉘가 하며, 만일 백이숙제 없었으면 난신적자(亂臣賊子) 많으리라. 첩신(妾身)이 비록 천한 계집인들 허유 백숙 모르리까? 사람의 첩이 되어 배부기가[725]하는 법이 벼슬하는 관장님네 망국부주[726] 같사오니 처분대로 하옵소서."

사또 대로하여,

---

하여 살아 있을 사람을 위해 세워 주는 열녀문을 생열녀문이라 한다.

715) 정경(貞敬): 정경부인. 정일품과 종일품의 종친 또는 문무백관의 아내의 작호(爵號).

716) 가자(加資): 정삼품 통정대부(通政大夫) 이상의 품계.

717) 맹분(孟賁): 고대 위(衛)나라의 용맹한 선비.

718) 소진(蘇秦): 전국 시대의 책사(策士). 연(燕) 조(趙) 등 육국을 합종하여 진(秦)과 대항케 하고 스스로 육국의 재상이 되었음.

719) 장의(張儀): 전국 시대의 유세가(遊說家). 소진의 합종설에 반대하고 열국은 진(秦)나라를 섬겨야 한다고 주장했음.

720) 허유(許由): 요(堯)임금 때의 선비. 요임금이 천하를 그에게 맡기려 했으나 거절하고 기산에 들어가 숨음.

721) 부족수요거천(不足受堯擧薦): 요임금의 천거를 받아들이지 않음.

722) 백숙(伯叔): 백이(伯夷)와 숙제(叔齊). 은(殷)나라 고죽군(孤竹君)의 두 아들로서 무왕(武王)이 은나라를 정벌하고 천하를 차지하자 주(周)나라의 곡식 먹기를 부끄러이 여겨 수양산(首陽山)으로 도망가서 고사리를 캐어 먹다 굶어 죽었음.

723) 불식주속(不食周粟): 주나라의 곡식을 먹지 않음.

724) 고도지사(高蹈之士): 멀리 속세를 떠나 은거하는 선비.

725) 배부기가(背夫棄家): 남편을 배신하고 가정을 버리는 못된 여자.

726) 망국부주(亡國負主): 나라를 망치고 임금을 배반하는 역적.

“이년 들어라. 모반대역하는 죄는 능지처참하여 있고, 조롱관장하는 죄는 제서율[727]에 율(律) 써 있고, 거역관장(拒逆官長)하는 죄는 엄형정배(嚴刑定配)하느니라. 죽노라 설워 마라.”

춘향이 포악하되,

“유부겁탈하는 것은 죄 아니고 무엇이오?”

사또가 기가 막혀 어찌 분하시던지 연상(硯床)을 두드릴 제 탕건이 벗어지고 상투고가 탁 풀리고 대마디에 목이 쉬어,

“이년 잡아 내리라.”

호령하니 골방의 수청통인,

“예.”

하고 달려들어 춘향의 머리채를 주루루 끄어내며,

“급창.”

“예.”

“이년 잡아 내리라.”

춘향이 떨치며,

“놓아라.”

중계(中階)에 내려가니 급창이 달려들어,

“요년 요년, 어떠하신 존전(尊前)이라고 대답이 그러하고 살기를 바랄쏘냐?”

대뜰 아래 내리치니 맹호 같은 군노 사령 벌떼같이 달려들어 감태같은 춘향의 머리채를 정정시절[728] 연실 감듯, 뱃사공이 닻줄 감듯, 사월팔일 등대 감듯 휘휘친친 감아쥐고 동당이쳐 엎지르니, 불쌍타 춘향 신세 백옥 같은 고운 몸이 육자배기로 엎더졌구나. 좌우 나졸 늘어서서 능장, 곤장,

---

727) 제서율(制書律): 임금의 말을 국민에게 알리는 글에 규정되어 있는 법률.

728) 정정시절(正丁時節): 젊은 사람이 군역을 나가는 때. 힘차게 일하는 모습을 가리켜 말함.

형장이며 주장[729] 짚고,

"아뢰라. 형리(刑吏) 대령하라."

"예."

"숙여라."

"형리요."

사또 분이 어찌 났던지 벌벌 떨며 기가 막혀 '허푸 허푸' 하며,

"여보아라. 그년에게 다짐이 왜 있으리. 묻도 말고 형틀에 올려 매고 정치[730]를 부수고 물고장[731]을 올리라."

춘향을 형틀에 올려매고 사정이 거동 봐라. 형장이며 태장(笞杖)이며 곤장이며 한 아름 담쏙 안아다가 형틀 아래 좌르륵 부딪치는 소리 춘향의 정신이 혼미한다. 집장사령 거동 봐라. 이놈도 잡고 능청능청, 저놈도 잡고서 능청능청, 등심 좋고 빳빳하고 잘 부러지는 놈 골라잡고 오른 어깨 벗어 메고 형장 짚고 대상청령(臺上廳令) 기다릴 제,

"분부 모셔라. 네 그년을 사정 두고 허장[732]하여서는 당장에 명(命)을 바칠 것이니 각별히 매우 치라."

집장사령 여쭈오되,

"사또 분부 지엄한데 저만한 년을 무슨 사정 두오리까. 이년 다리를 까딱 말라. 만일 요동하다가는 뼈 부러지리라."

호통하고 들어서서 검장(檢杖) 소리 발맞추어 서면서 가만히 하는 말이,

"한두 개만 견디소. 어쩔 수가 없네. 요 다리는 요리 틀고 저 다리는 저

---

729) 능장(稜杖), 곤장(棍杖), 형장(刑杖), 주장(朱杖): 죄인을 심문하거나 다스릴 때 몽둥이질하는 각종 기구.

730) 정치: 정갱이.

731) 물고장(物故狀): 사형 언도를 받은 죄인을 죽였다고 올리는 보고서.

732) 허장(虛杖): 죄인을 다스릴 때 매질을 하는 척하며 실제로는 아프지 않게 때리는 것.

리 틀소.”

“매우 치라.”

“예잇, 때리오.”

딱 붙이니 부러진 형장개비는 푸르르 날아 공중에 빙빙 솟아 상방 대뜰 아래 떨어지고 춘향이는 아무쪼록 아픈 데를 참으려고 이를 복복 갈며 고개만 빙빙 두르면서,

“애고, 이게 웬일이어?”

곤장 태장 치는 데는 사령이 서서 하나 둘 세건마는 형장부터는 법장733)이라 형리와 통인이 닭싸하는 모양으로 마주 엎뎌서 하나 치면 하나 긋고 둘 치면 둘 긋고, 무식하고 돈 없는 놈 술집 바람벽에 술값 긋듯 그어 놓으니 한 일자가 되었구나.

춘향이는 저절로 설움겨워 맞으면서 우는데,

“일편단심 굳은 마음
일부종사 뜻이오니
일개 형벌 치옵신들
일 년이 다 못 가서
일각인들 변하리까.”

이 때 남원부 한량이며 남녀노소 없이 모여 구경할 제 좌우의 한량들이,

“모질구나 모질구나. 우리 골 원님이 모질구나. 저런 형벌이 왜 있으며 저런 매질이 왜 있을까. 집장사령놈 눈 익혀 두어라. 삼문(三門) 밖 나오면 급살을 주리라.”

보고 듣는 사람이야 누가 아니 낙루(落淚)하랴.

733) 법장(法杖): 법으로 명시되어 있는 형벌.

둘째 낱 딱 붙이니,

"이비절[734]을 아옵는데
불경이부 이내 마음
이 매 맞고 영 죽어도
이 도령은 못 잊겠소."

셋째 낱을 딱 붙이니,

"삼종지례(三從之禮) 지중한 법
삼강오륜 알았으니
삼치형문[735] 정배(定配)를 갈지라도
삼청동 우리 낭군 이 도령은 못 잊겠소."

넷째 낱을 딱 붙이니,

"사대부 사또님은
사민공사(四民公事) 살피잖고 위력공사(威力公事) 힘을 쓰니
사십팔방(四十八坊) 남원 백성 원망함을 모르시오.
사지를 가른대도
사생동거(死生同居) 우리 낭군
사생간(死生間)에 못 잊겠소."

---

734) 이비절(二妃節): 아황과 여영의 절개.
735) 삼치형문(三致刑問): 세 번이나 형문을 당함. 형문은 정갱이를 형장으로 때리는 형벌.

다섯 낱에 딱 붙이니,

“오륜 윤기 끊치잖고 부부유별
오행(五行)으로 맺은 연분 올올이 찢어낸들
오매불망 우리 낭군 온전히 생각나네.
오동추야 밝은 달은 임 계신 데 보련마는
오늘이나 편지 올까 내일이나 기별 올까, 무죄한 이 내 몸이 악사(惡死)할 일 없사오니
오결죄수[736] 마옵소서. 애고 애고 내 신세야.”

여섯 낱에 딱 붙이니,

“육육은 삼십육으로 낱낱이 고찰하여
육만 번 죽인대도
육천 마디 어린 사랑 맺힌 마음 변할 수 전혀 없소.”

일곱 낱을 딱 붙이니,

“칠거지악 범하였소.
칠거지악 아니거든
칠개 형문 웬일이오.
칠척검(七尺劍) 드는 칼로 동동이 장(杖) 질러서 이제 바삐 죽여 주오.
치라 하는 저 형방아,
칠 때마다 고찰 마소.
칠보홍안(七寶紅顔) 나 죽겠네.”

---

736) 오결죄수(誤決罪囚): 죄인을 잘못 처결함.

여덟째 낱 딱 붙이니,

“팔자 좋은 춘향 몸이
팔도 방백 수령 중에 제일 명관 만났구나.
팔도 방백 수령님네 치민(治民)하러 내려왔지 악형(惡刑) 하러 내려왔소.”

아홉 낱에 딱 붙이니,

“구곡간장 굽이 썩어 이 내 눈물
구년지수(九年之水) 되겠구나.
구고[737] 청산(靑山) 장송(長松) 베어 청강선(淸江船) 무어 타고 한양성중 급히 가서
구중궁궐 성상전(聖上前)에
구구원정[738] 주달(奏達)하고
구정 뜰[739]에 물러나와 삼청동을 찾아가서 우리 사랑 반가이 만나
굽이굽이 맺힌 마음 저근듯 풀련마는.”

열째 낱을 딱 붙이니,

“십생구사(十生九死) 할지라도 팔십 년 정한 뜻을
십만 번 죽인대도 가망 없고 무가내[740]지.

---

737) 구고(九皐): 으슥한 늪과 못.
738) 구구원정(區區原情): 갖가지 바라거나 하소연하는 마음.
739) 구정(九鼎) 뜰: 궁궐의 마당.
740) 무가내(無可奈): 어떻게 할 도리가 없음.

십육 세 어린 춘향 장하원귀[741] 가련하오.”

열 치고는 짐작할 줄 알았더니 열다섯째 딱 붙이니,

“십오야 밝은 달은 띠구름에 묻혀 있고
서울 계신 우리 낭군 삼청동에 묻혔으니
달아 달아 보느냐? 임 계신 곳
나는 어이 못 보는고.”

스물 치고 짐작할까 여겼더니 스물다섯 딱 붙이니,

“이십오현탄야월[742]에 불승청원[743] 저 기러기
너 가는 데 어디메냐.
가는 길에 한양성 찾아들어
삼청동 우리 임께 내 말 부디 전해다고.
나의 형상 자세 보고 부디부디 잊지 마라.”

삼십삼천(三十三天) 어린 마음 옥황전(玉皇前)에 아뢰그저.
옥 같은 춘향 몸에 솟느니 유혈이요 흐르느니 눈물이라.
피눈물 한데 흘러 무릉도원 홍류수(紅流水)라.

춘향이 점점 포악하는 말이,
“소녀를 이리 말고 살지능지하여 아주 박살 죽여 주면 사후 원조(怨鳥)

---

741) 장하원귀(杖下寃鬼): 매를 맞아 원통하게 죽은 사람의 귀신.
742) 이십오현탄야월(二十五絃彈夜月): 스물다섯 개의 줄을 가진 현악기로 달밤의 경치를 연주함.
743) 불승청원(不勝淸怨): 원통한 기분을 이기지 못함.

라는 새가 되어 초혼조[744] 함께 울어 적막강산 달 밝은 밤에 우리 이 도련님 잠든 후 파몽[745]이나 하여지다."

말 못 하고 기절하니 엎디었던 통인, 고개 들어 눈물 씻고, 매질하던 저 사령도 눈물 씻고 돌아서며,

"사람의 자식은 못 하겠네."

좌우에 구경하는 사람과 거행하는 관속들이 눈물 씻고 돌아서며,

"춘향이 매 맞는 거동, 사람 자식은 못 보겠다. 모질도다 모질도다 춘향 정절이 모질도다. 출천열녀로다."

남녀노소 없이 서로 낙루(落淚)하며 돌아설 때 사또인들 좋을 리가 있으랴.

"네 이년, 관정(官庭)에 발악하고 맞으니 좋은 게 무엇이냐? 일후에 또 그런 거역관장할까?"

반생반사(半生半死) 저 춘향이 점점 포악하는 말이,

"여보, 사또 들으시오. 일념포한(一念抱恨) 부지생사(不知生死) 어이 그리 모르시오? 계집의 곡(曲)한 마음 오뉴월 서리 치네. 혼비중천 다니다가 우리 성군(聖君) 좌정하(坐定下)에 이 원정을 아뢰오면 사또인들 무사할까? 덕분에 죽여 주오."

사또 기가 막혀,

"허허, 그년, 말 못 할 년이로고. 큰칼 씌워 하옥하라."

하니 큰칼 씌워 인봉[746]하여 사정이 등에 업고 삼문 밖 나올 제 기생들이 나오며,

"애고 서울집[747]아, 정신 차리게. 애고 불쌍하여라."

---

744) 초혼조(楚魂鳥): 초나라의 회왕(懷王)이 장의(張儀)에게 속아서 진(秦)나라의 무관(武關)에 들어갔다가 억류되어 죽었는데 뒤에 새가 되었다 함.

745) 파몽(破夢): 잠들어 꿈을 꾸고 있는 사람을 흔들어 깨움.

746) 인봉(印封): 인봉가수(印封枷囚). 중죄인의 목에 칼을 씌우고 그 위에 도장 찍은 종이를 붙임.

사지를 만지며 약을 갈아들이며 서로 보고 낙루할 제, 이 때 키 크고 속없는 낙춘이가 들어오며,

"얼씨고 절씨고 좋을씨고, 우리 남원도 현판감[748]이 생겼구나."

왈칵 달려들어,

"애고 서울집아, 불쌍하여라."

이리 야단할 제 춘향 어미가 이 말을 듣고 정신없이 들어오더니 춘향의 목을 안고,

"애고, 이게 웬일이냐? 죄는 무슨 죄며, 매는 무슨 매냐? 장청[749]의 집사님네 길청[750]의 이방님, 내 딸이 무슨 죄요. 장군방(將軍房) 두목들아, 집장하던 사정이도 무슨 원수 맺혔더냐? 애고 애고 내 일이야. 칠십당년 늙은 것이 의지 없이 되었구나. 무남독녀 내 딸 춘향 규중에 은근히 길러내어 밤낮으로 서책만 놓고 내칙편[751] 공부 일삼으며 날 보고 하는 말이, '마오 마오 설워 마오. 아들 없다 설워 마오. 외손봉사[752] 못 하리까?' 어미에게 지극 정성 곽거[753]와 맹종[754]인들 내 딸보다 더할쏜가. 자식 사랑하는 법이 상중하가 다를쏜가. 이 내 마음 둘 데 없네. 가슴에 불이 붙어 한숨이 연기로다. 김 번수야 이 번수야, 웃 영(令)이 지엄타고 이다지 몹

747) 서울집: 춘향의 시댁이 서울이라고 해서 부른 이름.

748) 현판(懸板)감: 평생 이룩한 행적이 훌륭하여 현판에 새겨 길이 전할 만한 인물.

749) 장청(將廳): 군아(郡衙)와 감영(監營)에 딸린 장교가 일을 보는 곳.

750) 길청: 군아에서 아전이 집무하던 곳.

751) 내칙편(內則篇): 『예기(禮記)』의 편(篇) 이름. 가정 생활에 필요한 예법과 여성이 지켜야 할 도리를 적은 내용이 들어 있음.

752) 외손봉사(外孫奉祀): 자손이 없어 외손이 자기 외가의 제사를 받듦.

753) 곽거(郭巨): 진(晉)나라의 이름난 효자. 늙은 홀어머니를 모시고 가난하게 살 적에 어머니가 매양 밥을 덜어서 그의 아들에게 주었으므로 아들 때문에 어머니가 주리게 되는 것을 걱정하여 아들을 죽이기로 부인과 작정하고 구덩이를 팠는데 황금 대여섯 말이 그 속에서 나왔다고 함.

754) 맹종(孟宗): 삼국시대 오(吳)나라의 효자. 겨울날 그의 계모가 죽순을 먹고 싶어 하므로 대나무밭에 나갔으나 죽순이 없어 슬피 부르짖었더니 눈 속에서 죽순이 나왔다고 함.

시 쳤느냐? 애고 내 딸 장처(杖處) 보소. 빙설(氷雪) 같은 두 다리에 연지 같은 피 비쳤네. 명문가 규중부[755]야 눈 먼 딸도 원하더라. 그런 데 가 못 생기고 기생 월매 딸이 되어 이 경색이 웬일이냐? 춘향아, 정신 차려라. 애고 애고 내 신세야."

하며,

"향단아. 삼문 밖에 가서 삯군 둘만 사오너라. 서울 쌍급주[756] 보낼란다."

춘향이 쌍급주 보낸단 말을 듣고,

"어머니, 마오. 그게 무슨 말씀이오. 만일 급주가 서울 올라가서 도련님이 보시면 층층시하에 어찌할 줄 몰라 심사 울적하여 병이 되면 근들 아니 훼절(毁節)이오? 그런 말씀 말으시고 옥으로 가사이다."

사정이 등에 업혀 옥으로 들어갈 제 향단이는 칼머리 들고 춘향모는 뒤를 따라 옥문간 당도하여,

"옥 형방 문을 여소. 옥 형방도 잠 들었나?"

옥중에 들어가서 옥방 형상 볼작시면, 부서진 죽창(竹窓) 틈에 살 쏘느니 바람이요, 무너진 헌 벽이며 헌 자리 벼룩 빈대 만신(滿身)을 침노한다. 이 때 춘향이 옥방에서 장탄가(長嘆歌)로 울던 것이었다.

"이내 죄가 무슨 죄냐?
국곡투식[757] 아니거든 엄형중장(嚴刑重杖) 무슨 일고?
살인죄가 아니거든 항쇄 족쇄 웬일이며,
역률강상[758] 아니어든 사지 결박 웬일이며,

---

755) 규중부(閨中婦): 규방에 거하는 부인.
756) 쌍급주(雙急走): 급주는 급한 기별을 전하기 위해 보내는 심부름꾼이며, 쌍급주는 매우 화급함을 나타내는 말임.
757) 국곡투식(國穀偸食): 나라의 곡식을 도둑질하여 먹음.
758) 역률강상(逆律綱常): 삼강오륜의 중한 윤리규범을 어긴 죄.

음행도적(淫行盜賊) 아니거든 이 형벌이 웬일인고?
삼강수(三江水)는 연수[759] 되어 청천일장지[760]에 나의 설움,
원정(原情) 지어 옥황전에 올리고저.
낭군 기루워 가슴 답답 불이 붙네.
한숨이 바람 되어 붙는 불을 더 붙이니
속절없이 나 죽겠네.
홀로 섰는 저 국화는 높은 절개 거룩하다.
눈 속의 청송(靑松)은 천고절(千古節)을 지켰구나.
푸른 솔은 나와 같고 누른 국화 낭군같이
슬픈 생각 뿌리나니 눈물이요 적시느니 한숨이라.
한숨은 청풍(淸風) 삼고 눈물은 세우(細雨) 삼아
청풍이 세우를 몰아다가 불거니 뿌리거니 임의 잠을 깨우고저.
견우직녀성은 칠석 상봉하올 적에
은하수 막혔으되 실기(失期)한 일 없었건만
우리 낭군 계신 곳에 무슨 물이 막혔는지 소식조차 돗 듣는고.
살아 이리 그리느니 아주 죽어 잊고지고.
차라리 이 몸 죽어 공산(空山)에 두견이 되어
이화월백(李花月白) 삼경야에 슬피 울어 낭군 귀에 들리고저.
청강에 원앙 되어 짝을 불러 다니면서
다정코 유정(有情)함을 임의 눈에 보이고저.
삼춘에 호접(胡蝶) 되어 향기 묻은 두 나래로
춘광(春光)을 자랑하여 낭군 옷에 붙고지고.
청천에 명월 되어 밤 당하면 돋아 올라
명명히 밝은 빛을 임의 얼굴에 비추고저.

759) 연수(硯水): 벼룻물.
760) 청천일장지(靑天一長紙): 푸른 하늘을 한 장의 큰 종이처럼 생각함.

이내 간장 썩는 피로 임의 화상(畵像) 그려 내어
방문 앞에 족자 삼아 걸어 두고 들며 나며 보고지고.
수절 정절 절대가인 참혹하게 되었구나.
문채 좋은 형산백옥 진토 중에 묻혔는 듯
향기로운 상산초[761]가 잡풀 속에 섞였는 듯,
오동 속에 놀던 봉황, 형극(荊棘) 속에 깃들인 듯.
자고로 성현네도 무죄하고 궂기시니,[762]
요(堯), 순(舜), 우(禹), 탕(湯) 인군네도
걸(桀), 주(紂)의 포악으로 함진옥[763]에 갇혔더니
도로 놓여 성군(聖君) 되시고,
명덕치민(明德治民) 주문왕[764]도
상주[765]의 해를 입어 유리옥에 갇혔더니
도로 놓여 성군 되고,
만고성현(萬古聖賢) 공부자도
양호[766]의 얼을 입어 광야(匡野)에 갇혔더니
도로 놓여 대성(大聖) 되시니,
이런 일로 볼작시면
죄 없는 이내 몸도 살아나서 세상 구경 다시 할까?

---

761) 상산초(商山草): 진(秦)나라 말년에 전란을 피하여 은거한 네 사람의 현자(賢者)들이 살았던 상산에서 났다고 하는 신령한 풀.
762) 궂기시니: 죽으시니. 재난을 당하시니.
763) 함진옥: 중국 하(夏)나라 때 감옥인 하대옥(夏臺獄)을 가리킴.
764) 주문왕(周文王): 주나라 무왕(武王)의 아버지. 은나라 주왕(紂王) 때 서백(西伯)으로 인자한 정치를 하여 백성들의 신망을 받고 제후들이 추대를 받아 군주가 되었으며, 뒤에 그의 아들 무왕이 은나라를 멸망시키고 즉위하자 문왕이라는 시호를 추증하였음.
765) 상주(商紂): 은(殷)나라의 마지막 임금인 주. 폭군으로 알려진 인물. 상(商)은 은나라를 다른 이름으로 부르는 말.
766) 양호(陽虎): 춘추시대 노나라 사람으로서 공자와 동시대 인물.

답답하고 원통하다. 날 살릴 이 뉘 있을까?
서울 계신 우리 낭군 벼슬길로 내려와
이렇듯이 죽어갈 제 내 목숨을 못 살린가?
하운은 다기봉[767]하니 산이 높아 못 오던가?
금강산 상상봉이 평지 되거든 오려신가?
병풍에 그린 황계(黃鷄) 두 나래를 툭툭 치며
사경일점[768]에 날 새라고 울거든 오려신가?
애고 애고 내 일이야."

죽창문을 열치니 명정월색(明淨月色)은 방 안에 든다마는 어린것이 홀로 앉아 달더러 묻는 말이

"저 달아, 보느냐? 임 계신 데 명기(明氣) 빌려라. 나도 보게야. 우리 임이 누웠더냐 앉았더냐, 보는 대로만 네가 일러 나의 수심 풀어 다오."

애고 애고, 설이 울다 홀연이 잠이 드니, 비몽사몽간에 호접이 장주 되고 장주가 호접 되어[769] 세우(細雨)같이 남은 혼백 바람인 듯 구름인 듯, 한 곳을 당도하니 천공지활[770]하고 산령수려[771]한데 은은한 죽림간(竹林間)에 일층 화각(畵閣)이 반공(半空)에 잠겼거늘, 대체 귀신 다니는 법은 대풍기[772]하고 승천입지[773]하니, 침상편시춘몽중에 행진강남수천리라.[774] 전

767) 하운다기봉(夏雲多奇峰): 도연명의 시 「사계(四季)」에 나오는 구절로, '여름 구름에는 기이한 봉우리 모양이 많다.'는 뜻임.
768) 사경일점(四更一點): 새벽 두 시 전후의 시간.
769) 호접(胡蝶)이 장주(莊周) 되고 장주가 호접 되니: 장자(莊子)가 꿈에 나비가 되었다가 깬 후 자신이 나비가 된 것인지 아니면 나비가 자신이 된 것인지 판단하기 어려워하였다는 고사. 자기와 사물은 결국 근본이 같다는 이치를 비유한 이야기.
770) 천공지활(天空地闊): 하늘은 끝이 없고 땅은 광활함.
771) 산령수려(山靈水麗): 산엔 신령스러운 기운이 떠돌고 물빛은 고움.
772) 대풍기(大風起): 큰 바람이 일어남.
773) 승천입지(昇天入地): 하늘에 오르고 땅에 들어감.
774) 침상편시춘몽중(枕上片時春夢中) 행진강남수천리(行盡江南數千里): '베개 위

면을 살펴보니 황금대자(黃金大字)로 만고정렬황릉지묘[775]라 뚜렷이 붙였거늘 심신이 황홀하여 배회터니, 천연한 낭자 셋이 나오는데 석숭[776]의 애첩 녹주(綠珠)가 등롱(燈籠)을 들고 진주 기생 논개, 평양 기생 월선이라. 춘향을 인도하여 내당으로 들어가니 당상에 백의(白衣)한 두 부인이 옥수(玉手)를 들어 청하거늘 춘향이 사양하되,

"진세간 천첩이 어찌 황릉묘를 오르리까?"

부인이 기특히 여겨 재삼 청하거늘 사양치 못하여 올라가니 좌(座)를 주어 앉힌 후에,

"네가 춘향인가? 기특하도다. 일전에 조회차(朝會次)로 요지연(瑤池宴)에 올라가니 네 말이 낭자키로 간절히 보고 싶어 너를 청하였으니 심히 불안토다."

춘향이 재배(再拜) 주 왈,

"첩이 비록 무식하나 고서(古書)를 보옵고 사후에나 존안(尊顔)을 뵈올까 하였더니 이렇듯 황릉묘에 모시니 황공 비감(悲感)하여이다."

상군부인[777] 말씀하되,

"우리 순군(舜君) 대순씨(大舜氏)가 남순수[778]하시다가 창오산[779]에

---

잠깐 동안의 봄 꿈 중에 강남 수천 리를 다다른다.'는 뜻.

775) 만고정렬황릉지묘(萬古貞烈黃陵之廟): 만고의 정렬을 기리는 황릉묘. 황릉묘는 순임금의 두 부인인 아황, 여영을 모신 사당.

776) 석숭(石崇): 진(晉)나라 사람으로 해상무역을 하여 거부가 되어 호사스러운 생활을 즐긴 것으로 유명함. 그의 애첩 녹주(綠珠)는 미모와 지조를 지킨 여인으로 일컬어짐.

777) 상군부인(湘君夫人): 아황(娥皇)과 여영(女英)을 가리키는 말. 요(堯)임금의 두 딸로서 순(舜)임금의 아내가 되었는데 순이 죽자 상강(湘江)에 투신하여 죽었으므로 상군부인이라 부름.

778) 남순수(南巡狩): 중국 천자가 남쪽 지방 제후의 나라를 시찰함. 순임금이 남쪽 지방을 순수하다가 급히 세상을 떠났다 함.

779) 창오산(蒼梧山): 중국 호남성에 있는 산 이름. 순임금이 이 곳에서 세상을 떠났음.

붕(崩)하시니 속절없는 이 두 몸이 소상죽림[780]에 피눈물을 뿌려 놓으니 가지마다 아롱아롱 잎잎이 원한이라. 창오산붕상수절이라야 죽상지루내가멸[781]을, 천추에 깊은 한을 하소할 곳 없었더니 네 절행(節行) 기특키로 너더러 말하노라. 송관기천년에 청백은 어느 때며[782] 오현금(五絃琴) 남풍시(南風詩)를 이제까지 전하더냐?"

이렇듯이 말씀할 제 어떠한 부인이,

"춘향아, 나는 기주명월음독성에 화선[783]하던 농옥[784]이다. 소사[785]의 아내로서 태화산(太華山) 이별 후에 승룡비거[786] 한이 되어 옥소(玉簫)로 원을 풀 제 곡종비거부지처하니 산하벽도춘자개라[787]."

이러할 제 또 한 부인 말씀하되,

"나는 한궁녀(漢宮女) 소군(昭君)이라. 호지(胡地)에 오가[788]하니 일배

---

780) 소상죽림(瀟湘竹林): 소수(瀟水)와 상수(湘水) 두 강가에 자라는 대나무. 대나무에 있는 붉은 색 무늬는 순임금이 죽고 난 뒤 아황 여영이 흘린 피눈물이 어려서 만들어진 것이라 하며, 이를 소상반죽이라 부름.

781) 창오산붕상수절(蒼梧山崩湘水絶) 죽상지루내가멸(竹上之淚乃可滅): '창오산이 무너지고 상수의 물이 흐르지 않아야 대나무에 뿌려진 눈물 자국이 사라지리라.'는 뜻임.

782) 송관기천년(送款幾千年) 청백(淸白)은 어느 때며: 친근한 사람을 보낸 지 몇 천 년에 어느 때나 맑고 밝은 세상이 찾아오려는가.

783) 화선(化仙): 선녀로 변함.

784) 농옥(弄玉): 진(秦)나라 목공의 딸이며 소사(蕭史)의 아내로 퉁소를 잘 불었음. 그녀가 퉁소를 불면 봉이 울면서 지붕 위에 앉아 놀았으므로 소사가 그를 위해 봉대(鳳臺)를 지어 주었다. 뒤에 농옥은 봉을 타고 소사는 용(龍)을 타고 함께 신선이 되었다 함.

785) 소사(蕭史): 춘추 시대의 도인(道人). 농옥의 남편으로 퉁소를 잘 불어 봉의 울음소리를 내었음.

786) 승룡비거(乘龍飛去): 용을 타고 하늘로 날아가 신선이 됨.

787) 곡종비거부지처(曲終飛去不知處) 산하벽도춘자개(山下碧桃春自開): '곡조가 끝나자 날아가 버리니 그 간 곳을 모르겠고 산 밑의 벽도화만 봄이 되니 절로 피는구나.'

788) 오가(誤嫁): 시집을 잘못 감. 왕소군이 임금의 명령으로 흉노의 땅으로 시집간 것을 말함.

청총[789]뿐이로다. 마상(馬上) 비파 한 곡조에 화도성식춘풍면이요, 환패공귀월야혼이라.[790] 어찌 아니 원통하랴."

한참 이러할 제 음풍(陰風)이 일어나며 촛불이 벌렁벌렁하며 무엇이 촛불 앞에 달려들거늘, 춘향이 놀래어 살펴보니 사람도 아니요 귀신도 아닌데 의의(依依)한 가운데 곡성이 낭자하며,

"여봐라 춘향아, 네가 나를 모르리라. 나는 뉜고 하니 한고조(漢高祖) 아내 척부인[791]이로다. 우리 황제 용비[792] 후에 여후(呂后)의 독한 솜씨 나의 수족 끊어 내어 두 귀에다 불지르고 두 눈 빼어 음약[793] 먹여 측간 속에 넣었으니 천추에 깊은 한을 어느 때나 풀어 보랴."

이리 울 제 상군부인 말씀하되,

"이 곳이라 하는 데가 유명이 노수하고[794] 항오자별하니[795] 오래 유(留)치 못할지라."

여동(女童) 불러 하직할새 동방(洞房) 실솔성[796]은 시르렁, 일쌍 호접은 펄펄.

---

789) 일배청총(一抔青塚): 하나의 푸른 무덤.

790) 화도성식춘풍면(畫圖省識春風面) 환패공귀월야혼(環佩空歸月夜魂): '그림을 그려 궁녀의 얼굴을 알아보려 하였는데 고운 모습을 하고서도 달밤의 원혼이 되고 말았구나.' 한(漢)의 원제(元帝)가 화공에게 궁녀의 얼굴을 그려서 바치게 하였는데 화공이 뇌물을 받고 다른 궁녀의 얼굴은 곱게 그리면서도 뇌물을 주지 않은 왕소군의 얼굴을 못나게 그려 오랑캐의 왕에게 시집 보내 외롭게 살다가 죽었다는 고사가 있음.

791) 척부인(戚夫人): 한나라 고조가 사랑한 애첩으로, 고조가 죽은 후 여태후(呂太后)의 미움을 받아 수족을 잘리고 눈과 혀를 뽑혀 뒷간에 갇혀 살아가는 신세가 되었음.

792) 용비(龍飛): 용이 되어 날아가 버림. 천자가 세상을 떠난 것을 말함.

793) 음약(瘖藥): 벙어리가 되는 약.

794) 유명노수(幽明路殊): 이승과 저승의 길이 다름. 산 자와 죽은 자를 구분할 때 쓰는 말.

795) 항오자별(行伍自別): 서 있는 줄이 다름. 지위나 신분이 다름.

796) 실솔성(蟋蟀聲): 가을에 우는 귀뚜라미 소리.

춘향이 깜짝 놀라 깨어 보니 꿈이로다.

옥창(玉窓) 앵도화 떨어져 보이고,
거울 복판이 깨어져 뵈고,
문 위에 허수아비 달려 보이거늘.

"나 죽을 꿈이로다."

수심 걱정 밤을 샐 제 기러기 울고 가니 일편 서강(西江) 달에 행안남비[797] 네 아니냐. 밤은 깊어 삼경이요 궂은비는 퍼붓는데 도깨비 삑삑, 밤새 소리 붓붓, 문풍지는 펄렁펄렁, 귀신이 우는데 난장(亂杖) 맞아 죽은 귀신, 형장 맞아 죽은 귀신, 결령치사[798] 대롱대롱 목매달아 죽은 귀신, 사방에서 우는데 귀곡성(鬼哭聲)이 낭자로다. 방 안이며 추녀 끝이며 마루 아래서도 '애고 애고' 귀신 소리에 잠들 길이 전혀 없다. 춘향이가 처음에는 귀신 소리에 정신이 없이 지내더니 여러 번을 들어나니 파겁[799]이 되어 청승 굿거리 삼잡이 세악[800] 소리로 알고 들으며,

"이 몹쓸 귀신들아. 나를 잡아 갈라거든 조르지나 말려무나. 암급급여율령사파 쐐[801]."

진언(眞言) 치고 앉았을 때 옥 밖으로 봉사 하나 지나가되 서울 봉사 같을진대,

"문수(問數)하오."

웨련마는 시골 봉사라,

797) 행안남비(行雁南飛): 서강에 비치는 한 조각의 달빛에 남쪽으로 날아가는 기러기.

798) 결령치사(結領致死): 목매달아 죽임.

799) 파겁(破怯): 익숙하여져서 부끄러움이나 두려움이 없음.

800) 삼잡이 세악(細樂): 세 가지 악기로 연주하는 조용한 음악. 세 악기는 장구, 북, 피리를 가리킴.

801) 암급급여율령사파(唵急急如律令娑婆) 쐐: 귀신을 물리치는 주문의 끝에 쓰는 말.

“문복(問卜)하오.”
하며 웨고 가니 춘향이 듣고,
“여보 어만이, 저 봉사 좀 불러 주오.”
춘향 어미 봉사를 부르는데,
“여보, 저기 가는 봉사님.”
불러 놓으니 봉사 대답하되,
“게 뉘기, 게 뉘기니?”
“춘향 어미요.”
“어찌 찾나?”
“우리 춘향이가 옥중에서 봉사님을 잠깐 오시라 하오.”
봉사가 한번 웃으면서,
“날 찾기 의외로세. 가지.”
봉사가 옥으로 갈 제 춘향 어미 봉사의 지팡이를 잡고 길을 인도할 제,
“봉사님, 이리 오시오. 이것은 돌다리요 이것은 개천이요. 조심하여 건너시오.”
앞에 개천이 있어 뛰어 볼까 무한히 벼르다가 뛰는데 봉사의 뜀이란 게 멀리 뛰진 못하고 올라가기만 한 길이나 올라가는 것이었다. 멀리 뛴단 것이 한가운데 가 풍덩 빠져 놓았는데 기어 나오려고 짚는 게 개똥을 짚었지.
“어뿔싸. 이게 정녕 똥이지.”
손을 들어 맡아 보니 묵은 쌀밥 먹고 썩은 놈이로고. 손을 내뿌린 게 모진 돌에다가 부딪치니 어찌 아프던지 입에다가 훌쓸어 넣고 우는데 먼 눈에서 눈물이 뚝뚝 떨어지며,
“애고 애고 내 팔자야. 조그마한 개천을 못 건너고 이 봉변을 당하였으니 수원수구[802] 뉘더러 하리. 내 신세를 생각하니 천지만물을 불견(不見)

802) 수원수구(誰怨誰咎): 누구를 원망하고 누구를 탓하랴. 자기를 탓해야지 남을

이라. 주야를 내가 알랴, 사시를 짐작하며, 춘절이 당하온들 도리화개 내가 알며, 추절이 당하온들 황국단풍 어찌 알며, 부모를 내 아느냐, 처자를 내 아느냐, 친구 벗님을 내 아느냐? 세상천지 일월성신과 후박장단(厚薄長短)을 모르고 밤중같이 지내다가 이 지경이 되었구나. 진소위 소경이 그르냐 개천이 그르냐? 소경이 그르지, 아주 생긴 개천이 그르랴. 애고 애고."

설이 우니 춘향 어미 비감하여,

"그만 우시오."

봉사를 목욕시켜 옥으로 들어가니 춘향이 반기 여겨,

"애고, 봉사님. 어서 오오."

봉사, 그 중에 춘향이가 일색이란 말은 듣고 반겨하며,

"음성을 들으니 춘향 각신가부다."

"예, 기옵니다."

"내가 벌써 와서 자네를 한번이나 볼 터로되, 빈즉다사[803]라 못 오고 청하여 왔으니 내 수인사가 아니로세."

"그럴 리가 있소. 안맹(眼盲)하옵고 노래에 기력이 어떠하시오?"

"내 염려는 말게. 대체 나를 어찌 청하였나?"

"예, 다름 아니라 간밤에 흉몽(凶夢)을 하였삽기로 해몽도 하고 우리 서방님이 어느 때나 나를 찾을까 길흉 여부 점을 하려고 청하였소."

"그러게."

봉사 점을 하는데,

"정이태서 유상천 경이축 축왈
천하언재시리요 지하언재[804]시리요마는

---

원망하거나 꾸짖을 것이 아니라는 뜻.

803) 빈즉다사(貧則多事): 가난하면 일이 많다.

804) 천하언재(天何言哉) 지하언재(地何言哉): 하늘이 무슨 말을 하며 땅이 무슨 말을 하시겠는가.

고지즉응[805]하시느니 신기영의[806]시니 감이순통언[807]하소서.

망지휴구와 망석궐의[808]를 유신유령이 망수소보[809]하여

약가약비를 상명고지즉응[810]하시느니.

복희, 문왕, 무왕, 무공(武公), 주공,[811]

공자, 오대성현, 칠십이현, 안증사맹, 성문십철, 제갈공명 선생, 이순풍, 소강절, 정명도, 정이천, 주염계, 주효염,[812]

엄군평, 사마군, 귀곡, 손빈, 진의, 유, 왕보사, 유훈장,[813]

제대선생[814]은 명찰명기[815]하옵소서.

마의도자,[816] 구천선녀,[817]

육정[818] 육갑[819] 신장[820]이

연월일시(年月日時) 사치공조,[821]

배괘동자,[822] 척괘동남,[823] 허공유감,[824]

---

805) 고지즉응(叩之卽應): 물으면 곧 감응하시어 대답을 주심.
806) 신기영의(神旣靈矣): 신께서는 이미 영험이 있으심.
807) 감이순통언(感而順通焉): 감응하시어 방책을 알려 주시옵소서.
808) 망지휴구(罔知休咎) 망석궐의(罔釋厥疑): 길흉을 알지 못하고 의심을 풀지 못함.
809) 유신유령(惟神惟靈) 망수소보(望垂昭報): 신령님들은 참으로 신령하심.
810) 약가약비(若可若非) 상명고지즉응(尙明叩之卽應): 옳은 것인지 그른 것인지를 자세히 묻는 대로 밝혀 주시기 바람.
811) 복희, 문왕, 무왕, 무공, 주공: 중국 고대의 거룩한 임금과 어진 신하의 이름.
812) 공자 ~ 주효염: 공자와 그의 제자 및 유교의 정통 학자들의 이름.
813) 엄군평 ~ 유훈장: 중국의 각 시대를 대표하는 방술가들의 이름.
814) 제대선생(諸大先生): 위의 모든 위대하신 선생님들.
815) 명찰명기(明察明記): 밝히 살피고 기록함.
816) 마의도자(麻衣道者): 중국 송나라 때의 관상가.
817) 구천선녀: 구천현녀(九天玄女). 중국의 고대의 선녀(仙女).
818) 육정(六丁): 도교의 신 이름.
819) 육갑(六甲): 악마를 제거하는 신부(神符).
820) 신장(神將): 장수격을 가진 귀신.
821) 사치공조(四値功曹): 연월일시 넷이 모든 별에 위치해 있음.
822) 배괘동자(排卦童子): 괘를 배포하는 아이 신령.
823) 척괘동남(擲卦童男): 괘를 던지는 아이 신령.

여왕(女王) 본가봉사,[825]
단로향화(壇爐香火), 명신문차실향, 원사강림언[826]하소서.

전라좌도 남원부 천변(川邊)에 거하는
임자생신(壬子生辰) 곤명[827] 열녀(烈女) 성춘향이
하월하일(何月何日)에 방사옥중[828]하오며,
서울 삼청동 거하는 이몽룡은
하일하시에 도차본부[829]하오리까.
복걸[830] 첨신[831]은 신명소시[832]하옵소서."

산통을 철겅철겅 흔들더니,
"어디 보자, 일이삼사오륙칠. 허허 좋다. 상괘(上卦)로그. 칠간산[833]이로구나. 어유피망하니 소적대성[834]이라. 옛날 주무왕(周武王)이 벼슬할 제 이 괘를 얻어 금의환향하였으니, 어찌 아니 좋을쏜가. 천리상지하니 친인이 유면이라.[835] 자네 서방님이 불원간에 내려와서 평생 한을 풀겠

824) 허공유감(虛空有感): 허공 중에서도 느낌이 있음.
825) 본가봉사(本家奉祀): 본가에서 제사를 받듦.
826) 명신문차실향(明神聞此實香) 원사강림언(願使降臨焉): 밝은 여러 신령님께선 이러한 진실된 향기를 맡으시고 원컨대 강림하소서.
827) 곤명(坤命): 축원문에서 '여자'를 이르는 말.
828) 방사옥중(放赦獄中): 감옥에서 석방됨.
829) 도차본부(到此本府): 여기 남원부에 이름.
830) 복걸(伏乞): 엎드려 빎.
831) 첨신(僉神): 모든 신들.
832) 신명소시(神明昭示): 천지신령님이 밝히 보여 줌.
833) 칠간산(七艮山): 역의 괘 이름으로 곧 간괘(艮卦)를 말함.
834) 어유피망(魚游避網) 소적대성(小積大成): 고기가 물에서 놀되 그물을 피하니 작은 것이 쌓이어 큰 것이 이루어진다는 말.
835) 천리상지(千里相知) 친인유면(親人有面): 천 리나 먼 곳에 떨어져 있어도 서로 마음을 아니 친한 사람을 만날 것임.

네. 걱정 마소. 참 좋거든."

춘향이 대답하되,

"말대로 그러하면 오죽 좋사오리까? 간밤 꿈 해몽이나 좀 하여 주옵소서."

"어디 자상히 말을 하소."

"단장하던 체경이 깨져 보이고,
창전에 앵도꽃이 떨어져 보이고,
문 위에 허수아비 달려 뵈고,
태산이 무너지고 바닷물이 말라 보이니,
나 죽을 꿈 아니오?"

봉사, 이윽히 생각하다가 양구(良久)에 왈,

"그 꿈 장히 좋다."

화락(花落)하니 능성실(能成實)이요,
경파(鏡破)하니 기무성(豈無聲)가?
　　능히 열매가 열려야 꽃이 떨어지고
　　거울이 깨어질 때 소리가 없을쏜가?

문상(門上)에 현우인(懸偶人)하니
만인이 개앙시(皆仰視)라.
　　문 위에 허수아비 달렸으면
　　사람마다 우러러볼 것이오.

해갈(海渴)하니 용안견(龍顔見)이요
산붕(山崩)하니 지택평(地澤平)이라.
　바다가 마르면 용의 얼굴을 능히 볼 것이요
　산이 무너지면 평지가 될 것이라.

"좋다, 쌍가마 탈 꿈이로세. 걱정 마소. 멀지 않네."

한참 이리 수작할 제 뜻밖에 까마귀가 옥 담에 와 앉더니 까옥까옥 울거늘 춘향이 손을 들어 후여 날리며,

"방정맞은 까마귀야. 나를 잡아 가려거든 조르지나 말려무나."

봉사가 이 말을 듣더니,

"가만 있소. 그 까마귀가 '가옥가옥' 그렇게 울지?"

"예, 그래요."

"좋다, 좋다. 가 자(字)는 아름다울 가(嘉) 자요, 옥 자는 집 옥(屋) 자라. 아름답고 즐겁고 좋은 일이 불원간에 돌아와서 평생에 맺힌 한을 풀 것이니 조금도 걱정 마소. 지금은 복채 천 냥을 준대도 아니 받아 갈 것이니, 두고 보고 영귀하게 되는 때에 괄시나 부디 마소. 나 돌아가네."

"예, 평안히 가옵시고 후일 상봉하옵시다."

춘향이 장탄수심으로 세월을 보내니라.

이 때 한양성 도련님은 주야로 시서(詩書) 백가어(百家語)를 숙독하였으니 글로는 이백이요, 글씨는 왕희지라. 국가에 경사 있어 태평과836)를 보이실새 서책을 품에 품고 장중(場中)에 들어가 좌우를 둘러보니 억조창생 허다 선비 일시에 숙배(肅拜)한다. 어악풍류 청아성837)에 앵무새가 춤

836) 태평과(太平科): 국가에 일이 없고 평안한 시절이 계속될 때 이를 기념하여 보이던 과거.

을 춘다. 대제학 택출하여 어제[838]를 내리시니 도승지 모셔 내어 홍장(紅帳) 위에 걸어 놓으니 글제에 하였으되,

'춘당춘색이 고금동이라.[839]'

뚜렷이 걸었거늘 이 도령 글제를 살펴보니 익히 보던 배라. 시지(試紙)를 펼쳐 놓고 해제(解題)를 생각하여 용지연(龍池硯)에 먹을 갈아 당황모무심필(無心筆)을 반중동 덥벅 풀어 왕희지 필법으로 조맹부[840] 체(體)를 받아 일필휘지 선장[841]하니 상시관(上試官)이 글을 보고 자자(字字)이 비점이요 구구(句句)이 관주로다. 용사비등(龍蛇飛騰)하고 평사낙안[842]이라 금세의 대재(大才)로다. 금방(金榜)에 이름을 불러 어주삼배(御酒三盃) 권하신 후 장원급제 휘장[843]이라. 신래 진퇴(進退)를 나올 적에 머리에는 어사화(御史花)요 몸에는 앵삼[844]이라. 허리에는 학대(鶴帶)로다. 삼일유가[845]한 연후에 산소에 소분(掃墳)하고 전하께 숙배하니 전하께옵서 친히 불러 보신 후에,

"경의 재조 조정에 으뜸이라."

하시고 도승지 입시(入侍)하사 전라도 어사를 제수하시니 평생의 소원이라.

수의(繡衣), 마패(馬牌), 유척[846]을 내주시니 전하께 하직하고 본댁으로

---

837) 어악풍류 청아성(御樂風流清雅聲): 궁중에서 벌이는 놀이의 깨끗하고 속되지 않은 소리.

838) 어제(御題): 임금이 직접 출제한 시험 문제.

839) 춘당춘색고금동(春塘春色古今同): 봄의 연못에 봄빛은 예나 지금이나 같음. 사람은 죽고 없어도 자연은 변함이 없이 되풀이됨을 말함.

840) 조맹부(趙孟頫): 원나라의 문인. 서, 화, 시문에 크게 뛰어나 후세에 미친 영향이 큼.

841) 선장(先場): 문과(文科) 과거에서 가장 먼저 답안지를 바치는 일.

842) 평사낙안(平沙落雁): 모래펄에 기러기가 내려앉듯이 글씨가 매끈한 모양.

843) 휘장(揮場): 과거에 제일로 급제하여 그 답안을 시험장에 게시하는 것.

844) 앵삼(鶯衫): 생원, 진사에 급제하였을 때 입던 연두 빛깔의 예복.

845) 삼일유가(三日遊街): 과거의 급제자가 사흘 동안의 휴가를 받아 스승이나 선배 및 친지들을 찾아가 인사를 드리는 일.

나아갈 제, 철관[847] 풍채는 심산맹호(深山猛虎) 같은지라. 부모전 하직하고 전라도로 행할새 남대문 밖 썩 나서서 서리, 중방[848] 역졸 등을 거느리고 청파역 말 잡아 타고 칠패, 팔패,[849] 배다리 얼른 넘어 밥전거리 지나 동작이를 얼픗 건너, 남태령을 넘어 과천읍에 중화하고, 사근내, 미륵당이, 수원 숙소하고 대황교, 떡전거리, 진개울, 중미, 진위읍에 중화하고, 칠원, 소사, 애고다리, 성환역에 숙소하고, 상류천 하류천, 새술막, 천안읍에 중화하고, 삼거리, 도리터, 김제역 말 갈아 타고 신구, 덕평을 얼른 지나 원터에 숙소하고 팔풍정, 화란, 광정, 모란, 공주, 금강을 건너 금영에 중화하고, 높은 행길 소개문, 어미널티, 경천에 숙소하고, 노성, 풋개, 사다리, 은진, 간치당이, 황화정, 지애미고개 여산읍에 숙소하고, 이튿날 서리 중방 불러 분부하되,

"전라도 초읍 여산이라. 막중국사 거행 불명(不明)즉 죽기를 면치 못하리라."

추상같이 호령하며 서리 불러 분부하되,

"너는 좌도로 들어 진산, 금산, 무주, 용담, 진안, 장수, 운봉, 구례 이 팔읍을 순행하여 아무 날 남원읍으로 대령하고, 중방 역졸 너희 등은 우도로 용안, 함열, 임피, 옥구, 김제, 만경, 고부, 부안, 흥덕, 고창, 장성, 영광, 무장, 무안, 함평으로 순행하여 아무 날 남원읍으로 대령하고, 종사(從事) 불러 익산, 금구, 태인, 정읍, 순창, 옥과, 광주, 나주, 평창, 담양, 동복, 화순, 강진, 영암, 장흥, 보성, 흥양, 낙안, 순천, 곡성으로 순행하여 아무 날 남원읍으로 대령하라."

---

846) 유척(鍮尺): 길이를 잴 때 기준으로 쓰는 자. 지방 관리나 상인의 부정을 막기 위해 암행어사가 이 자를 가지고 다니며 자의 길이를 확인했음.

847) 철관(鐵冠): 어사가 쓰던 갓.

848) 중방(中房): 수령이 데리고 있는 심부름꾼.

849) 칠패(七牌), 팔패(八牌): 조선시대에 야경꾼이 야경을 돌 때 일곱 번째와 여덟 번째로 들르던 곳으로, 지금의 남대문 밖 청파동 부근.

분부하여 각기 분발(分發)하신 후에, 어사또 행장을 차리는데 모양 보소. 숱한 사람 속이려고 모자 없는 헌 파립(破笠)에 베레줄[850] 총총 매어 초사[851]갓끈 달아 쓰고, 당[852]만 남은 헌 망건에 갖풀관자[853] 노끈 당줄 달아 쓰고, 의뭉하게 헌 도복에 무명실 띠를 흉중에 둘러매고, 살만 남은 헌 부채에 솔방울 선추[854] 달아 일광을 가리고 내려올 제, 통새암, 삼례 숙소하고 한내, 주엽쟁이, 가린내, 싱금정 구경하고 숩정이, 공북루 서문을 얼른 지나 남문에 올라 사방을 둘러보니 소호강남 여기로다. 기린토월이며 한벽청연, 남고모종, 건지망월, 다가사후, 덕진채련, 비비락안, 위봉폭포, 완산팔경[855]을 다 구경하고 차차로 암행하여 내려올 제, 각읍 수령들이 어사 났단 말을 듣고 민정(民情)을 가다듬고 전공사(前公事)를 염려할 제 하인인들 편하리요. 이방, 호장 실혼(失魂)하고 공사회계(公事會計)하는 형방, 서기 얼른 하면 도망차로 신발하고, 수다한 각 청상(廳上)이 넋을 잃어 분주할 제, 이 때 어사또는 임실 구화뜰 근처를 당도하니, 차시(此時) 마침 농절이라. 농부들이 농부가하며 이러할 제 야단이었다.

어여로 상사뒤요.

천리건곤(千里乾坤) 태평시에 도덕 높은 우리 성군,

---

850) 베레줄: 벌이줄. 물건이 버틸 수 있도록 이리저리 얽어매는 줄.

851) 초사(草紗): 품질이 낮은 명주실.

852) 당: 망건당. 망건의 윗부분.

853) 갖풀관자: 아교로 만든 관자. 관자. 관자는 머리에 쓰는 망건 당줄을 꿰는 고리.

854) 선추(扇錘): 부채 고리에 늘어뜨리는 장식품.

855) 완산팔경(完山八景): 전라도 전주의 여덟 가지 아름다운 경치. 기린토월(麒麟吐月, 기린산이 달을 토하는 모습), 한벽청연(寒碧淸煙, 한벽당 주변의 맑은 연기), 남고모종(南固暮鍾, 남고사의 저녁 종소리), 건지망월(乾止望月, 건지산에서 달보기), 다가사후(多佳射帿, 다가산에 있는 활터), 덕진채련(德眞採蓮, 덕진 못에서 연밥 따기), 비비락안(飛飛落雁, 비비정(飛飛亭)에 내려앉는 기러기), 위봉폭포(威鳳瀑布, 위봉산의 폭포).

강구연월[856] 동요(童謠) 듣던 요(堯)임금 성덕이라.

어여로 상사뒤요.

순(舜)임금 높은 성덕으로 내신 성기 역산[857]에 밭을 갈고,

어여로 상사디야.

신농씨(神農氏) 내신 따부[858] 천추만대 유전하니 어이 아니 높으던가.

어여로 상사뒤요.

하우씨(夏禹氏) 어진 임금 구년홍수 다스리고,

어여라 상사뒤요.

은왕(殷王) 성탕(成湯) 어진 임금 대한칠년(大旱七年) 당하였네.

어여라 상사뒤요.

이 농사를 지어 내어 우리 성군 공세(貢稅) 후에,

남은 곡식 장만하여 앙사부모 아니하며 하육처자 아니할까.[859]

어여라 상사뒤요.

백초(百草)를 심어 사시(四時)를 짐작하니 유신(有信)한 게 백초로다.

어여라 상사뒤요.

청운공명(靑雲功名) 좋은 호강 이 업(業)을 당할쏘냐?

어여라 상사뒤요.

남전북답(南田北畓) 기경(起耕)하여 함포고복(含哺鼓腹)하여 보세.

얼럴럴 상사뒤요.

한참 이리할 제 어사또 주령[860] 짚고 이만하고 서서 농부가를 구경하

---

856) 강구연월(康衢烟月): 태평한 세월을 가리킴.

857) 역산(歷山): 순임금이 임금이 되기 전에 역산에서 밭을 갈았다는 고사가 있음.

858) 따부: 따비. 풀뿌리를 뽑거나 밭을 가는 농구의 한 가지. 쟁기와 모양이 비슷함.

859) 앙사부모(仰事父母) 하육처자(下育妻子): 위로는 부모님을 받들고 아래로는 처자식을 먹여 살림.

860) 주령: 지팡이.

다가,

"거기는 대풍이로고."

또 한편을 바라보니 이상한 일이 있다. 중씰한 노인들이 끼리끼리 모여 서서 등걸밭[861]을 일구는데 갈멍덕[862] 숙여 쓰고 소시랑 손에 들고 백발가를 부르는데,

등장[863] 가자 등장 가자.
하느님 전에 등장 갈 양이면 무슨 말을 하실는지.
늙은 이는 죽지 말고 젊은 사람 늙지 말게.
하느님 전에 등장가세.
원수로다 원수로다, 백발이 원수로다.
오는 백발 막으려고 우수(右手)에 도끼 들고 좌수(左手)에 가위 들고,
오는 백발 두드리며 가는 홍안 끌어당겨,
청사(靑絲)로 결박하여 단단히 졸라매되,
가는 홍안 절로 가고 백발은 시시로 돌아와,
귀 밑에 살 잡히고 검은 머리 백발 되니 조여청사모성설[864]이라.
무정한 게 세월이라.
소년행락 깊은들 왕왕이 달라가니,
이 아니 광음인가?
천금준마(千金駿馬) 잡아 타고 장안 대도(大道) 달리고저.
만고강산 좋은 경개 다시 한 번 보고지고.

---

861) 등걸밭: 나무를 베어 내고 난 그루터기가 그대로 남아 있는 땅을 개간하여 만든 밭.

862) 갈멍덕: 갈포로 만든 가리개. 비나 눈이 올 때 농부들이 머리에 쓰고 일을 함.

863) 등장(等狀): 관청에 연명으로 하소연하는 일.

864) 조여청사모성설(朝如靑絲暮成雪): '아침에는 청실처럼 검더니 저녁에는 흰눈처럼 백발이 되었네.'라는 뜻으로, 세월의 덧없음을 말함. 이백의 시 「장진주(將進酒)」에 나오는 구절.

절대가인 곁에 두고 백만교태 놀고지고.
화조월석(花朝月夕) 사시가경,
눈 어둡고 귀가 먹어 볼 수 없고 들을 수 없어,
하릴없는 일이로세.
슬프다 우리 벗님, 어디로 가겠는고?
구추(九秋) 단풍잎 진듯이 선아선아 떨어지고,
새벽 하늘 별 진듯이 삼오삼오 쓰러지니,
가는 길이 어디멘고?
어여로 가래질이야.
아마도 우리 인생 일장춘몽인가 하노라.

한참 이리할 제 한 농부 썩 나서며,

"담배 먹세, 담배 먹세."

갈멍덕 숙여 쓰고 둔덕에 나오더니 곱돌조대[865] 넌짓 들어 꽁무니 더듬더니 가죽 쌈지 빼어 놓고 세우[866] 침을 뱉아 엄지가락이 자빠라지게 비빗비빗 단단히 넣어 짚불을 뒤져 놓고 화로에 푹 질러 담배를 먹는데, 농군이라 하는 것이 대가 빡빡하면 쥐새끼 소리가 나것다. 양 볼때기가 오목오목, 코궁기가 발심발심, 연기가 홀홀 나게 피워 물고 나서니, 어사 또 반말하기는 공성이 났지.[867]

"저 농부, 말 좀 물어 보면 좋겠구먼."

"무슨 말?"

"이 골 춘향이가 본관의 수청들어 뇌물을 많이 받아먹고 민정(民政)에 작폐(作弊)한단 말이 옳은지?"

865) 곱돌조대: 윤이 나고 매끈매끈한 돌로 만든 담뱃대.
866) 세우: '세차게'의 옛말.
867) 공성이 나다: 이력이 붙어 당연한 것처럼 생각하다.

저 농부 열을 내어,

"게가 어디 사나?"

"아무 데 살든지."

"아무 데 살든지라니. 게는 눈콩알 귀콩알이 없나? 지금 춘향이를 수청 아니 든다 하고 형장 맞고 갇혔으니 창가(娼家)에 그런 열녀 세상에 드문지라. 옥결 같은 춘향 몸에 자네 같은 동냥치가 누설(陋說)을 끼치다는 빌어먹도 못하고 굶어 뒤어지리. 올라간 이 도령인지 삼 도령인지 그놈의 자식은 일거(一去) 후 무소식하니 인사가 그렇고는 벼슬은커니와 내 좆도 못하지."

"어, 그게 무슨 말인고?"

"왜, 어찌 되나?"

"되기야 어찌 되랴마는 남의 말로 구습(口習)을 너무 고약히 하는고?"

"자네가 철모르는 말을 하매 그렇지."

수작을 파하고 돌아서며,

"허허, 망신이로고. 자, 농부네들 일 하오."

"예."

하직하고 한 모롱이를 돌아드니 아이 하나 오는데, 주령 막대 끌면서 시조(時調) 절반 사설 절반 섞어 하되,

"오늘이 며칠인고. 천릿길 한양성을 며칠 걸어 올라가랴. 조자룡[868]의 월강(越江)하던 청총마(靑驄馬)가 있거드면 금일로 가련마는. 불쌍하다 춘향이는 이서방을 생각하여 옥중에 갇히어서 명재경각 불쌍하다. 몹쓸 양반 이서방은 일거 소식 돈절하니 양반의 도리는 그러한가?"

어사또 그 말 듣고,

"이애, 어디 있니?"

"남원읍에 사오."

---

868) 조자룡(趙子龍): 삼국시대 촉한(蜀漢)의 무장. 칼을 잘 쓰는 것으로 유명함.

“어디를 가니?”
“서울 가오.”
“무슨 일로 가니?”
“춘향의 편지 갖고 구관댁에 가오.”
“이애, 그 편지 좀 보자꾸나.”
“그 양반 철모르는 양반이네.”
“웬 소린고?”
“글쎄 들어보오. 남의 편지 보기도 어렵거든 하물며 남의 내간(內簡)을 보잔단 말이오?”
“이애 들어라. 행인이 임발우개봉[869]이란 말이 있느니라. 좀 보면 관계하냐?”
“그 양반 몰골은 흉악하구만 문자속은 기특하오. 얼픗 보고 주오.”
“호로자식이로고.”
편지 받아 떼어 보니 사연에 하였으되,

일차 이별 후 성식(聲息)이 적조하니 도련님 시봉(侍奉) 체후만안하옵신지 원절복모(願切伏慕)하옵니다. 천첩 춘향은 장대뇌상(杖臺牢上)에 관봉치패(官逢致敗)하고 명재경각(命在頃刻)이라. 지어사경(至於死境)에 혼비황릉지묘(魂飛黃陵之廟)하여 출몰귀관(出沒鬼關)하니 첩신(妾身)이 수유만사(雖有萬死)나 단지 열불이경(烈不二更)이요, 첩지사생(妾之死生)과 노모 형상이 부지하경(不知何境)이오니, 서방님 심량처지(深諒處之)하옵소서.[870]

869) 행인임발우개봉(行人臨發又開封): ‘길을 떠나려는 순간에 다시 한 번 편지의 겉봉을 떼어 내용을 확인해 본다.’는 뜻. 당나라의 문인 장적(張籍)의 시 구절.
870) 일차 이별~심량처지하옵소서: 이별 후 소식이 끊어졌는데 도련님은 부모님 모시고 평안하신지 궁금합니다. 저 춘향은 곤장을 맞는 형벌을 당하여 죽음을 눈앞에 두고 있습니다. 죽음에 이르러 혼이 황릉묘에 올라 저승을 다녀왔습니다.

편지 끝에 하였으되,

거세하시군별첩고 작이동혈우동추라.
광풍반야누여설하니 하위남원옥중수라.[871)]

혈서로 하였는데 평사낙안(平沙落雁) 기러기 격으로 그저 툭툭 찍은 것이 모두 다 애고로다. 어사 보더니 두 눈에 눈물이 뜯거니 맺거니 방울방울 떨어지니 저 아이 하는 말이,

"남의 편지 보고 왜 우시오?"

"엇다, 이애. 남의 편지라도 설운 사연을 보니 자연 눈물이 나는구나."

"여보, 인정 있는 체하고 남의 편지 눈물 묻어 찢어지오. 그 편지 한 장 값이 열닷 냥이오. 편지값 물어 내오."

"여봐라. 이 도령이 나와 죽마고우 친구로서 하향(遐鄕)에 볼 일이 있어 나와 함께 내려오다 완영[872)]에 들렀으니 내일 남원으로 만나자 언약하였다. 나를 따라가 있다가 그 양반을 뵈어라."

그 아이 반색하며,

"서울을 저 건너로 알으시오?"

하며 달려들어,

---

저는 만 번 죽어도 단지 두 남편을 섬기지 않는다는 지조를 지키고자 합니다. 저의 목숨과 노모의 형상이 어느 지경에 이를지 모르오니 서방님 깊이 헤아려 주옵소서.

871) 거세하시군별첩(去歲何時君別妾) 작년 어느 때에 임이 나와 이별했던고?
작이동설우동추(昨已冬雪又動秋) 엊그제 이미 겨울눈이 내리더니 또 가을이 왔도다.
광풍반야누여설(狂風半夜淚如雪) 미친 바람 깊은 밤에 눈물이 눈 같으니.
하위남원옥중수(何爲南原獄中囚) 어찌하여 남원 옥중의 죄수가 되었던고?

872) 완영(完營): 전라도의 감영이 있던 전주(全州).

"편지 내오."

상지[873]할 제 옷 앞자락을 잡고 실난하며 살펴보니 명주 전대를 허리에 둘렀는데 제기(祭器) 접시 같은 것이 들었거늘 물러나며,

"이것 어디서 났소. 찬 바람이 나오."

"이놈, 만일 천기누설하여서는 생명을 보전치 못하리라."

당부하고 남원으로 들어올 제 박석틔를 올라서서 사면을 둘러보니 산도 예 보던 산이요 물도 예 보던 물이라. 남문 밖 썩 내달아,

"광한루야 잘 있더냐? 오작교야 무사하냐?"

객사청청유색신[874]은 나귀 매고 놀던 데요, 청운낙수[875] 맑은 물은 내 발 씻던 청계수(淸溪水)라. 녹수진경[876] 넓은 길은 왕래하던 옛길이요, 오작교 다리 밑에 빨래하는 여인들은 계집아이 섞여 앉아,

"야야."

"왜야?"

"애고 애고 불쌍터라. 춘향이가 불쌍터라. 모질더라 모질더라. 우리 골 사또가 모질더라. 절개 높은 춘향이를 위력겁탈하려 한들 철석 같은 춘향 마음 죽는 것을 헤아릴까. 무정터라 무정터라. 이 도령이 무정터라."

저희끼리 공론하며 추적추적 빨래하는 모양은 영양공주, 난양공주, 진채봉, 계섬월, 백릉파, 적경홍, 심요연, 가춘운[877]도 같다마는 양소유가 없었으니 뉘를 찾아 앉았는고. 어사또 누에 올라 자상히 살펴보니 석양은 재서하고 숙조는 투림할[878] 제 저 건너 양류목(楊柳木)은 우리 춘향 그네

---

873) 상지(相持): 서로 버팀.

874) 객사청청유색신(客舍靑靑柳色新): 손님이 머무는 객사의 푸른 버들은 봄이 되니 빛깔이 새로움.

875) 청운낙수(靑雲洛水): 푸른 구름 맑은 물. 맑고 아름다운 자연의 모습

876) 녹수진경(綠樹秦京): 푸른 나무가 늘어서 있는 진나라의 서울.

877) 영양공주, 난양공주, 진채봉, 계섬월, 백릉파, 적경홍, 심요연, 가춘운: 김만중의 「구운몽」에 나오는 팔 선녀의 이름.

878) 석양재서(夕陽在西) 숙조투림(宿鳥投林): 날이 저물어 해가 서쪽으로 기우니

매고 오락가락 놀던 양을 어제 본 듯 반갑도다. 동편을 바라보니 장림 심처 녹림간(綠林間)에 춘향집이 저기로다. 저 안에 내동원[879]은 예 보던 고면(故面)이요, 석벽에 험한 옥(獄)은 우리 춘향 우니는 듯 불쌍코 가긍하다.

일락서산(日落西山) 황혼시에 춘향 문전 당도하니 행랑은 무너지고 몸채는 꾀를 벗었는데,[880] 예 보던 벽오동은 수풀 속에 우뚝 서서 바람을 못 이기어 추레하게 서 있거늘, 단장 밑에 백두루미는 함부로 다니다가 개한테 물렸는지 깃도 빠지고 다리를 징금 끼룩 뚜루룩 울음 울고, 빗장 앞 누렁개는 기운 없이 졸다가 구면객(舊面客)을 몰라 보고 꽝꽝 짖고 내달으니,

"요 개야 짖지 마라. 주인 같은 손님이다. 너의 주인 어디 가고 네가 나와 반기느냐?"

중문을 바라보니 내 손으로 쓴 글자가 충성 충(忠)자 완연터니, 가운데 중(中)자는 어디 가고 마음 심(心)자만 남아 있고, 와룡장자[881] 입춘서(立春書)는 동남풍에 펄렁펄렁, 이내 수심 도와낸다. 그렁저렁 들어가니 내정[882]은 적막한데 춘향의 모 거동 보소. 미음 솥에 불 넣으며,

"애고 애고 내 일이야. 모질도다 모질도다, 이 서방이 모질도다. 위경[883] 내 딸 아주 잊어 소식조차 돈절하네. 애고 애고 설운지고. 향단아, 이리와 불 넣어라."

하고 나오더니 울 안 개울물에 흰 머리 감아 빗고 정화수 한 동이를 단하에 받쳐 놓고 복지(伏地)하여 축원하되,

---

새들은 자려고 숲으로 날아듦.

879) 내동원(內東園): 담 안에 있는 동산.

880) 꾀를 벗다: 옷이나 겉치레 장식을 완전히 다 벗다.

881) 와룡장자(臥龍莊字): 용과 같이 힘있는 글씨.

882) 내정(內庭): 안뜰.

883) 위경(危境): 위태한 지경에 처해 있음.

"천지지신 일월성신은 화위동심[884]하옵소서.
다만 독녀 춘향이를 금쪽같이 길러 내어 외손봉사 바라더니,
무죄한 매를 맞고 옥중에 갇혔으니 살릴 길이 없삽니다.
천지지신(天地之神)은 감동하사
한양성 이몽룡을 청운에 높이 올려 내 딸 춘향 살려지이다."

빌기를 다한 후에,
"향단아, 담배 한 대 붙여 다오."
춘향의 모 받아 물고 후유 한숨 눈물질새, 이 때 어사 춘향모 정성 보고,
'나의 벼슬한 게 선영음덕[885]으로 알았더니 우리 장모 덕이로다.'
하고,
"그 안에 뉘 있나?"
"뉘시오?"
"내로세."
"내라니 뉘신가?"
어사 들어가며,
"이 서방일세."
"이 서방이라니. 옳지, 이풍헌 아들 이 서방인가?"
"허허, 장모 망령이로세. 나를 몰라, 나를 몰라?"
"자네가 뉘기여?"
"사위는 백년지객(百年之客)이라 하였으니 어찌 나를 모르는가?"
춘향의 모 반겨하여,
"애고 애고, 이게 웬일인고? 어디 갔다 인자 와? 풍세대작(風勢大作)터

884) 화위동심(化爲同心): 한 가지 마음으로 행함.
885) 선영음덕(先塋陰德): 조상님의 숨은 덕행.

니 바람결에 풍겨 온가, 봉운기봉[886]터니 구름 속에 싸여 온가. 춘향의 소식 듣고 살리려고 와 계신가? 어서 어서 들어가세."

손을 잡고 들어가서 촛불 앞에 앉혀 놓고 자세히 살펴보니 걸인 중에는 상걸인이 되었구나. 춘향의 모 기가 막혀,

"이게 웬일이오?"

"양반이 그릇되매 형언할 수 없네. 그 때 올라가서 벼슬길 끊어지고 탕진가산하여 부친께서는 학장(學長)질 가시고 모친은 친가로 가시고 다 각기 갈리어서 나는 춘향에게 내려와서 돈천이나 얻어 갈까 하였더니, 와서 보니 양가 이력 말 아닐세."

춘향의 모 이 말 듣고 기가 막혀,

"무정한 이 사람아. 일차 이별 후로 소식이 없었으니 그런 인사가 있으며 후긴지 바랐더니 이리 잘 되었소? 쏘아 논 살이 되고 엎질러진 물이 되어 수원수구(誰怨誰咎)할까마는 내 딸 춘향 어쩔라나?"

홧김에 달려들어 코를 물어 뗄라 하니,

"내 탓이지 코 탓인가? 장모가 나를 몰라보네. 하늘이 무심태도 풍운조화(風雲造化)와 뇌성전기(雷聲電氣)는 있느니."

춘향모 기가 차서,

"양반이 그릇되매 간롱조차 들었구나."

어사 짐짓 춘향모의 하는 거동을 보려 하고,

"시장하여 나 죽겠네. 날 밥 한 술 주소."

춘향모 밥 달라는 말을 듣고,

"밥 없네."

어찌 밥 없을고마는 홧김에 하는 말이었다. 이 때 향단이 옥에 갔다 나오더니 저의 아씨 야단 소리에 가슴이 우둔우둔 정신이 월렁월렁, 정처없이 들어가서 가만히 살펴보니 전에 서방님이 와 계시구나. 어찌 반갑던

---

886) 봉운기봉(峰雲奇峰): 산봉우리에 피어 오른 기이한 구름.

지 우루룩 들어가서,

“향단이 문안이오. 대감님 문안이 어떠하옵시며, 대부인 기후 안녕하옵시며, 서방님께서도 원로에 평안히 행차하시니까?”

“오냐, 고생이 어떠하냐?”

“소녀 몸은 무탈하옵니다. 아씨 아씨 큰아씨. 마오 마오, 그리 마오. 멀고 먼 천릿길에 뉘 보려고 와 계시관대 이 괄시가 웬 일이오? 애기씨가 알으시면 지레 야단이 날 것이니 너무 괄시 마옵소서.”

부엌으로 들어가더니 먹던 밥에 풋고추 절인김치 양념 넣고 단간장에 냉수 가득 떠서 모반에 받쳐 드리면서,

“더운 진지 할 동안에 시장하신데 우선 요기하옵소서.”

어사또 반겨하며,

“밥아, 너 본 지 오래로구나.”

여러 가지를 한데다가 붓더니 숟가락 댈 것 없이 손으로 뒤져서 한편으로 몰아치더니 마파람에 게눈 감추듯 하는구나.

춘향모 하는 말이,

“얼씨구, 밥 빌어먹기는 공성이 났구나.”

이 때 향단이는 저의 애기씨 신세를 생각하여 크게 울든 못하고 체읍(涕泣)하여 우는 말이,

“어찌할거나 어찌할거나. 도덕 높은 우리 애기씨를 어찌하여 살리시려오? 어쩌꺼나요 어쩌꺼나요?”

실성으로 우는 양을 어사또 보시더니 기가 막혀,

“여봐라, 향단아. 울지 마라 울지 마라. 너의 아기씨가 설마 살지 죽을쏘냐? 행실이 지극하면 사는 날이 있느니라.”

춘향모 듣더니

“애고, 양반이라고 오기는 있어서. 대체 자네가 왜 저 모양인가?”

향단이 하는 말이,

“우리 큰아씨 하는 말을 조금도 과념 마옵소서. 나이 많아 노망한 중에 이 일을 당해 놓으니 홧김에 하는 말을 일분인들 노하리까? 더운 진지 잡수시오.”

어사또 밥상 받고 생각하니 분기탱천하여 마음이 울적, 오장이 월렁월렁, 석반이 맛이 없어,

“향단아, 상 물려라.”

담뱃대 투툭 털며,

“여보소 장모. 춘향이나 좀 보아야지.”

“그러지요. 서방님이 춘향을 아니 보아서야 인정이라 하오리까?”

향단이 여쭈오되,

“지금은 문을 닫았으니 파루[887] 치거든 가사이다.”

이 때 마침 파루를 뎅뎅 치는구나. 향단이는 미음상 이고 등롱 들고 어사또는 뒤를 따라 옥문간 당도하니 인적이 고요하고 사정이도 간 곳 없네.

이 때 춘향이 비몽사몽간에 서방님이 오셨는데 머리에는 금관이요, 몸에는 홍삼[888]이라. 상사일념에 목을 안고 만단정회(萬端情懷)하는 차라.

“춘향아.”

부른들 대답이 있을쏘냐.

어사또 하는 말이

“크게 한번 불러 보소.”

“모르는 말씀이오. 예서 동헌이 마주치는데 소리가 크게 나면 사또 염문(廉問)할 것이니 잠깐 지체하옵소서.”

“무에 어때, 염문이 무엇인고? 내가 부를게 가만 있소. 춘향아!”

부르는 소리에 깜짝 놀래어 일어나며,

“허허, 이 목소리 잠결인가 꿈결인가? 그 목소리 괴이하다.”

---

887) 파루(罷漏): 날이 밝아올 때 종을 서른세 번 쳐서 야간 통행금지를 해제하는 일.
888) 홍삼(紅衫): 벼슬아치가 공식 모임을 가질 때 입는 붉은색 겉옷.

어사또 기가 막혀,

"내가 왔다고 말을 하소."

"왔단 말을 하게 되면 기절담락(氣絶膽落)할 것이니 가단히 계옵소서."

춘향이 저의 모친 음성 듣고 깜짝 놀래어,

"어머니 어찌 와겼소. 몹쓸 딸자식을 생각하와 천방지방 다니다가 낙상하기 쉽소. 일훌랑은 오실라 마옵소서."

"날랑은 염려 말고 정신을 차리어라. 왔다."

"오다니 뉘가 와요?"

"그저 왔다."

"갑갑하여 나 죽겠소. 일러 주오. 꿈 가운데 임을 만나 만단정회하였더니, 혹시 서방님께서 기별 왔소? 언제 오신단 소식 왔소? 벼슬 띠고 내려온단 노문(路文) 왔소? 애고 답답하여라."

"너의 서방인지 남방인지 걸인 하나 내려왔다."

"허허, 이게 웬말인가? 서방님이 오시다니 몽중에 보던 임을 생시에 본단 말가?"

문틈으로 손을 잡고 말 못 하고 기색하며,

"애고, 이게 누구시오? 아마도 꿈이로다. 상사불견 그린 임을 이리 수이 만날쏜가. 이제 죽어 한이 없네. 어찌 그리 무정한가. 박명하다 나의 모녀. 서방님 이별 후에 자나 누우나 임 그리워 일구월심 한일러니 내 신세 이리 되어 매에 감겨 죽게 되니 날 살리려 와 계시오?"

한참 이리 반기다가 임의 형상 자세 보니 어찌 아니 한심하랴.

"여보 서방님, 내 몸 하나 죽는 것은 설운 마음 없소마는 서방님 이 지경이 웬일이오?"

"오냐 춘향아, 설워 마라. 인명이 재천인데 설마한들 죽을쏘냐."

춘향이 저의 모친 불러,

"한양성 서방님을 칠년대한(七年大旱) 가문 날에 갈민대우(渴民待雨)

기다린들 나와 같이 자진턴가. 심은 나무 꺾어지고 공든 탑이 무너졌네. 가련하다 이 내 신세 하릴없이 되었구나. 어머님 나 죽은 후에라도 원이나 없게 하여 주옵소서. 나 입던 비단 장옷 봉장 안에 들었으니 그 옷 내어 팔아다가 한산세저 바꾸어서 물색 곱게 도포 짓고 백방사주 긴 치마를 되는 대로 팔아다가 관(冠), 망(網), 신발 사드리고 절병, 천은비녀, 밀화장도, 옥지환이 함 속에 들었으니 그것도 팔아다가 한삼 고의 불초찮게 하여 주오. 금명간 죽을 년이 세간 두어 무엇할까. 용장, 봉장, 빼닫이를 되는 대로 팔아다가 별찬[889] 진지 대접하오. 나 죽은 후에라도 나 없다 말으시고 날 본 듯이 섬기소서.

서방님, 내 말씀 들으시오. 내일이 본관 사또 생신이라. 취중에 주망(酒妄) 나면 나를 올려 칠 것이니 형문 맞은 다리 장독(杖毒)이 났으니 수족인들 놀릴쏜가. 만수운환[890] 흐트러진 머리 이렁저렁 걷어 얹고 이리 비틀 저리 비틀 들어가서 장폐(杖斃)하여 죽거들랑 삯군인 체 달려들어 둘러업고, 우리 둘이 처음 만나 놀던 부용당의 적막하고 요적한 데 뉘어 놓고 서방님 손수 염습하되, 나의 혼백 위로하여 입은 옷 벗기지 말고 양지 끝에 묻었다가 서방님 귀히 되어 청운에 오르거든 일시도 둘라 말고 육진장포[891] 개렴[892]하여 조촐한 상여 위에 덩그렇게 실은 후에 북망산천 찾아갈제 앞 남산 뒷 남산 다 버리고 한양으로 올려다가 선산 발치에 묻어 주고, 비문에 새기기를 '수절원사춘향지묘'[893]라 여덟 자만 새겨 주오. 망부석(望夫石)이 아니 될까.

서산에 지는 해는 내일 다시 오련마는 불쌍한 춘향이는 한번 가면 어

---

889) 별찬(別饌): 특별히 맛있는 반찬이나 음식.

890) 만수운환(漫垂雲鬟): 단장하지 않아 아무렇게나 흐트러진 채 늘어진 여자의 머리털.

891) 육진장포(六鎭長布): 함경북도 육진에서 나는 척수가 긴 베.

892) 개렴(改殮): 한번 장례를 치른 사람의 시신을 다른 데로 옮겨 묻기 위해 다시 염을 함.

893) 수절원사춘향지묘(守節冤死春香之墓): 수절하다 억울하게 죽은 춘향의 묘.

느 때 다시 올까. 신원(伸寃)이나 하여 주오. 애고 애고 내 신세야. 불쌍한 나의 모친 나를 잃고 가산을 탕진하면 하릴없이 걸인 되어 이집 저집 걸식타가 언덕 밑에 조속조속 졸면서 자진하여 죽게 되면 지리산 갈가마귀 두 날개를 떡 벌리고 둥덩실 날아들어 까옥까옥 두 눈을 다 파먹은들 어느 자식 있어 '후여~' 하고 날려 주리."

애고 애고 설이 울 제, 어사또,

"울지 마라. 하늘이 무너져도 솟아날 구멍이 있느니라. 네가 나를 어찌 알고 이렇듯이 설워하느냐?"

작별하고 춘향 집에 돌아왔지.

춘향이는 어둠침침 야삼경에 서방님을 번개같이 얼른 브고 옥방에 홀로 앉아 탄식하는 말이,

"명천(明天)은 사람을 낼 제 별로 후박(厚薄)이 없건마는 나의 신세 무슨 죄로 이팔청춘에 임 보내고 모진 목숨 살아 이 형문 이 형장 무슨 일고. 옥중고생 삼사 삭에 밤낮없이 임 오시기만 바라더니, 이제는 임의 얼굴 보았으니 광채 없이 되었구나. 죽어 황천에 돌아간들 제왕전(諸王前)에 무슨 말을 자랑하리. 애고 애고."

설이 울 제 자진하여 반생반사(半生半死) 하는구나.

어사또 춘향 집에 나와서 그날 밤을 새려 하고 문 안, 믄 밖 염문할새 길청에 가 들으니, 이방이 승발894) 불러 하는 말이,

"여보소. 들으니 수의사또가 새문 밖 이씨라더니, 아까 삼경에 등롱불 키여 들고 춘향모 앞세우고 폐의파관(敝衣破冠)한 손님이 아마도 수상하니 내일 본관 잔치 끝에 일습을 구별하여 생탈 없이 십분 조심하소."

어사 그 말 듣고,

"그놈들 알기는 아는데."

하고 또 장청(杖廳)에 가 들으니 행수 군관 거동 보소.

---

894) 승발(承發): 시골 관청의 아전 밑에서 잡무를 보던 사람.

"여러 군관님네, 아까 옥거리 바장이는 걸인 실로 괴이하데. 아마도 분명 어산 듯하니 용모파기[895] 내어 놓고 자상이 보소."

어사또 듣고,

"그놈들 개개여신(箇箇如神)이로다."

하고 현사[896]에 가 들으니 호장 역시 그러하다. 육방 염문 다 한 후에 춘향 집 돌아와서 그 밤을 샌 연후에 이튿날 조사[897] 끝에 근읍(近邑) 수령이 모여든다. 운봉영장, 구례, 곡성, 순창, 옥과, 진안, 장수 원님이 차례로 모여든다. 좌편에 행수 군관 우편에 청령 사령 한가운데 본관은 주인이 되어 하인 불러 분부하되,

"관청색[898] 불러 다담(茶啖)을 올리라. 육고자[899] 불러 큰 소를 잡고, 예방(禮房) 불러 고인[900]을 대령하고, 승발 불러 차일을 대령하라. 사령 불러 잡인을 금하라."

이렇듯 요란할 제 기치(旗幟), 군물(軍物)이며 육각풍류(六角風流) 반공에 떠 있고, 녹의홍상 기생들은 백수(白手) 나삼(羅衫) 높이 들어 춤을 추고, '지화자, 둥덩실' 하는 소리 어사또 마음이 심란하구나.

"여봐라, 사령들아. 너의 원님 전에 여쭈어라. 먼 데 있는 걸인이 좋은 잔치에 당하였으니 주효(酒肴) 좀 얻어먹자고 여쭈어라."

저 사령 거동 보소.

"어느 양반이간디 우리 안전님 걸인 혼금[901]하니 그런 말은 내도 마오."

---

895) 용모파기(容貌把記): 어떠한 사람을 잡기 위하여 그 사람의 얼굴의 특징을 적은 기록.
896) 현사(縣司): 관청의 수요에 따른 물품을 출납하는 곳.
897) 조사(朝仕): 하급 벼슬아치가 날마다 아침에 으뜸 벼슬아치에게 뵈는 일.
898) 관청색(官廳色): 관청빗. 옛날 수령의 음식을 맡아 보던 아전.
899) 육고자(肉庫子): 지방 관청에 쇠고기를 바치던 관노.
900) 고인(鼓人): 공인(工人). 옛날에 악기를 연주하던 사람. 악공(樂工). 공생(工生).
901) 혼금(閽禁): 관청이나 개인의 집에 잡인이 들지 못하도록 문에서부터 막는 일.

등 밀쳐내니 어찌 아니 명관인가. 운봉이 그 거동을 보고 본관에게 청하는 말이,

"저 걸인의 의관은 남루하나 양반의 후옌 듯하니 말석에 앉히고 술잔이나 먹여 보냄이 어떠하뇨?"

본관 하는 말이,

"운봉 소견대로 하오마는……."

하니, '마는…….' 소리 훗입맛이 사납겠다. 어사 속으로,

'오냐, 도적질은 내가 하마. 오랏줄은 네가 져라.'

운봉이 분부하여,

"저 양반 듭시래라."

어사또 들어가 단좌하여 좌우를 살펴보니 당상의 모든 수령 다담을 앞에 놓고 진양조가 양양할 제, 어사또 상을 보니 어찌 아니 통분하랴. 모 떨어진 개상판에 닥채 저붐,[902] 콩나물, 깍두기, 막걸리 한 사발 놓았구나. 상을 발길로 탁 차 던지며 운봉의 갈비를 직신,

"갈비 한 대 먹고지고."

"다라도 잡수시오."

하고 운봉이 하는 말이,

"이러한 잔치에 풍류로만 놀아서는 맛이 적사오니 차운[903] 한 수씩 하여 보면 어떠하오."

"그 말이 옳다."

하니 운봉이 운을 낼 제 높을 고(高)자, 기름 고(膏)자 두 자를 내어 놓고 차례로 운을 달 제, 어사또 하는 말이

"걸인이 어려서 추구권[904]이나 읽었더니 좋은 잔치 당하여서 주효를

---

902) 닥채 저붐: 껍질을 벗겨 낸 닥나무의 가느다란 가지로 만든 젓가락.
903) 차운(次韻): 한시에서 남이 지은 시의 운자(韻字)에 맞추어 시를 짓는 일.
904) 추구권(抽句卷): 유명한 글귀를 뽑아 적은 책.

포식하고 그저 가기 무렴하니 차운 한 수 하사이다."

운봉이 반겨 듣고 필연(筆硯)을 내어 주니 좌중이 다 못하여 글 두 귀를 지었으되, 민정(民情)을 생각하고 본관 정체를 생각하여 지었겠다.

금준미주(金樽美酒)는 천인혈(千人血)이요,
옥반가효(玉盤佳肴)는 만성고(萬姓膏)라.
촉루낙시(燭淚落時) 민루낙(民淚落)이요,
가성고처(歌聲高處) 원성고(怨聲高)라.

이 글 뜻은,

금동이의 아름다운 술은 일만 백성의 피요,
옥소반의 아름다운 안주는 일만 백성의 기름이라.
촛불 눈물 떨어질 때 백성 눈물 떨어지고
노랫소리 높은 곳에 원망 소리 높았더라.

이렇듯이 지었으되 본관은 몰라 보고 운봉이 글을 보며 내념(內念)에,

"아뿔싸, 일이 났다."

이 때 어사또 하직하고 간 연후에 공형 불러 분부하되,

"야야, 일이 났다."

공방 불러 포진 단속, 병방 불러 역마 단속, 관청색 불러 다담 단속, 옥형리 불러 죄인 단속, 집사 불러 형구 단속, 형방 불러 문부(文簿) 단속, 사령 불러 합번905) 단속, 한참 이리 요란할 제 물색없는 저 본관이,

"여보, 운봉은 어디를 다니시오?"

"소피하고 들어오오."

---

905) 합번(合番): 중대한 일이 있을 때에 관리들이 모여 숙직함.

본관이 분부하되,

"춘향을 급히 올리라."

하고 주광(酒狂)이 날 제, 이 때에 어사또 군호(軍號)할 제, 서리 보고 눈을 주니 서리 중방 거동 보소. 역졸 불러 단속할 제, 이리 가며 수군 저리 가며 수군수군. 서리 역졸 거동 보소. 외올 망건 공단(貢緞) 쓰개 새 평립 눌러 쓰고, 석 자 감발 새 짚신에 한삼 고의 산뜻 입고, 육모 방치 녹피(鹿皮) 끈을 손목에 걸어 쥐고, 예서 번뜻 제서 번뜻, 남원읍이 우군우군. 청파역졸 거동 보소, 달 같은 마패를 햇빛같이 번뜻 들어,

"암행어사 출도야!"

웨난 소리 강산이 무너지고 천지가 뒤눕는 듯, 초목금수인들 아니 떨랴. 남문에서,

"출도야."

북문에서,

"출도야."

동, 서문 출도 소리 청천(靑天)에 진동하고,

"공형 들라."

웨는 소리 육방(六房)이 넋을 잃어,

"공형이오."

등채로 휘닥딱,

"애고 죽는다."

"공방, 공방."

공방이 포진 들고 들어오며,

"안 하려던 공방을 하라더니 저 불 속에 어찌 들랴?"

등채로 휘닥딱,

"애고, 박 터졌네."

좌수 별감 넋을 잃고, 이방 호장 실혼(失魂)하고, 삼색 나졸 분주하네.

모든 수령 도망할 제 거동 보소. 인궤(印櫃) 잃고 과줄 들고, 병부(兵符) 잃고 송편 들고, 탕건(宕巾) 잃고 용수[906] 쓰고, 갓 잃고 소반 쓰고, 칼집 쥐고 오줌누기. 부서지느니 거문고요, 깨지느니 북 장고라. 본관이 똥을 싸고 멍석구멍 새앙쥐 눈 뜨듯 하고 내아로 들어가서,

"어 추워라. 문 들어온다 바람 닫아라. 물 마르다 목 들여라."

관청색은 상을 잃고 문짝 이고 내달으니 서리 역졸 달려들어 후닥딱,

"애고, 나 죽네."

이 때 수의사또 분부하되,

"이 골은 대감이 좌정하시던 골이라. 훤화[907]를 금하고 객사(客舍)로 사처[908]하라."

좌정 후에,

"본관은 봉고파직[909]하라."

분부하니,

"본관은 봉고파직이오."

사대문에 방(榜) 붙이고 옥형리 불러 분부하되,

"네 골 옥수(獄囚)를 다 올리라."

호령하니 죄인을 올리거늘 다 각각 문죄 후에 무죄자(無罪者) 방송할 새

"저 계집은 무엇인고?"

형리 여쭈오되,

"기생 월매 딸이온데 관정(官庭)에 포악한 죄로 옥중에 있삽내다."

"무슨 죄인고?"

---

906) 용수: 가느다란 싸리나무로 만든 긴 통. 술이나 장을 거르는 데 쓰임.

907) 훤화(喧譁): 지껄이며 떠들어 댐.

908) 사처(徙處): 머무는 거처나 일을 보는 자리를 옮김.

909) 봉고파직(封庫罷職): 부정을 은폐하거나 증거를 인멸하지 못하도록 관청의 창고를 봉해 잠궈 놓고 부정을 저지른 수령을 파면시킴.

형리 아뢰되,

“본관 사또 수청으로 불렀더니, 수절이 정절이라 수청 아니 들려 하고 관전(官前)에 포악한 춘향이로소이다.”

어사또 분부하되,

“너만 년이 수절한다고 관정 포악하였으니 살기를 바랄쏘냐. 죽어 마땅하되, 내 수청도 거역할까?”

춘향이 기가 막혀,

“내려오는 관장마다 개개이 명관이로구나. 수의사또 듣조시오. 층암절벽 높은 바위 바람 분들 무너지며 청송녹죽 푸른 남기 눈이 온들 변하리까? 그런 분부 마옵시고 어서 바삐 죽여주오.”

하며,

“향단아, 서방님 어디 계신가 보아라. 어젯밤에 옥문간에 와 계실 제 천만 당부하였더니 어디를 가셨는지 나 죽는 줄 모르는가.”

어사또 분부하되,

“얼굴 들어 나를 보라.”

하시니 춘향이 고개 들어 대상(臺上)을 살펴보니 걸객으로 왔던 낭군 어사또로 뚜렷이 앉았구나. 반 웃음 반 울음에,

얼씨구나 좋을씨고 어사 낭군 좋을씨고.
남원읍내 추절 들어 떨어지게 되었더니
객사에 봄이 들어 이화춘풍(李花春風) 날 살린다.
꿈이냐 생시냐 꿈을 깰까 염려로다.

한참 이리 즐길 적에 춘향모 들어와서 가없이 즐겨하는 말을 어찌 다 설화하랴.

춘향의 높은 절개 광채 있게 되었으니 어찌 아니 좋을쏜가. 어사또 남

원 공사(公事) 닦은 후에 춘향 모녀와 향단이를 서울로 치행(治行)할 제 위의(威儀) 찬란하니 세상 사람들이 누가 아니 칭찬하랴.

이 때 춘향이 남원을 하직할새 영귀하게 되었건만 고향을 이별하니 일희일비가 아니 되랴.

"놀고 자던 부용당아. 너 부디 잘 있거라.
광한루 오작교며 영주각도 잘 있거라.
춘초(春草)는 연년녹(年年綠)하되 왕손(王孫)은 귀불귀(歸不歸)라,
날로 두고 이름이라."

다 각기 이별할 제
"만세무량하옵소서."
"다시 보기 망연이라."

이 때 어사또는 좌우도 순읍(巡邑)하여 민정을 살핀 후에 서울로 올라가 어전(御前)에 숙배하니 삼당상(三堂上) 입시하사 문부(文簿)를 사정(查定) 후에 상(上)이 대찬(大讚)하시고 즉시 이조참의[910] 대사성(大司成)을 봉하시고, 춘향으로 정렬부인[911]을 봉하시니 사은숙배하고 물러나와 부모 전에 뵈온대 성은을 축사하시더라.

이 때 이판(吏判) 호판(戶判) 좌우 영상 다 지내고 퇴사(退仕) 후에 정렬부인으로 더불어 백년동락할새, 정렬부인에게 삼남이녀(三男二女)를 두었으니 개개이 총명하여 그 부친을 압두(壓頭)하고 계계승승하여 직거일품[912]으로 만세유전(萬世流傳)하더라.

---

910) 이조참의(吏曹參議): 이조(吏曹)의 정삼품 당상관. 참판의 다음 벼슬.
911) 정렬부인(貞烈夫人): 정삼품 통정대부 이상의 부인에게 내리는 품계.
912) 직거일품(職居一品): 높은 벼슬자리에 오름.

▶ ABSTRACT

# *Chun-hyang jeon*

Jung Ha-young

*Chun-hyang jeon* is one of the most valuable and creditable parts of the Korean cultural heritage. Although it was a literary work of the past, it still lives on to this day as a classic. Originated from an old folk tale of an unknown source, "*The Story of Chun-hyang*" has been retold in many different versions by numerous authors and developed into an outstanding work of art. Originally, *Chun-hyang jeon* was a novel. However, transcended the criteria of artistic genres, it has been constantly revived in various artistic forms, such as pansori, play, film, and opera.

*Chun-hyang jeon* explicitly discloses the lives and thoughts of Korean people and deals with themes which they believe important and with which they are familiar. It combines a story about love between man and woman—which is a theme that has fascinated humans since the beginning of history—with other issues such as class and gender discriminations, good versus evil, and the conflicts between older and younger generations. In the story of Chun-hyang, the love of a young couple overcomes the barriers of social classes, and common, ordinary people of the lower class dare to criticise and resist corrupt officials. There are also humor and satire which help ordinary and oppressed people endure hardships in their daily lives. All of these elements attract the attention of readers and capture their imagination. As a result, *Chun-hyang jeon* has become a part of national literature which not only a certain social class but various classes appreciate together. Moreover, it is recognized by foreign countries as a work of art which mostly represents Korean culture.

There are dozens of different versions of *Chun-hyang jeon* written in Korean or in Korean-Chinese. Early versions were mostly written in Korean-Chinese by intellectuals and handed down in the form of manuscripts. Later, the versions written in Korean began to emerge and gradually became a main stream in the diffusion of the story. Early Korean versions were written in manuscript, and around 1850 the version of block books first appeared. In the 20th century, the version of printed books poured out. They were published mainly in Seoul and occasionally, in Jeonju and in Anseong. All of them basically had the same story line, displaying a little difference in details. Korean and Korean-Chinese versions were closely related to each other and contributed together to the change and improvement of forms and contents of *Chun-hyang jeon*.

Among various artistic forms of *Chun-hyang jeon,* it is folk tales and pansori that influenced on the creation and refinement of *Chun-hyang jeon.* Folk tales formed the basis of the story and gave it concrete details, while pansori played a significant role, adding more enjoyment to the story and attracting a wider range of readers in the course of the diffusion of the story. Sometimes, *Chun-hyang jeon* is called a *"pansori-type novel"* because it is closely tied to pansori. Most of the Korean versions were influenced by pansori, and the Korean-Chinese versions couldn't be an exception.

Among all the different versions of *Chun-hyang jeon*, Korean ones have enjoyed the best public reaction and exhibited the highest artistry. There are dozens of Korean versions in the form of manuscripts, block books, and printed books, while they can be classified into two kinds of collections of Kyungpan and Wanpan versions in terms of contents. Kyungpan versions are those written and read in Seoul area, and with a succinct narration the versions are written in a prose style. Wanpan versions are those greatly influenced by *Pansori Chun-hyang ga* that was sung in Jeolla Province. In a verse style with the strong touch of Jeolla dialect, they have lengthy and vivid descriptions of setting and characters.

This book has selected two of the most characteristic and artistic works among various versions of *Chun-hyang jeon* in order to introduce the work to today's readers. *Kyungpan-16-page Chun-hyang jeon*, the most typical Kyungpan version, implicitly displays the characteristics of the earlier works. It describes Chun-hyang as a female entertainer and strongly reveals the tendency of male-centered Confucianism throughout the story. *Wanpan-84-page Chun-hyang jeon*, a representative of Wanpan versions, has powerful musicality influenced by pansori and reveals the distinct local quality of Jeolla dialect. This version gives the character Chun-hyang a more important role and unfolds the human aspect of her in relief. Her social status is improved from a female entertainer to an aristocrat's illegitimate daughter. And ordinary people's resistance to the unjust power and the idea of social equality are illuminated. Reflecting new spirits and needs of the times, this version appealed to the public of the times and became one of the most important works among all the versions of *Chun-hyang jeon.*

The literary significance of *Chun-hyang jeon* can be considered in many ways. Above all, it is a story about the class harmony. Although this novel is often called popular literature, it shows conflict and reconciliation between the ideas of ordinary people and those of the nobility. The characters in the story include Yi Doryung, son of a nobleman, and Chun-hyang, daughter of a female-entertainer, and people from every social class of the times. Each character represents the life of his or her own social class. Since the novel has readers ranging over all the classes, each of the readers perceives the novel in his or her own way. In a word, *Chun-hyang jeon* is "folk epic poetry" that refuses to become the literature for a certain class of people and it never excludes any class at the same time. Most novels in the Joseon Dynasty had a Chinese setting, but this one has its setting in

Namwon, a southern town in Jeolla Province. The region is famous for its rich Korean folk culture. The characters and incidents of the story reflect the reality of the times and reveal distinctive Korean characteristics.

*Chun-hyang jeon* is an integrated and future-oriented work of art. As an artistic work, *Chun-hyang jeon* is both complete and incomplete. The novel itself is already a classic but, on the other hand, it is an incomplete work which should be newly completed. For centuries, numerous authors had written the story anew, and it is a work in progress and will continue to be changed. Contemporary writers with an interest in its adaptations have tried to rewrite it in many different ways and even created some works of new genres. There are countless works of modern novel, poetry, play, and screenplay which are written on the basis of the story. Existed in so many different versions, *Chun-hyang jeon* is in itself a precious classic. If it continues to be rewritten and completed in the new artistic forms as time passes on, it will be a classic that would live forever.

# 찾아보기

㉦

ⓣ

㉬

지은이 정하영
경북 상주 출생
연세대학교 국문학과 졸업
서울대학교 대학원 졸업(문학박사)
전북대학교 국문학과 교수 역임
이화여자대학교 국문학과 교수

감 수 구본관(이화여자대학교 교수)

100대 한글 문화유산 80
춘 향 전

초판 1쇄 발행 2006년 9월 15일

지은이 정하영
펴낸이 이재선
펴낸곳 신구문화사

출판등록 1968년 6월 10일
주소 서울시 종로구 청진동 229-1
전화 02-735-4461~5
팩스 02-732-4838
e-mail kkk33@korea.com

ISBN 89-7668-133-9 93710
ISBN 89-7668-120-7(세트)

값 16,000원
*지은이와의 협의에 따라 인지는 생략합니다.
*잘못된 책은 바꾸어 드립니다.
*이 책은 국립국어원으로부터 국고보조금을 지원 받은
'100대 한글 문화유산 정비 사업'의 결과물로 이루어졌습니다.